다섯 가지 렌즈를 통해서 본
탈북민의 회심 이야기

| 박병애 지음 |

쿰란출판사

이 책의 수익금 전액은
탈북민 교회 후원으로 쓰입니다.

추천사

　탈북민들은 하나님 아버지의 은혜로운 섭리를 따라 우리에게 허락하신 먼저 찾아온 통일이며 그런 점에서 큰 축복의 선물들입니다. 그들을 대하고 섬기면서 우리들이 먼저 통일을 경험하고 준비하게 하시는 하나님의 은혜가 오늘 이 땅에 이처럼 많은 탈북민들을 보내 주셨습니다. 짧지 않은 분단의 아픈 역사가 만든 틈과 거리가 상당하여 오랜 세월 가슴에 품어왔던 하나 됨과 통일의 소망이 마음처럼 쉽지 않음을 다양한 자리에서 우리는 경험하고 있습니다. 마음은 간절해도 서로를 사랑하고 더불어 살기에 쉽지 않은 현실을 마주하면서 낙심하기도 하고 통일이 과연 필요한지 반문하기도 합니다. 그런 우리들을 위하여 낙심하지 않고 통일을 사모하고 준비하도록 이 귀한 탈북민 지체들을 보내 주셨습니다.

　저자는 저희 교회에서 오랜 시간 탈북민들을 직접 돕는 부서 사역을 했고, 그 과정에서 마음에 하나님의 부르심을 받아 이들을 제대로 돕고 섬기기 위해 숭실대에 들어가 학위 과정 공부도 하면서 오늘에 이르렀습니다.

　이 책이 다루고 있는 탈북민들의 복음수용 과정에 대한 연구와 사례들, 탈북민들의 탈북 과정에서 생기는 심각한 트라우마에 대한 이해, 그리고 복음수용과 함께 신앙생활을 통한 정서적 안정과 치유, 회복의 연구사례들이 조국 교회가 통일을 준비하고 연습하는 데 큰 유익이 될 것임을 믿어 의심치 않습니다. 이 책이 탈북민들의 아픔을 더 잘 이해하고 알아, 만져주고 치료케 하는 데 귀하게 사용될 것이라 기대합니다.

    조국 교회의 모든 교우들이 즐겨 읽고 남북통일을 연습하고 준비하여 분단을 넘어 조국 땅에 통일과 회복의 귀한 은혜의 날을 앞당기는 기적이 속히 임하기를 기대하는 마음으로 모든 분들께 즐거이 이 책을 추천 드리는 바입니다.

2024년 11월
화종부 목사
(남서울교회 담임목사, 총신대 재단이사장)

추천사

하나님께서는 한국과 한인 성도에게 북한선교에 관심을 갖게 하시고 소명을 주신다. 북한선교에 관심을 갖고 계신 분과 소명을 받은 분들에게 이 책을 필독서로 추천한다. 그 이유는 다음과 같다.

첫째, 북한선교는 북한사람이 구원에 이르도록 하는 복음 증거이기 때문이다. 북한선교는 북한사람을 이해하는 것에서부터 시작한다. 탈북민은 하나님께서 통일을 미리 경험하도록 남한에 보내 주신 선물이다. 탈북민을 통해서 북한사람을 이해하고 그들에게 복음을 나눌 수 있도록 하신 선(先) 경험이다. 이 책의 제목 '탈북민의 회심 이야기'에서 말하는 그대로 탈북민이 하나님의 자녀로 다시 태어나는 회심에 관한 이야기며, 남한에서 출생하고 성장한 사람과 북한에서 출생하고 성장한 사람들이 복음으로 다시 태어나는 회심에 차이가 있음을 알게 될 것이다. 본 책은 이것을 독자에게 알려주는 유익한 책이다.

둘째, 본 책은 탈북민의 회심에 관해 논증된 책이다. 저자는 다섯 가지 질적연구 방법론을 통해 탈북민의 회심을 사회 과학적으로 연구한 결과물을 선보이고 있다. 이 책에는 논증을 위한 학문적 글과 함께 탈북민의 감동 이야기가 공존한다. 논증은 다양한 질적 방법론으로 분석했고 그 안에 탈북민의 회심 이야기에는 고난, 눈물, 고통, 기적, 만남, 회복, 소명이 담겨 있다. 이 책은 탈북민에 대한 학문적 글을 찾는 사람에게 선행연구로 필독서가 될 것이고 북한선교에 관심과 소명이 있는 사람에게 소명을 불태우는 책이 될 것이다.

셋째, 본 책의 저자가 독자에게 '나이'라는 고정관념에서 벗어나도록 도전한다. 저자는 남편인 김동규 집사의 적극적인 지원을 받으며 학문에 전념했고 70세에 어려운 박사(Ph.D.)학위를 취득했다. 영원하신 하나님으로부터 북한선교에 대한 관심과 소명을 받은 저자는 시간성에 '나이'가 주는 고정관념에서 벗어났다. 나아가 저자는 그 누구보다 학문적 결과물을 계속해서 발표하고 있다. 참으로 아름다운 모습 아닌가!

하나님께서 책을 읽는 독자에게 저자에게 준 영감과 학문적 결과가 흘러나가 탈북민을 향한 하나님의 마음, 북한을 향한 하나님의 마음을 공유하게 하실 것이라 기대하며 기도한다.

2024년 11월
하충엽 교수
(숭실대학교 기독교통일지도자학과 학과장)

추천사

《다섯 가지 렌즈를 통해서 본 탈북민의 회심 이야기》는 특별한 책이다. 다섯 가지 학술적 연구방법을 통해 탈북민의 회심을 분석하고 그 결과를 탈북민의 회심 이야기로 재정리함으로써 이론과 실천을 조화롭게 혼합한 흥미로운 책이다.

이 책에서 활용한 다섯 가지 렌즈로서 연구방법들은 두 가지 생애사 분석, 한 가지 근거이론 분석 그리고 두 가지 현상학적 분석 등을 포함한다. 사진 촬영 시 렌즈에 따라 얻는 사진의 모습이 다르듯이 이러한 다섯 가지 렌즈로 분석한 탈북민 회심의 모습도 매우 다양하다. 우선 첫 번째 생애사 렌즈는 일종의 표준렌즈와 같아서 탈북민 회심의 일반적 여정을 일상의 삶, 전환 그리고 적응 등 세 단계로 구분하여 보여준다. 다음으로 근거이론 렌즈는 일종의 망원렌즈와 같아서 탈북민의 회심을 주체사상의 극복과정에 초점을 맞추어 파노라마와 같이 다양한 모습으로 포착하였다가 그들을 다시 합쳐서 하나의 일관된 모습으로 보여준다. 그런가 하면 현상학의 두 개 렌즈는 광각렌즈와 같이 탈북민 목회자들의 체험 속에 나타난 기독교 복음의 의미와 본질을 분석하여 탈북민 회심 과정을 CT나 MRI를 통해 인체를 본 것과 같이 심층적으로 보게 해 준다. 결국 이 다섯 가지 렌즈를 통해 본 탈북민의 회심은 한마디로 총체적인 것이라 할 수 있다.

다섯 가지의 다양한 렌즈를 통해 탈북민의 회심의 과정을 분석한 이 책은 선교의 실천적 측면에서도 의미있는 결과를 도출하고 있다.

일반적으로 선교를 위해서는 대상이 되는 주민들이 동질적이라고 전제하고, 그 대상 지역의 문화적 차이에 부합되게 어떻게 상황에 맞는 선교전략을 세울 것인가에 주목하는 경향이 있다. 하지만 이 책은 한 걸음 더 나아가, 특히 탈북민을 대상으로 사람들이 어떻게 다른가에 주목하여 차이점을 드러냄으로써 보다 실천 가능성이 높은 선교전략을 수립하는 데 필요한 기초자료를 제공한다. 또한, 이 책은 비록 탈북민을 대상으로 회심의 과정을 분석하면서 그 과정에 학술적인 엄격성을 적용함으로써 분석결과를 탈북민을 넘어서 북한 지역의 주민들에게도 적용할 수 있는 가능성을 열어준다.

다만 학술적 방법론의 적용과 실천적 결과의 기술을 조화롭게 혼합한 이 책은 여전히 분석방법의 특수성으로 인해 이 책을 가장 필요로 할 일반 독자들에게 광범위하게 전달되지 못하지나 않을까 하는 점이 우려된다.

2024년 11월
김성배 교수
(숭실대학교 행정학부 명예교수, 북한도시 연구단장)

추천사

　수십 년 동안 주체사상과 유물론에 익숙한 북한주민이 과연 기독교 복음을 쉽게 받아들일 수 있을까. 기독교 복음을 받아들인다면 어떤 계기에, 어떤 과정을 통해 회심이 이루어지는가. 북한선교의 오랜 주제였으나 시원한 해답을 주지 못했던 궁금증을 이 책은 소상하게 풀어준다. 생애사와 근거이론, 현상학 등 회심이론을 바탕으로 논지를 전개하여 다소 어렵게 느껴지는 부분도 있지만, 곧 이어지는 사례와 경험 분석을 통해 감동이 더해진다.

　이 책은 탈북민의 회심이 다양한 계기와 과정을 통해 역동적으로 진행됨을 잘 보여준다. 극도의 기아와 궁핍, 절체절명의 위기가 복음을 수용하는 계기가 되지만, 북한에서 형성된 세계관이 장애가 되어 머뭇거림과 퇴행도 일어남을 지적한다. 동시에 예비된 사람과의 만남과 지속적인 상호작용을 통해 영적 세계의 체험 단계로 들어가며 신앙이 성숙해 가는 여정을 흥미롭게 분석한다.

　특히 회심에 장애 요소가 되는 주체사상을 어떻게 극복하는지 구체적으로 설명하는 부분은 이 책의 독특한 강점이다. 주체와 복음의 기로에서 신앙적 경계인으로 오랜 시기 고민하다 신앙의 길을 선택하는 역동적 과정으로 회심의 과정을 설명하는 부분은 압권이다. 신앙의 깊은 단계로 들어간 탈북 목회자의 회심이 비기독교적 세계관과의 치열한 투쟁을 통해 이루어지는 것도 같은 맥락이며, 하나님을 만나는 체험과 공동체의 사랑을 통해 궁극적으로 장애가 극복됨을 보여준다.

이 책은 또한 극단적 트라우마의 외상 경험을 가진 탈북민들이 어떻게 외상을 극복하며 신앙이 성숙해지는가의 주제도 다룬다. 트라우마는 심리적·정서적 외상 치유만으로는 부족하며 신앙이 성숙한 단계로 발전하기 위해서는 영적 치유까지 이루어져야 함을 이 책은 강조한다.

　《다섯 가지 렌즈를 통해서 본 탈북민의 회심 이야기》는 탈북민의 회심 과정을 이론적으로 분석한 학술서지만, 이 책에는 탈북민과 북한선교를 향한 박병애 박사님의 열정이 고스란히 담겨 있다. 연약한 한 사람, 탈북자에게 찾아오시는 자비의 하나님, 그들을 통해 펼치시는 놀라운 역사를 이 책을 읽는 내내 느끼게 될 것이다. 극도의 기아, 그리고 탈북과 같은 절체절명의 상황에서는 오늘날에도 기적과 역사가 일어난다. 하나님을 향한 갈망과 목마름이 있는 곳에는 어디든 지금도 역사가 일어남을 이 책을 통해서 깨닫게 될 것이다.

　바라건대 이 책이 탈북민의 회심 과정을 잘 이해하고 북한주민에게 복음을 전하는 데 유용하게 사용되기를 기대하며, 북한선교를 꿈꾸며 기도하는 모든 분들에게 이 책을 적극 추천한다.

2024년 11월
김병로 교수
(서울대학교 통일평화연구원)

추천사

이 책은 분단된 한반도의 상황에서 저 북쪽 땅의 영혼들을 구원하시고, 그들을 복음의 능력으로 변화시키시는 하나님의 사랑과 하나님의 섭리가 무엇인지 절절히 느껴지게 한다. 또한 북한사회와 북한 사람에 대하여 연구하고자 하는 연구자들에게 학문적인 가치도 있는 귀중한 책이다. 그리고 북한선교를 위해 기도하는 자들에게는 북한 주민들에게 어떻게 복음이 들어가고 그 복음의 능력이 얼마나 큰 것인지를 직접 느끼게 하는 소망의 책이기도 하다.

특별히 숭실대학교 기독교통일지도학과에서 공부하시고 70세에 박사학위를 받고 왕성하게 복음통일 한국과 북한선교를 위해 연구 활동을 해 가시는 박병애 권사님의 열정은 이 시대 하나님을 사랑하는 자들이 본받아야 할 뜨거운 열정이다.

추천사를 적어가면서 하나님께서 이 책을 통하여 크게 영광을 받으실 것임을 믿어 의심치 않는다. 한반도의 북쪽 땅에 복음의 여명이 밝아오는 역사의 한 부분을 기록한 이 책의 가치는 너무나 크다. 그러기에 앞으로 이 책을 읽은 많은 이들이 복음통일 한국을 위해 새 일을 행하시는 하나님의 주권적 역사 가운데 이 시대가 필요로 하는 귀한 사명자가 될 것임을 믿어 의심치 않는다.

2024년 11월
이빌립 목사
(통일소망선교회 대표)

추천사

　박병애 박사님은 탁월한 연구자이면서 동시에 열성적인 활동가입니다. 박사님은 오랜 기간 탈북민교회 현장에 깊숙이 들어와서 탈북민 목회자들과 호흡을 같이 하고 있습니다. 수많은 탈북민교회들이 박사님의 격려와 섬김을 통해 성장과 성숙의 과정에 들어서게 되었습니다.

　너무나 다양한 탈북민 목회자 한 사람 한 사람의 삶의 여정을 다양한 렌즈를 통해 공통된 주제로 풀어내는 능력은 바로 여기에서 나오는 것 같습니다. 이러한 현장의 경험과 고민이 책에 소개된 연구논문 속에 고스란히 녹아들어 간 것을 보게 됩니다. 이 책에 소개된 탈북민 목회자만 해도 20명 이상의 이야기가 들어있습니다. 이렇게 많은 탈북민 목회자들과 심층 인터뷰를 진행한 것은 보기 드문 일입니다. 오랫동안 북한을 연구해온 연구자들 중에 탈북민 목회자들과 다양하고 폭넓게 관계해 온 분들은 거의 찾아보기 힘듭니다.

　그 결과 탈북민 목회자 개개인에 대한 연구논문들은 턱없이 부족합니다. 사막의 오아시스와 같은 책이 나오게 되어 감사드립니다. 북한선교와 탈북민 사역에 관심을 가지고 기도해 온 분들에게 탈북민들의 회심을 이해하는 데 큰 유익이 되리라 생각하며 이 책을 추천합니다.

2024년 11월
정형신 목사
(현 북한기독교총연합회 회장)

목차

추천사 화종부 목사(남서울교회 담임목사, 총신대 재단이사장) _ 4
　　　　　하충엽 교수(숭실대학교 기독교통일지도자학과 학과장) _ 6
　　　　　김성배 교수(숭실대학교 행정학부 명예교수, 북한도시 연구단장) _ 8
　　　　　김병로 교수(서울대학교 통일평화연구원) _ 10
　　　　　이빌립 목사(통일소망선교회 대표) _ 12
　　　　　정형신 목사(현 북한기독교총연합회 회장) _ 13

1부／ 서장

1. 책을 내면서 ·· 20
2. 책의 목적 ·· 24
3. 다섯 가지 렌즈 ·· 26
4. 책의 구성 ·· 31

2부／ 중장

제1편 로젠탈 생애사 렌즈를 통해서 본 어느 탈북민 목회자의 고백

I. 들어가는 말 ·· 37
II. 참여자 선정과 분석 ·· 40
　1. 참여자 선정
　2. 자료 수집
　3. 로젠탈 생애사 분석
　4. 연구의 엄격성(rigor)과 윤리적 문제

III. 연구 결과 · 42
   1. 신의주(가명)의 생애 이야기
   2. 생애사 분석
   3. 신의주의 체험된 생애사 분석

IV. 나가는 말 · 55
   참고문헌
   에필로그

제2편 멘델바움 생애사 렌즈를 통해서 본 탈북민 목회자들의 신앙여정

I. 들어가는 말 · 63
   1. 연구의 필요성과 목적
   2. 연구의 의의
   3. 논문의 구성

II. 이론적 배경과 선행연구 검토 · 67
   1. 복음수용과 회심
   2. 루이스 람보의 회심이론
   3. 선행연구

III. 연구방법 · 70
   1. 생애사 연구 접근의 의의
   2. 참여자 선정과 자료 수집
   3. 멘델바움 생애사 자료 분석
   4. 연구의 윤리적 문제와 엄격성(rigor) 문제

IV. 그들의 생애 이야기와 분석 · 74
   1. 세 번째 북송된 감옥에서 주의 종이 되겠다고 서원기도 한 삼지연(가명) 목사
   2. 믿는 척했던 믿음에서 영혼으로 울며 하나님을 만난 김남포(가명) 목사
   3. 종파여독분자 자녀로 로동단련대에서 서원기도 한 김청진(가명) 목사

   4. 백두산 줄기에서 가족이 모두 숙청당한 천애 고아 박평양(가명) 목사
   5. 중국 감옥에서 10년 수감 생활 후, 하나님의 기적을 체험한 사리원(가명) 목사
V. 멘델바움 생애사 공통 주제 분석 · **140**
   1. 삶의 영역 공통 주제
   2. 삶의 전환점 공통 주제
   3. 삶의 적응 공통 주제
VI. 생애사에 나타난 복음수용성 분석 · **148**
   1. 생애사에 나타난 복음수용성 논의
VII. 나가는 말 · **152**
   1. 복음수용성에 근거한 북한선교 시사점
   참고문헌
   에필로그

제3편 근거이론 렌즈를 통해서 본 탈북민의 주체사상 극복 이야기

I. 서론 · **162**
II. 주체사상이란 · **164**
   1. 주체의 태동과 전개
   2. 주체사상의 기독교화된 형식
   3. 주체사상의 모순과 한계
III. 연구방법 · **170**
   1. 참여자 선정
   2. 자료 수집
   3. 자료 분석
   4. 연구의 윤리적 문제와 엄격성 재고
IV. 연구 결과 · **172**
   1. 개방 코딩(open coding)
   2. 축 코딩(Axial Coding): 패러다임 모형의 재배열
   3. 과정 분석
   4. 핵심 범주

V. 결론 및 논의··196
  참고문헌
  에필로그

제4편 콜라지 현상학 렌즈를 통해서 본 탈북민 목회자 12명의 회심 이야기

I. 서론···205
II. 연구방법···208
  1. 현상학적 연구 접근의 의의
  2. 참여자 선정
  3. 자료 수집
  4. 자료 분석과 기술
  5. 연구의 윤리적 문제와 타당성 재고
III. 연구 결과···212
  1. 사상과 진리의 전쟁
  2. 좁은 길과 넓은 길
  3. 하나님과의 만남
  4. 교회공동체의 회복
  5. 전도자로서의 천로역정
IV. 결론 및 논의···232
  참고문헌
  에필로그

제5편 밴 매넌의 현상학 렌즈를 통해서 본 탈북여성들의 외상 후 성장 이야기

I. 서론···241
II. 연구방법···243
  1. 밴 매넌의 해석현상학적 연구 접근의 의의
  2. 참여자 선정
  3. 자료 수집

4. 자료 분석
  5. 자료의 해석
  6. 연구의 엄격성과 윤리적 문제
Ⅲ. 실존적 탐구 과정 · 248
  1. 어원 분석
  2. 관용어 분석
  3. 문화 예술 작품 분석
Ⅳ. 연구 결과 · 252
  1. 신체성
  2. 시간성
  3. 관계성
  4. 공간성
Ⅴ. 결론 및 논의 · 282
  참고문헌
  에필로그

3부 종장

1. 요약 · 292
2. 책을 마치며 · 301

1부
서장

1. 책을 내면서

　남서울교회 영성회복학교를 거의 마칠 무렵, 소명을 받는 시간이 있었다. 20명씩 두 방으로 들어가 소명을 달라는 통성기도를 하고 응답을 받으면 바깥으로 나와 중앙 홀에 모이는 것이었다. 시작한 지 얼마 되지 않았는데 교우들이 나가기 시작했다. 통성기도 소리는 점점 작아지고 마지막으로 2명만 남았다. 왜 나에게는 소명을 주시지 않나? 믿음이 약해서 그런가? 걱정을 하면서 더 큰소리로 눈을 감고 통성으로 기도하는데 눈앞에 흰 바탕에 검정색 글씨로 '북한선교'라는 굵은 글씨가 지나갔다. 그렇게 확실하게 큰 글씨로 소명을 보여 주셨다.
　필자는 서울 태생이지만, 시댁은 함경북도 길주에서 해방 직후 내려온 실향민이다. 시아버님은 1945년에 해방되자 이곳(북한)은 못 살게 되는 세상이 온다고 백일기도 하듯 부모님께 월남할 것을 설득

하셨다고 한다. 당시 육로는 이미 차단되었기에 해상으로 월남할 계획을 세웠다. 목선 한 척을 준비하여 3개월 동안 물건을 구입하여 배에 싣고 1946년 1월 속초 앞바다에 도착하였다. 필자는 15년간 시댁에 사는 동안 시아버님께 한국 근대사의 많은 이야기를 들었다. 월남을 결정한 일, 서울에서 어떻게 일찍 자리를 잡았는지 한국전쟁 때 서울에서 부산까지 간 피난 이야기, 흥남철수작전으로 큰형님과 친척들과 재회한 일, 6·25전쟁 당시의 참혹한 상황, 부산 국제시장 이야기 등을 말씀해주셨다. 아버님은 양복바지 주머니의 흰 천이 보이도록 단벌 신사이시면서도 수입의 절반을 불우한 이웃들에게 흘려보내셨다. 그리고 사람이 어떻게 살아야 하는가에 대한 메시지를 많이 남겨 주셨다. 필자가 북한선교를 소명으로 받은 것에는 이러한 이유도 있었을 것이다.

2003년 통일선교부에서 대성공사(국정원)를 방문하여 함께 예배를 드렸다. 북한의 식량난으로 먹지 못해서 작고 마른 체격, 탈북 과정에서 가족들의 죽음을 지켜보고 넋이 나간 슬픈 얼굴, 생명을 건 위험한 여정에 지치고 초췌한 모습의 탈북민을 보면서 분단의 고통과 이산의 아픔으로 마음이 저려 왔다. 북에서 내려온 시기만 다를 뿐인데… 분단의 큰 고통 가운데 '내가 해야 할 일이 무엇일까?'를 많이 생각하게 되었다.

소명에 대한 응답은 받았으나 한 달이 지나도 북한선교를 어떻게 해야 할지 감이 오질 않았다. 중국이나 북한을 들어갈 수 있는 처지도 아니고 남한에 있는데 어떻게 북한선교를 할 수 있을지, 소명을 주셨으면 일을 하게 해달라고 기도를 시작했다. 남편이 간이식을 받은 직후라서 북한 내지나 중국으로 가서 북한선교를 할 수 없었다. 이 땅에서 북한선교를 할 수 있게 해달라고 기도한 지 3개월이 되던 2011년

겨울에, 『내래 죽어도 좋습네다』라는 책을 만났다. 북한선교를 위해 이곳에서 할 수 있는 일은 열악한 탈북민 교회를 돕는 일이라고 생각했다. 그렇게 2012년부터 탈북민 교회를 후원하는 일이 시작되었다.

초기 통일선교아카데미에서는 매주 토요일 오전 9시부터 오후 5시까지 극동방송에서 하루 종일 수업을 했다. 강의를 듣고 서로 나누며 발표하는데 모든 수업 시간이 주옥과 같았다. 소명을 받고 공부했기에 더욱 그랬던 것 같다. 토요일 하루 종일 진행되는 수업이었던 탓에, 지인의 결혼식에 불참하고 축의금만 보내면서도 매주 토요일이 기다려졌다. 1년 과정을 수료하니 우리나라 분단의 이데올로기 역사와 복음통일을 위해 학문적 체계로 공부하고 싶었다. 그러던 차에 숭실대학에서 기독교통일지도자학과가 신설되었다.

2016년 학과가 신설되었을 때 남편에게 공부해 보고 싶다고 이야기하자 일언지하로 반대를 했다. 공부할 나이가 아니라는 것이다. 처음에는 남편 말에 수긍했기에 뜻을 접었다. 이듬해 남서울교회 통일선교학교 강사로 하충엽 교수님(숭실대 기독교통일지도자학과 학과장)이 오셨는데 재중 탈북여성(평강공주)과 오네시모 사역에 대한 강의를 하셨다. 수업시간 내내 나의 마음은 다시 학구열로 뜨겁게 달아올랐다.

남편에게 다시 대학원 진학을 이야기해 봤지만 답은 처음과 동일했다. 되지도 않는 나이에 공부한다고 고생하다가 건강 나빠지고 좌절하지 말고 뜻을 접으라는 것이었다. 워낙 완강했기에 단식을 선언하고 방문을 닫아걸고 투쟁으로 들어갔다. 그러나 남편은 2끼 만에 백기투항을 하여 마지막 날에 원서를 접수할 수 있었다. 이 어려운 과정이 없었다면 중도에 힘들어서 포기했을지도 모른다. 내 인생에 언제 다시 캠퍼스에서 공부할 수 있는 날이 올까? 매시간이 소중해서 최선을 다했으며 모든 과목의 가르침은 주옥과 같았다. 그렇게 반대하던 남편은 학교에 다녀오면 '수업을 알아듣겠느냐? 과제는 할 수 있겠느냐?' 심히 걱정스러운 표정을 지으며 공부하는 동안 물심양면으로 많은 뒷바라지를 해주었다. 교회 중직자를 은퇴하고 공부를 시작했으니 학생들 중에서는 최고령이었다.

학위를 받고 고생 끝이라고 생각을 했는데 하충엽 교수님께서 앞으로 20년을 뭐하며 살 것인지 물으셨다. 탈북민 교회를 계속 후원하겠다고 하자, 그건 one of them이라고 하시며 20년 동안 무엇을 할 것인지에 대해 기도해 보라고 하셨다. 쥬빌리 이상숙 권사님은 92세에 박사 논문을 쓰신다고 하시면서….

내가 어느 분야에서 복음통일을 위한 일을 하는 게 좋을지 매일 기도하기 시작했다. 한 달쯤 기도를 하고 있는데 서울기독교세계관연구소를 창립하는데 창립 멤버로 통일선교 분야 연구원으로 제의를 받았다. 기도하던 차였기에 응답 받은 줄 알고 그 자리에서 제의를 수락했으며 앞으로 20년간 내가 걸어갈 길은 연구자의 길이라고 생각했다. 칠십에 학위를 받고 보니 가족들을 챙기며 할 수 있는 일은 연구하는 게 제일 적격인 것 같았다.

그 당시 기독교세계관연구소에서 논문을 발표해야 하기에 모든 질적연구방법론을 배우며 학술지 논문을 쓰기 시작했다.

책을 어떻게 써야 할지 몰라 김성배 논문지도 교수님과 서울대 김병로 교수님께 자문을 구했고, 조은식 교수님께 받은 통일선교담론 책은 큰 도움이 되었다. 이 자리를 빌려 도움을 주신 교수님들께 감사 인사 드린다.

학위 논문 이후, 다양한 질적연구방법으로 논문을 썼는데 그 중에서 회심에 관한 논문 다섯 편을 골라 책으로 발간하게 되었다. 이 책은 탈북민들의 복음수용과 회심 후 신앙여정에 관한 책이다.

2. 책의 목적

책을 쓰게 된 목적은 아래와 같다.

첫째, 한반도 복음통일을 위해 더 폭넓게, MZ세대에 이르기까지 많은 기독교인들에게 읽혀지길 바라는 마음에서 썼다. 이 책을 통해 북한을 향한 하나님의 마음을 가지고 함께 중보하고 한반도 복음화를 위해 믿음의 동역자들이 되기를 소망하기 때문이다.

둘째, 우리는 탈북민[1]의 신앙여정을 알아야 탈북민 선교, 더 나아

---

1) 탈북민(脫北民)을 지칭하는 용어는 다양하다. 1993년 이전에는 귀순자 혹은 귀순용사, 1994~1996년에는 탈북자, 귀순북한동포, 1997~2004년에는 탈북자, 북한이탈주민(北漢離脫住民), 2005~2008년에는 새터민, 북한이탈주민, 2008년 이후에는 탈북자, 북한이탈주민으로 부른다. 북한이탈주민은 대한민국 법률상 용어로, 조선민주주의인민공화도에 주소·직계 가족·배우자·직장 등을 두고 있는 사람으로서 조선민주주의인민공화국을 벗어난 후 대한민국 이외의 국적을 취득하지 않은 사람을 뜻한다.

가 한반도 선교를 위한 초석을 다질 수 있다. 탈북민의 삶의 맥락은 북한에서의 삶, 탈북하여 중국에서의 삶, 남한에 입국하여 탈북민으로서의 삶 등을 고려하면 다양한 신앙여정이 전개될 수밖에 없다. 복음수용 과정을 알게 되면 탈북민 선교와 복음통일에 도움이 될 것이다.

셋째, 한반도 복음통일을 위해 탈북민들의 사고방식, 탈북민들의 구체적 관념 속에서 통합을 위한 접촉점을 찾아야 한다. 우리의 과제는 서로 다른 이질성을 극복하고 민족이라는 큰 줄기 흐름 안에서 통합할 수 있는 방법을 모색하는 것이기 때문이다.

넷째, 탈북민들의 복음수용 과정을 아는 것은 탈북민들을 전도하거나 교회공동체에서 함께 생활할 때 심리적 안정과 사회적 적응을 지원하는 데 매우 중요한 역할을 한다. 탈북민들은 탈북 과정에서 심각한 트라우마를 경험하게 된다. 특히 탈북여성들의 경우 복음수용 후 신앙생활을 통해 정서적 안정과 내적 치유가 일어난다는 연구결과가 나왔다. 이를 위해 한국교회와 성도들이 탈북민에 대한 이해와 포용을 증진하는 데 도움이 되고자 한다.

> 학술서를 일반도서로 바꾸었기에 일반 독자분들께서는 연구방법과 이론부분을 패스하고 읽으셔도 무방합니다.

3. 다섯 가지 렌즈

1편 렌즈: 로젠탈(Rozental)의 생애사 연구방법

생애사 연구는 멘델바움(Mandelbaum), 슈체(Schutze), 로젠탈 등 다양한 접근 방법이 있다. 생애사는 한 개인이 살아온 삶의 총합이나 더미가 아니라, 한 개인의 구조화된 자기상인 동시에 특정사회의 구체적 일반성을 탐구할 수 있는 연구방법이다. 한 개인은 자신이 살아오는 동안 자기와 직면한 사회현상을 끊임없이 해석하고 반응하며 상호작용을 통해 자기를 구성한다. 그리고 이 구성 과정 속에서 연구자는 추상적이 아닌 구체적인 일반성을 추구할 수 있다. 참여자 선정 후 자료 수집은 심층 인터뷰를 하고, 자료 분석은 인터뷰한 내용과 역사적 데이터를 제시하여 생애사 이야기를 기술한다.

이야기된 생애사에서는 생애에 있어서 가장 중요한 부분이나 생애 전환점에 이르는 사건을 분석하고, 자신의 문제를 해결하거나 또는 발전시키기 위해 어떤 행위 전략이나 방법을 선택했는지 분석한다. 체험된 생애사는 현재의 의미를 구성하는 것을 말한다. 현재 관점에서 과거에 어떤 의미를 부여했는지 분석하는 것이다. 이러한 의미 부여를 통해 참여자의 생애사가 구조적으로 드러나는 동시에 참여자의 앞으로의 삶의 지향점과 비전 등이 드러난다.

2편 렌즈: 멘델바움(Mandelbaum) 생애사 연구방법

생애사 자료의 구체적 분석은 멘델바움(1973)의 연구방법으로 접근했다. 멘델바움의 분석은 한 개인의 삶의 영역(dimensions), 전환점(turnings), 적응(adaptation) 3가지로 나누어 분석한다. 탈북민들의 삶은 북한, 중국, 한국 등 다층적이고 급격한 삶의 전환점마다 적응해야 하기에 멘델바움 분석 방법이 가장 적합하다고 판단하였다. 질적 연구의 표집 전략 유형 중에서 눈덩이 표집방법을 선정하여 강도표집으로 참여자를 선정하였다.

회심에 대한 다양한 접근 방식이 있지만, 본 연구에서는 종교심리학자인 루이스 람보(Lewis Rambo)의 회심이론으로 접근했다. 회심의 종교심리학을 연구한 루이스 람보는, 회심이란 일시적 사건이 아니고 오랜 시간에 걸쳐 일어나는 과정이고 복잡한 상호관계 속에서 다양하게 진행된다고 한다. 그는 회심 과정의 시스템적 단계 모델을 제시하였는데, 회심의 7단계가 단계별로 연속적으로 일어나는 것이 아니라 각각 독특한 방식으로 조합하여 상호 연관되어 입체적인 망의 구조로 경험된다는 것이다. 회심의 심리적 조건으로 맥락, 위기, 추구의 단계가 있고, 상황적 조건으로 만남, 상호작용, 헌신, 결과의 단계가 있다.

3편 렌즈: 근거이론(Grounded Theory) 연구방법

근거이론의 전형적인 참여자 선정 방법인 이론적 표집으로 15명의 참여자를 세평적 사례선택으로 선정했다. 원자료는 스트라우스와 코빈(Strauss&Corbin)이 제시한 근거이론 연구방법 절차에 따라 분석했다.

스트라우스와 코빈의 저작은 4판까지 이어졌는데, 국내 연구 대부분은 스트라우스와 코빈의 2판(1998)을 중심으로 분석을 수행한다. 스트라우스 사후 코빈의 주도로 출간한 4판(2015)에서는 2판에서 제시한 축 코딩을 삭제했고, 선택 코딩에서도 이야기 윤곽 등을 삭제했다. 하지만 연구자는 동료지지집단 그리고 근거이론 연구 전문가들의 자문을 받아 2판과 4판을 혼용했다. 즉 2판(1998)에서는 개방 코딩과 축 코딩을 수행했고, 4판에서는 과정 분석과 핵심 범주를 구성했다. 개방 코딩에서는 원자료를 줄 단위 분석하여 의미 있는 것들을 결집하여 개념을 구성했다. 그리고 개념을 경험의 유사성과 인과성 차원에서 결집하여 하위 범주를 구성했고 이 하위 범주를 다시 범주로 구성했다.

축 코딩에서는 개방 코딩에서 구성한 범주들을 스트라우스와 코빈(1998)이 제시한 인과적 조건, 맥락적 조건, 현상, 중재적 조건, 작용/상호작용, 결과의 패러다임 모형에 재배열했다. 과정 분석은 지속적 비교 차원에서 다시 자료로 되돌아가 현상이 발현한 후 결과에 이르기까지 중재적 조건에 영향을 받아 어떠한 과정을 밟았는지 단계별로 분석했다. 핵심 범주는 코빈과 스트라우스가 제시한 2015년 핵심 범주 구성 방법 중 기술적 이야기를 요약했고 이에 근거하여 핵심 범주를 구성했다.

4편 렌즈: 콜라지(Colaizzi) 기술적 현상학적 연구방법

현상학은 사실학이 아니라 본질학이며 가장 주된 탐구의 목적은 의미의 발굴이다. 탈북 목회자들에게 있어서 기독교 복음의 수용과 회심 과정은 전 생애에 걸친 역동적 과정인 동시에 하나님과의 관계 그리고 사람, 교회공동체 관계가 새롭게 구성되는 체험이라고 할 수 있다. 특히 현상학적 연구는 후설(Husserl)의 아이디어인 '사태 자체로(Zu den sachen selbst)'라는 표현이 시사하듯 연구자나 주류 관점이 아닌 참여자들이 경험한 현상 자체로 돌아가 엄밀하면서도 보편적인 의미를 발굴해 내는 것이다. 탈북민 목회자들의 신앙체험은 그들의 생애 속으로 들어갈 필요가 있고 그들의 경험에 기반하여 구성한 의미와 본질만이 현상을 제대로 드러낼 수 있다고 본다.

후설은 인간들이 의식을 통한 경험을 있는 그대로 기술하는 데 목적을 두고 있다. 콜라지는 후설이 제시한 현상학적 환원 방법을 통해 개인의 경험을 있는 그대로 드러내는 것을 핵심으로 하고 있다. 자료 분석은 콜라지가 제안한 7단계 자료 분석 절차에 따라 수행했다.

5편 렌즈: 밴 매넌(Van Manen) 해석학적 현상학 연구방법

본 연구의 참여자인 탈북여성들의 경우, 북한과 중국이라는 공간에서 사회적 소수자로 존재하면서 상징 폭력을 경험할 수밖에 없다. 또한 그들의 삶은 북한, 중국 체류, 남한 입국, 교회공동체라는 시간 속에서 다양한 변화를 보이고 시간 속에서 완성될 수밖에 없다. 그리고 이러한 모든 것들은 사람들과의 관계 속에서 이루어지고 상호작용을 통해 구체적 내용이 드러난다. 탈북여성들의 탈북 과정과 남한 정착 과정은 그들의 상황에 맞게 해석하여 고난의 실천신학을 구성하기 위해서 해석학적 현상학 연구가 적합하다고 생각했다.

밴 매넌의 해석학적 현상학 연구는 개인들의 경험을 체험 차원에서 드러내고자 하는 목적을 지니고 있는데 이를 위해서는 인간의 실존 구조에 주목한다. 인간은 몸을 지닌 유기적 존재로써 시간과 공간의 차원에서 자신의 삶을 유지하고 그 구조 속에서 사람들과의 관계를 맺고 살아간다. 한 인간의 실존을 구성하는 몸, 시간, 관계, 공간이라는 구조를 총체적으로 살펴볼 필요가 있다. 밴 매넌의 해석학적 현상학 연구는 인간의 실존을 이해하기 위한 통로이자 채널로써 신체성, 시간성, 공간성, 관계성인 4가지 근본적 실존체를 제시하고, 그 구조 속에서 개인들의 경험을 해석하여 이를 생생한 지식으로 산출한다. 실존적 탐구과정은 어원 분석과 관용어 분석 그리고 문화·예술작품 분석으로 이어진다. 연구자는 각 실존체에서 북한과 중국 그리고 남한교회공동체에서 경험을 해석했다.

4. 책의 구성

이 책은 서장과 중장과 종장으로 구성되어 있는데, 중장은 총 5편의 논문으로 이루어졌다.

1부 서장은 책을 쓰게 된 이야기와 목적, 연구방법론에 대한 설명과 책의 구성으로 썼다.

2부 중장에는 탈북민 회심에 관한 5개의 논문을 축약 수정하여 실었다.

1편은 "로젠탈(Rozental)의 생애사 연구방법을 활용한 탈북민 사역자의 복음수용 과정 분석"으로 「선교신학」 55집에 등재한 것을 수정 편집하였다. 이를 통해 우리는 통일선교 시대를 맞이하여 사람을 준비하는 일의 중요성을 새롭게 인식할 수 있는 것이다.

2편은 "탈북민 목회자의 생애사 분석을 통한 복음수용성 연구"

박사학위 논문이다. 본 연구는 탈북민 목회자 5명의 생애사를 통하여 복음수용 과정을 분석하였다. 본 연구는 멘델바움 생애사 분석 방법으로 개별 생애사를 분석하였고, 5인의 개별 생애사를 영역끼리 모아서 공통 주제를 도출하였다. 이와 같은 공통 주제를 근거로 람보의 7단계 회심이론에 근거하여 복음수용성을 분석하였다. 복음수용성 분석 결과에 근거하여 북한선교 시사점을 제시하였다.

3편은 "탈북 기독교인의 주체사상 극복에 대한 연구: 근거이론(Grounded Theory) 연구 접근"으로 「선교신학」 65집에 등재하였다. 논문지도 교수님께서 주체사상에 대해 연구한 것은 많으나 기독교와 주체사상을 결합하여 연구한 것은 없으니 학위 취득 후 근거이론으로 연구해 볼 것을 권유하셨다. 근거이론은 이론을 만들어 내는 연구방법이다. 탈북 기독교인들은 성경의 구속사를 통하여 창조론을 믿으며 성경의 강력한 무기로 주체사상을 해체하고 복음으로 다시 재무장하였다.

4편은 "탈북민 목회자들의 회심에 대한 콜라지(Colaizzi) 현상학적 연구"로 「신앙과학문」 27(2)에 등재하였다. 그동안 박사 논문부터 근거이론까지 인터뷰에 참여한 목회자가 21명이 되었다. 이들의 심층 인터뷰를 중심으로 12명을 선택하여 탈북민 목회자들의 체험 속에 나타난 기독교 복음의 의미와 본질을 규명하고자 했다.

5편은 "기독 탈북여성의 외상 후 성장에 대한 질적연구: 밴 머넌(Van Manen) 해석학적 현상학 연구방법"으로 「신앙과학문」 27(3)에 등재했다. 평강공주를 대상으로 하는 인터뷰라서 참여자를 구하기 매우 힘들었다. 눈물 없이는 들을 수 없는 그녀들의 아픈 이야기, 그녀들의 트라우마가 기독교 복음 안에서 용서로 치유되는 과정을 연구했다.

3부 종장은 '요약'과 '책을 마치며'로 구성했다.

```
                    ┌─────────────────────────────────────┐
                    │ 다섯 가지 렌즈를 통해서 본 탈북민의 회심 이야기 │
                    └─────────────────────────────────────┘
                                      │
         ┌────────────────────────────┼────────────────────────────┐
         │                            │                            │
      ( 1부 )                      ( 2부 )                       ( 3부 )
       서장                         중장                          종장
         │                            │                            │
```

- 1부 서장
  1. 책을 내면서
  2. 책의 목적
  3. 다섯 가지 렌즈
  4. 책의 구성

- 2부 중장
  - 제1편. 로젠탈 생애사 렌즈를 통해서 본 어느 탈북민 목회자의 고백
  - 제2편. 멘델바움 생애사 렌즈를 통해서 본 탈북민 목회자들의 신앙여정
  - 제3편. 근거이론 렌즈를 통해서 본 탈북민의 주체사상 극복 이야기
  - 제4편. 콜라지 현상학 렌즈를 통해서 본 탈북민 목회자 12명의 회심 이야기
  - 제5편. 밴 매넌의 현상학 렌즈를 통해서 본 탈북여성들의 외상 후 성장 이야기

- 3부 종장
  1. 요약
  2. 책을 마치며

2부
중장

제1편

로젠탈 생애사 렌즈를 통해서 본 어느 탈북민 목회자의 고백[1]

한글 초록

통일선교를 준비하는 우리에게는 생애사적 증언에 기초한 북한의 정치·사회·경제·문화는 물론, 복음 환경과 같은 상황적 이해가 매우 중요하다. 졸저의 생애사 주인공 신의주(가명)는 탈북민으로서 현재 남한에서 기독교 복음사역을 하고 있다. 이 연구는 신의주가 복음을 수용하고 북한선교 사역자가 되기까지의 생애사를 로젠탈(Resenthal)생애사 연구방법으로 분석한 것이다. 특히 신의주가 복음을 접하게 된 계기, 수차례의 탈북, 체포 및 수감생활 등 한국에 입국하기 전까지 생사를 넘나들던 시기, 그리고 한국 입국과 그 이후 신학대학원에서의 공부와 북한선교 사역의 시작 등 현재까지의 그의 생애사를

---

[1] 이 논문은 2019년 "로젠탈(Resenthal)의 생애사 연구방법을 활용한 탈북민 사역자의 복음수용 과정 분석"「선교신학」 55: 157-195의 내용을 수정한 것이다.
  *교신 저자 및 제1저자-박병애, 제2저자 - 하충엽

분석했다. 분석 결과 중국에서 복음을 전해 준 두 분의 영적 아버지와 한국에서 북한선교의 비전을 심어 준 영적 어머니와의 만남이 가장 중요한 요인으로 드러났다. 신의주의 신실한 믿음은 준비된 인적 자원과의 만남이라고 할 수 있는데, 이를 통해 우리는 통일선교 시대를 맞이하여 사람을 준비하는 일의 중요성을 새롭게 인식할 수 있다.

주제어: 로젠탈 생애사, 영적 아버지, 영적 어머니, 사람의 준비, 탈북민 사역자

I. 들어가는 말

21세기 판 출애굽(Neo Exodus)이라 할 정도로 탈북민 수가 급증하고 있다. 2024년 통일부 통계에 의하면 북한을 탈출하여 한국에 입국한 탈북민은 34,121명(통일부, 2024년 3월 말 기준)이다.[2]

탈북민은 낯선 언어습관, 아직 사회주의 가치관에서 완전히 벗어나지 못한 정체성 등으로 남한 정착 과정에서 차별과 배제를 경험한다. 그러기에 그들은 우리 사회의 주변부 위치에 처할 위험이 크다. 그동안 탈북민에 대한 연구는 탈북 과정에서 생성된 트라우마에 대한 연구가 있고 남한에서 경험한 차별과 배제 등 대부분이 부적응과 차별과 트라우마와 배제에 대한 연구가 대부분이다. 그러나 탈북민은 관점에 따라 다양하게 정의될 수 있지만, 기독교 선교 입장에서 보면 탈북민은 중요한 인적 자원이다. 그럼에도 불구하고 일반 사회과학계는 물론 기독교 실천신학 분야에서도 탈북민에 대한 연구

---

2) www.unkorea.go.kr(2024년 7월 9일 접속)

는 매우 부족했다.

그동안 기독교 신학 계통에서 이루어진 북한선교에 대한 연구를 간략히 정리하면, 한국교회의 통일 준비, NGO를 통한 간접 우회 디아코니아(사회봉사를 통한 선교) 선교 정책을 다루었다. 중국을 방문한 북한 동포들이 복음을 받아들이게 해서 다시 북으로 들어가 북한 지하교회를 육성하게 하는 원심적 선교[3]와 남한의 북한선교전략 유형의 분석과 대책을 다룬 것 등이 있다. 박영환(2017)은 남북한의 갈등을 해소하고 통일을 달성하기 위해서는 남한 기독교의 책임과 신뢰성 있는 헌신이 필요하다고 강조했다. 이러한 연구들은 북한선교 전략 수립과 그 당위성 등을 전파하는 데 많은 기여를 했다.

하지만 남한 기독교계는 함께 거주하고 있는 탈북민들의 존재는 간과하고 살았다. 이들은 통일 후 예언자적 사명을 감당할 자원들이다. 남과 북은 분단 후 70여 년 세월이 지나는 동안, 너무나 다르게 살아왔다. 남과 북의 서로 다르고 이질화된 두 공동체, 즉 통이 공동체[4]에서 통일 공동체로 가는 과정이 쉽지 않을 수 있다(하충엽, 2012). 탈북민은 두 공동체에서 모두 생활해 봤기 때문에 서로 다름을 존중하며 함께 살아가는 공동체에서 가교 역할을 해줄 수 있는 사람들이다. 한편으로는 우리가 알지 못하는 북한의 문화, 복음 수용성과 복음의 상황화, 기독교에 대한 인식 등을 알려 줄 수 있는 귀중한 존재라고 할 수 있다.

---

3) 원심적 선교란 하나님의 백성이 복음을 들고 찾아가서 적극적으로 복음을 전파하는 개념의 선교이다. 신약에서 바울을 중심으로 한 선교를 말한다.
4) '통이'는 통(統)과 이(異)라는 조합이다. 통(統)은 '일치'를 의미하며, 이(異)는 '다름'을 의미한다. 그래서 통이는 문자적으로 '다름 안에서의 일치'를 의미한다. 다른 집단이 한 집단으로 동화되는 것을 내려놓고 서로의 다름을 이해하고 존중하는 과정을 통해서 조화로운 공동체를 만들어 낼 수 있다는 것이다.

북한은 사도 바울의 고백처럼 "주의 소식을 받지 못한 자들이" 남한보다는 더 밀집되어 있는 땅이다. 하나님께서 요나에게 "12만여 명이 살고 있는 니느웨 도시를 내가 어찌 아끼지 아니하겠느냐"(욘 4:11) 하셨다. 우리에게는 로마서 15장 20절 "그리스도의 이름을 부르는 곳에는", 21절 "소식을 받지 못하는 자들이" 바로 북한 동포들이다. 지금 이 순간에 우리 기독교인에게 있어서 2,587만[5] 북녘 동포들의 구원 문제가 무엇보다 중요하다. 남북통일의 과정에서 제일 먼저 되어야 할 것이 복음의 교류이다. 통일선교를 계획하고 있는 한국교계에서는 탈북민 개개인들의 복음수용 과정을 알고, 이를 비기독교인 탈북민을 위한 구원 사역에 적용하는 관심이 필요하다.

선행연구들은 나름의 기여와 장점이 있지만, 탈북민들이 복음을 어떻게 받아들였고 복음이 어떻게 자신의 삶을 변화시켰는지에 대한 기본적인 이해의 바탕이 결여되어 있다. 선행연구는 거시적 차원에서의 선교전략을 논의했지만, 미시적 차원에서의 선교전략도 필요하다고 판단된다. 미시적 차원에서의 선교전략을 한마디로 요약하면 북한 도시민과 문화에 대한 이해가 중요하다고 할 수 있다.

이 논저는 1명의 탈북민 사역자를 심층 인터뷰하여, 어떻게 복음을 수용했고 북한선교의 뜻을 품은 사역자가 되었는지 그의 생애를 관찰하고자 한다. 그의 생애에 드러난 고통과 하나님의 섭리, 이에 응답하는 신의주(가명)[6]의 반응과 감동 등을 총체적으로 규명하여 하나님의 은혜와 삶의 지향점이 무엇인지 분석하고자 한다.

---

5) 통계청 북한통계포털 2024년 7월 9일 접속
6) 이 논저에서 생애사 주인공의 이름은 신의주(가명)로 하고 중국의 성경학교와 선교지의 안전을 위하여 지역 이름도 모두 A, B, C 등 알파벳으로 처리한다.

II. 참여자 선정과 분석

1. 참여자 선정

연구자는 마일스와 후버맨(Miles & Huberman, 1994)이 제시한 질적 연구의 표집방법 중 한 유형인 전형적 사례선택 방법을 선정하여 택하였다. 전형적 사례선택이란 참여자 생애 속에 특정 집단이나 문화의 모든 현상이 게재되어 있는 것을 말한다. 연구자는 참여자의 선정을 아래와 같은 상황을 고려하여 특성을 정하였다. 고난의 행군시기에 굶주림과 함께 생명의 위기를 경험했고, 중국으로 탈출하는 과정에서 체포되거나 중국 체류에서 송환된 경험이 있는 탈북민, 중국에서 기독교를 받아들인 기독교인, 제3국을 통해 대한민국에 와서 북한선교에 비전을 갖고 사역하고 있는 탈북민을 선정하고자 했다.

2. 자료 수집

주제중심의 인터뷰를 수행했다. 주제중심의 인터뷰는 완전 개방형 질문으로 이어졌고 신의주가 충분하다고 판단했을 때 종료했다. 연구자는 신의주의 동의를 얻어 모든 구술내용을 녹음했고, 이를 전사하여 텍스트로 구성했다. 심층면담은 서울 D구에 위치한 신의주가 섬기는 H교회에서 이루어졌다.[7]

---

[7] 1회: 2019년 3월 11일 (정오-오후 3시), 2회: 3월 18일(오후 1-3시), 3회: 3월 25일 (오후 1-3시), 4회: 4월 6일(오후 4시-5시), 5회: 4월 15일(오전 11시-12시) 총 9시간 동안 진행했다.

3. 로젠탈 생애사 분석

로젠탈은 생애사의 3요소인 주관성, 이야기성, 시간성 중 특히 이야기성(narrativity)에 중점을 두고 있기에 한 개인의 생애서사의 구조를 드러내는 것이 매우 중요하다.

1) 연대기순 생애사
2) 이야기된 생애사(서사적 생애사)
3) 체험된 생애사

4. 연구의 엄격성(rigor)과 윤리적 문제

1) 연구의 엄격성

연구자는 질적연구의 엄격성을 확보하기 위해 첫째, 덴진(Denzin, 1978)이 제안한 다원화 전략을 적용했다. 연구자는 자료출처의 다원화로 접근했다. 둘째, 리보우(Liebow, 1993)가 제시한 장기간에 걸친 라포 형성[8]으로 접근했다. 세 번째는 링컨과 구바(Lincoln & guba, 1985)가 제시한 동료지지집단 구성으로 접근했다.

2) 연구의 윤리적 문제

첫째, 본 연구는 북한이탈주민의 연구로서 한 개인의 지극히 사적이고 비밀스러운 기록을 포함하므로 그의 신분 노출은 곧 북한에

---

8) 라포는 사람과 사람 사이에 생기는 상호 신뢰관계를 말하는 심리학적 용어로, 라포가 형성된다는 것은 서로 호감을 느끼고 나아가 공감대가 형성되고 터놓고 이야기 할 수 있거나 대화를 충분히 감정적, 이성적으로 할 수 있다는 것을 의미한다.

있는 가족의 신변 안전에도 직결된다. 따라서 연구자는 신의주와 관계된 모든 것을 익명 또는 가명으로 처리하여 그의 비밀을 철저히 보장했다. 둘째, 연구자는 연구수행 전 자발적 참여를 확인했고 소개자를 통한 회유, 종용을 일체 하지 않았다. 셋째, 연구 참여 중 언제든지 탈퇴할 수 있음을 상세히 고지한 후 연구 참여 동의를 받았다. 본 논문은 숭실대학교 기관생명윤리위원회 심의 결과 심의면제를 받았다(면제번호: ssu-201905-HR-127-01).

III. 연구 결과

1. 신의주(가명)[9]의 생애 이야기

신의주는 1986년 함경북도 D시에서 출생했다. 1989년에 동구권 사회주의국가들이 몰락하고 연이어 1991년 소련이 붕괴되었지만 매우 어린 시절이라 그의 삶에 어떤 영향을 주었는지 알 수 없었다. 3세 때 친부가 사망하고 6세에 어머니의 재혼으로 새아버지를 만났다. 조부가 김일성 초상화를 닦다가 깨트리는 것을 본 이웃의 신고로 사상에 문제가 있는 것으로 간주되어 그날 밤 보위부로 끌려간 이후 돌아오지 않았다.

새아버지는 신의주에게 엄청난 숙제를 주며 매우 혹독하게 공부를 시켰다. 그는 인민학교 시절 김일성 사후에 추모 글짓기를 했을 때 명작문으로 인정받아 교내에서 유명해졌다.

---

9) 이곳에 나오는 참여자는 모두 북한 도시 이름으로 가명을 만들었다.

1994년 김일성의 사망과 동시에 소련의 지원이 없어지자, 북한 경제는 파탄이 났다. 연이은 자연재해로 인해 식량난이 발생했고, 1994년부터 고난의 행군(Grand March)이 시작되었다. 유엔식량기구 통계에 의하면 당시 33만 명이 아사한 것으로 추산하고 있다. 신의주가 9세 때 외할아버지가 아사한 것과 연이어 공개 처형 광경을 목도했다. 참여자는 풀을 뜯으며 연명한 것과 11세 때 식량을 구하러 갔다가 소위 말하는 927상무조(전담반)의 꽃제비[10] 단속에 잡히기도 했다.

신의주가 12세 때 그와 가족들은 식량을 구하기 위해 1차 무단월경을 했다. 하지만 북한은 1998년 길림성 변경관리조례를 강화하고 무단월경자들을 대대적으로 단속했다. 신의주는 1999년 13세 때에 다시 2차 탈북을 했다. 탈북 이유는 오로지 어머니를 찾기 위해서였다.

2000년 14세 때에 신의주는 고모할머니를 따라 조선족 교회에 다니기 시작했고, 물방울에 바위가 패이듯 마음이 아주 조금씩 하나님께로 갔다. 그래도 하나님이 믿어지지 않아 하나님의 음성을 듣거나 보면 믿을 수 있다는 생각에 산으로 올라가 나무 그루터기에서 기도를 했다. 하나님이 정말 계시다면 만나고 싶다며 살짝이라도 자기를 만져 달라고 1시간을 기도했는데도 아무 변화가 없었다. 그런데 산을 내려오는 길에 온몸과 입과 다리와 생각까지 모든 것이 정지된 듯한 상태에서 "낮아지라"라는 말이 튀어나온 것을 듣고 깊은 생각에 빠졌다. 음성을 듣는 순간 섬뜩한 두려움과 함께 온유한 사랑의 감동이 느껴지기도 했다. 하나님이 신의주를 찾아와 만져 주

---

[10] 927상무조는 김정일 국방위원장이 꽃제비와 관련한 방침을 내린 날짜를 붙인 이름이다. 각 지역 인민위원회 산하 927상무조가 꽃제비만 따로 관리한다.
'꽃제비'란 러시아 '꼬체비예'의 북한식 발음이다. 러시아어로 '방랑자, 거지'라는 뜻이다.

신 것으로 깨달음이 왔다.

또 새벽 공기를 맞으며 고모할머니와 새벽기도를 하러 갔는데 비몽사몽간에 환상을 보았다. 신의주가 죄를 지어 십자가를 지고 가는데 고통은 이루 말할 수 없었다. 머리에는 가시관을 쓰고 십자가에 달려 극심한 고통으로 몹시 괴로워하고 있을 때 흰 가운을 입은 분이 신의주의 옆에 와서 대신 십자가에 매달리셨다. 신의주의 다음은 죄에 대한 해방과 자유가 찾아왔지만 누군가가 나 대신 고통을 받는다는 것이 마음의 고통으로 크게 다가왔다. 십자가에 달려 고통으로 신음할 때 신의주에게 찾아온 분이 예수님이셨다. 신의주 대신 손과 발에 못이 하나씩 박힐 때마다 견딜 수 없는 아픔이 마음에 전달이 되었다. 그때마다 얼마나 울었는지 모른다. 2,000년 전 사건인 줄 알았던 예수님의 죽으심과 부활을 믿으면서 신의주에게도 산 소망이 생겼다. 그 이후 믿어지지 않던 성경말씀이 믿어지기 시작했고 하나님의 주권을 인정할 수밖에 없었다. 십자가의 복음을 받아들이자 그의 삶은 획기적인 변화를 겪게 되었다.

2001년(15세) 3월에 드디어 기적이 일어났다. 그렇게 찾던 어머니를 만났다. 그의 어머니는 인신매매를 세 번씩이나 당하며 인간으로서는 감내하기 힘든 고통의 시간을 보냈다. 아버지와 어머니, 세 가족이 모였으나 그것이 부모님과의 영영 이별이 될 줄은 몰랐다. 다음 날 아버지는 성경 통독 100독 합숙 훈련소에 입소하느라 떠났고, 신의주도 성경학교에 입학했다. 2002년 16세에 신의주는 어린아이로서는 감히 상상할 수도 없는 복음의 모험을 시작했다. 주체할 수 없는 성령의 감동을 받아 복음을 전하러 북한에 잠입을 했다. 무산에서 만난 북한 장마당 아줌마에게 복음을 전했고, 고향으로 가서 복음을 전했다.

2003년 17세에 그는 큰 비전을 품고 3차 탈북을 하여 쉘터(Shelter)[11]에서 기다리며 기도해 주셨던 분들과 조우를 했고, 성경학교 공동체에서 하나님만 바라보는 훈련을 하며, 하나님이 쓰시기에 합당한 그릇으로 준비되어 가고 있었다. 그야말로 하루 온종일 성경말씀 속에서 살았는데, 육체는 비록 좁은 공간에 있었지만 신의주의 영혼은 진리의 말씀으로 자유함을 얻었고 마음에 샘솟는 기쁨과 평안으로 채워졌다.

그러던 중 쉘터가 중국 공안에게 발각되어 신의주가 있는 성경학교 사람들도 전원 체포되었고 수갑과 족쇄가 채워져 북한으로 압송되었다. 신의주는 성경공부 도중에 체포되었기에 중국 감옥 3개월과 신의주(도시)보위부 감옥, 보안서 집결소에서 구타와 가혹행위는 이루 말할 수 없을 정도로 혹독하였다.

2004년 18세에 수갑을 차고 고향으로 가서 보안서 구류장에 수감되었는데 8개월이 걸렸고 발설할 때까지 가혹한 고문과 구타가 계속되어 졸도까지 하였다. 반사회주의적 반동분자로 낙인 찍혀 B시 보안서 감옥으로 갔다. 북한의 여러 감옥에 있어 봤지만 그곳은 최악 중에 최악이었다. 수시로 구타를 당했고 머리를 맞아 피가 흐르는 일은 다반사였다. 너무 맞아 아픔이 느껴지지도 않는 지경까지 이르렀다.

신의주는 북한에서도 악명 높은 55호 로동단련대[12] 1년형 선고를 받았다. 55호 로동단련대에 가는 도중 호위하는 보안원이 어머니(당시 38세)가 압송 도중 열차에서 뛰어내려 사망했다는 소식을 알려 주었다. 하늘이 무너지는 것 같았고 삶을 지탱해 갈 이유가 없었다. 어

---

11) 주거지, 피난소, 대피소
12) 함경북도 함흥시 영광군에 있다. 교화소보다는 형량이 짧지만 일반 로동단련대보다는 길다. 두 발로 들어가 네 발로 나온다고 알려진 북한 단련대 중에서도 55호 로동단련대는 악명이 높다.

머님을 지켜 달라고 그렇게 기도를 했는데 사망 소식을 들으니 하나님이 원망스러웠고 용서되지 않았다. 신의주는 어머니를 따라 기차에서 뛰어내려 죽고 싶었다.

신의주 감옥에서부터 B시 보안서 감옥까지 8개월 가는 동안 몸은 허약 2도[13] 판정을 받아 입소가 거부되었다. 호송한 보안원이 입소가 안 되면 다시 중국으로 갈 것이라고 담배를 건네주며 사정하여 간신히 입소되었다. 신의주는 자신의 해골 같은 모습에서 죽음의 문턱에 왔다는 것을 느꼈다. 멍하니 있다 보니 살고 싶은 욕망이 생겼고 할 수 있는 유일한 것은 기도밖에 없었다. 하나님께 살려 달라고 간절히 기도했다. 육체는 쇠할 대로 쇠해서 계단을 다닐 힘도 없지만 마음의 평안함이 찾아왔다.

55호 로동단련대와 요덕수용소 같은 곳은 쥐와 벌레가 없다. 왜냐하면 수용되어 있는 사람들이 살아남기 위해 닥치는 대로 쥐와 벌레를 잡아먹기 때문이다. 하루는 쥐 한 마리 잡았을 때 다리 한쪽을 얻어먹었는데 그렇게 맛있을 수가 없었다. 단련대에서 전갈처럼 쏘는 공포, 온몸에 퍼진 옴, 살아남기 위해 주야로 계속된 기도 등으로 신의주는 55호 로동단련대에서 하나님의 은혜를 또 체험하였다. 관리 경찰관이 신의주가 어린 데도 열심히 일하니 식당에 배정했다. 누룽지로 배고픔을 면하며 생존할 수 있었는데 하나님의 은혜이고 기도 응답이었다. 그곳에서 짐승보다 못한 삶을 살다가 빛을 보지 못하고 생을 마감한 죄수들이 너무나 가여웠다. 비만 오면 근처 야산에는 귀신 영화에서나 나올 만한 해골이 여기저기 흩어져

---

13) 키 170cm 기준으로 몸무게 42kg은 허약 1도, 40kg은 허약 2도, 38kg은 허약 3도로 분류된다. 허약 3도는 죽기 직전의 상태다. 허약 3도가 되면 휴식하지만, 허약 1도, 2도는 계속 노동을 해야 한다.

뒹굴었다.

2005년 2월 13일 19세에 만기 출소를 하자 보위부 재조사가 시작되었다. 조사 중에 아버지가 요덕수용소에서 순교했다는 말을 들었다. 아버지는 중국에서 성경 통독을 하다가 북송되었는데 취조 과정 진술서에 아들도 예전에 함께 성경공부를 했다는 자필 진술서가 있었다. 신의주는 다시 시작된 매질 등 온갖 고초를 당했다. '하나님을 믿느냐?'라는 취조에 "하나님이 계시면 내 부모가 다 횡사했겠느냐?"라고 대답했다. 주님을 부인한 베드로를 떠올리며 살아나올 수 있었다.

신의주는 4차로 탈북하다가 중국에서 체포되어 다시 회령 감옥으로 북송되었다. 55호 로동단련대를 다녀왔기에 다시 북한 감옥에 가면 세상에 다시는 못 나온다는 것을 잘 알고 있었다. 2명씩 묶어 수갑 하나를 채우고 열차 이송 도중, 사도 바울이 감옥에 갇혔을 때 옥문이 절로 열리는 기적이 나타났다. 2003년 중국 감옥에서 죄수들한테 지폐로 수갑 푸는 법을 배웠기에 정전이 되었을 때 수갑을 풀고 탈출했다.

신의주는 다시 5차 탈북 때 중국 국경에서 공안에게 발각되었고, 군견까지 동원한 수색을 피해 산으로 도망쳤다. 코 앞까지 온 군견이 돌아가는 일이 일어났다. 한밤중 산속의 추위와 두려움에 떨어야 했다. 다음 날까지 군견 수색은 계속되었다. 그들이 사라진 후, 산에서 내려와 차비를 구걸하며 예전에 공부했던 공동체로 찾아갔다.

그곳에서 미국 국적의 한국인 C선교사에게서 인생의 로드맵을 받고, 2005년 7월부터 중국 D지역에서 탈북민 리더로 성경을 가르쳤다. 2006년 20세에 영적 아버지인 P선교사와 재회하고 나그네 삶에서 예비된 처소로 이동하였다. 예비된 처소에서 탈북청소년에게 성경을 가르치는 리더로 사역을 시작했다.

21세 때 미국행을 신청하고 7개월을 기다리다가 안 되어, 22세 때 그는 한국행을 선택했다. 한국에 와서 하나원을 퇴소한 후, 실향민 출신 탈북민의 대모로 불리는 주 교수가 탈북 학생들에게 '언제 누구에게 복음을 들었느냐?' 물으면 신의주에게 들었다고 하는 학생들이 여러 명 되다 보니 만나자고 연락이 온 것이다. 주 교수의 제의로 한 집에서 함께 살면서 여명학교에 다니며 검정고시와 대학 입시를 준비하였다. 주 교수는 매일 새벽기도회에서 신의주에게 북한선교에 대한 비전과 소명을 갖게 해주었다. 북한에서 기아와 감옥 생활과 탈출 과정에서 공포와 구타로 인해 누적된 건강상의 문제들이 한꺼번에 발현되어 입원과 수술을 받기도 했다.

2009년 23세에 신의주는 탈북민 대학생들과 뉴질랜드에서 순회 간증하고 여명학교 출신 학생들과 해비타트에 동참하기도 했다. 2011년 25세에 주 교수는 앞으로의 선교를 위해서는 미디어를 공부해야 한다며 학부에서는 미디어를 공부하고 신학은 신대원에서 할 것을 조언했다. 2011년은 김정일이 사망하고 김정은이 3대 세습을 한 해였다. 이러한 비상식적인 세습에 대해 신의주는 평화가 점점 더 요원해짐을 느꼈고 평화는 오로지 복음으로부터 나온다는 신념을 키웠다.

2012년 26세 때에 여명학교에서 만난 여자친구와 결혼하고 2013년 27세 때 북한선교를 주요 비전으로 삼은 N선교회를 설립했다. 2017년 31세 때 본격적인 북한선교의 첫 사역을 시작하였다. 신의주는 H교회를 개척하면서 탈북민들의 경우 한국의 성경공부 책자에 거리감이 있음을 느끼고 그들의 눈높이와 언어에 맞는 성경 교육 교재를 개발하는 성과를 거두기도 했다.

2. 생애사 분석

이야기된 생애사에서 신의주의 삶의 주요 변곡점을 분절하고, 당시로 돌아가 어떤 생각과 태도 그리고 전략을 수집했느냐에 대한 잠재적 행동 전략을 분석했다. 본 연구에서는 신의주의 생애를 잠재적 행위 지향으로 여섯으로 나누어 분석한다(그들의 생생한 증언인 구술 데이터는 지면 관계상 생략한다).

1) 인민학교 시절 잠재적 행위 지향 분석

신의주는 집안의 기대를 한 몸에 받고 인민학교에 입학했으며 학교에서도 우수한 학생으로 인정받았다. 당시 신의주는 불행한 가족사를 자신의 노력으로 극복하고 북한에서 필요한 인재가 되고자 했다. 학업과 학교에서 가르치는 사상 중심의 학습에도 열중했다. 그에게 있어서 사상은 북한에서 자리를 잡기 위한 사회적 도구이자 수단이었다.

2) 공개 처형 목도와 가족의 아사

고난의 행군이 시작된 지 1년 후, 사회 기강을 확립한다고 도둑질한 사람을 운동장에서 공개 처형했다. 신의주는 먹지 못해 눈앞이 보이지 않는 지경에 이르자 초근목피로 연명을 했고, 풀독으로 몸이 부은 신의주의 모습을 본 외할아버지가 당신이 드실 식권을 쥐어 주고는 며칠 후 아사하셨다. 그 후 신의주의 잠재적 행위 전략은 오로지 굶어죽지 않는 것이었다.

3) 식량을 구하기 위한 중국 월경

신의주의 최초의 탈북은 12세 때였고 다섯 번의 탈북과 네 번의 체포를 경험했다. 중국의 도문 건너편 남양이라는 곳에 사는 친척에게 도움을 요청했으나 연락이 없자 어머니와 월경했다. 당시 잠재적 행위 지향은 수단과 방법을 불문하고 식량을 확보하여 굶어죽지 않는 것이었다. 그것이 유일한 희망이고 가치였다. 중국에서의 처절한 생존 그리고 북한으로 다시 밀입국은 신의주의 나이 19세까지 지속되었다.

4) 중국에서의 성경학교 입학과 하나님과의 만남

2차 탈북 후, N시에 있는 성경학교 입학은 신의주의 삶에서 큰 전환점이었다. 그는 이곳에서 주님을 영접했고 큰 비전을 세웠다. 그의 비전은 북한 복음화를 위한 비전이었다. 끓어오르는 선교의 열정을 참지 못하고 말리는 선교사를 뿌리치고 직접 고향으로 밀입국하여 장마당 상인들과 지인들에게 복음을 전하고 고향 땅을 바라보며 기도를 했다. 당시 그의 잠재적 행위 전략은 자신의 신변 안전은 물론 목숨까지도 걸고 복음을 전하다 거룩한 순교자가 되는 것이었다. 신의주는 성경공부를 통해 하나님의 이적과 사랑에 대한 깊은 이해를 구하기도 했지만 죽으면 죽으리라는 순교의 거룩한 희생과 정신에 매료되기도 했다.

5) 55호 로동단련대에서의 경험

신의주는 18세 때에 북한에서는 요덕수용소와 함께 악명이 높은 55호 로동단련대에 수감되었다. 쇠잔해질 대로 쇠잔해진 육체로 중노동을 견디어야 했다. 많은 수감자들이 죽는 것이 편안함이라 여겼지만 신의주는 이를 자신을 연단하는 풀무질로 의미구성을 했다. 신의주는 로동단련대에서 자신의 삶과 욥의 삶을 비교했고, 하나님의 영광에 비해 인간의 고난은 매우 작다는 것을 깨달았다. 당시의 잠재적 행위 전략은 현실적인 고통을 연단의 기회로 여기고 자신을 풀무질하는 것이었다.

6) 탈북 후 한국 정착 그리고 선교 사역

신의주는 21세 때 방콕을 거쳐 한국에 입국했다. 당시 그는 한국을 하나님이 예비하신 자기의 땅이라고 인식했고, 하나님이 예비하신 사람들이 있을 것이라는 믿음을 지녔다. 그리고 그의 믿음대로 남한에 입국하고 탈북민의 대모 주 교수를 만나 지원을 받았고, 그토록 원하던 공부와 결혼까지 했다. 그는 현재 북한선교와 복음화라는 지상 최대의 목표를 설정하고 있다. 그리고 이를 위한 구체적 행위 지향은 북한을 복음으로 수복할 수 있는 탈북청년들을 기드온의 300용사로 간주하는 것이며 그 청년들에게 희망을 품고 있다.

"3만 2천여 명의 탈북민들은 하나님이 잘 먹고 잘 살라고 남한 땅으로 보내신 것이 아니고 이 민족을 구원하시기 위해 보내신 하나님의 뜻이 있다고 생각해요. 그래서 그들에게 복음을 전하고 하나님의 사명자들로 함께 준비되어 평양에서 예루살렘까지, 무슬림 지역뿐 아니라 땅끝까지 예수 그리스도의 사랑을 들고 하나님의 뜻에 순종하는 것이 저의 꿈입니다."

3. 신의주의 체험된 생애사 분석

로젠탈의 생애사 분석 특징은 참여자가 과거 특정한 행위를 했을 때 느꼈던 잠재적 행위 지향을 분석하고, 체험된 생애사는 현재 의미를 구성하는 것을 말한다. 이러한 연속 분석을 통해 이야기의 진실성과 사실성을 동시에 드러낼 수 있다. 체험된 생애사 분석에서는 이야기된 생애사 분석에서 나타난 6가지 영역에 대해 어떠한 지향점을 갖고 있는지를 분석하고자 한다(모든 구술 데이터는 생략한다).

1) 사회주의의 허상을 목격한 후 사상은 인간의 자유를 옥죄인다는 의미구성

신의주는 인민학교 시절 공부와 사상적 토대 구축을 통해 북한 사회에서 입신하고자 했다. 과거에 사상은 그에게 있어서 적대 계층으로 몰린 집안을 부흥시키고 자신과 가족이 북한 사회에서 안정된 기반을 갖출 수 있는 첩경이라 의미 지었지만, 인민학교 시절에 그러한 잠재적 행위 지향을 사상이라는 미망에 빠졌다는 것으로 의미 지우고 있다. 따라서 현재 행위 지향은 사상이 아닌 하나님의 은혜와 섭리로 이끌고자 하는 선교전략으로 변이되었다.

2) 삶의 계획은 공포가 아니라 사랑 - 사랑의 빚진 자로서 의미구성

신의주는 북한의 공개 처형 엄벌주의 등이 모두 공포정치라고 의미 지우고 있다. 그리고 이러한 사랑은 남한에 처음 도착했을 때 자신을 극진히 돌보아 주었던 실향민 출신 고(故) 주선애 교수와 기거하면서 몸소 배운 것이다. 신의주의 의미구성에 의하면, 하나님은 예수님을 이제 다시 보낼 수 없기에 하나님을 닮은 사람을 보내 그

사랑을 실천하게 하신다. 중국 체류와 남한 정착에 있어서 그는 하나님이 보내 주신 수많은 사람들의 사랑을 경험하기도 했다. 그의 의미구성에 의하면 사랑은 베풀면 베풀수록 커지고 확대된다. 그런 자신을 북한선교 사역자가 아니라 하나님의 사랑에 빚진 자로 의미 지우고 그 빚을 또 다른 하나님의 사람인 탈북민들에게 갚고자 하는 마음을 지니고 있다. 이를 실천하고 있는 동시에 그의 목회 전략 비전으로 삼았다.

3) 중국 월경의 의미구성 - 연단을 위해 마련한 풀무질의 장

신의주는 5회 월경과 4회 입북, 3회 체포와 감옥이라는 끔찍한 생애 기록을 지니고 있다. 신의주의 과거 행위 지향은 북한 체포조와 중국 공안에게 적발되지 않고 자신의 온전한 은신처를 찾는 것이었다. 이러한 상황에 대해 신의주는 인간의 얕은 지혜로는 자신이 처한 문제를 해결할 수 없다고 의미를 지었다. 당시에는 고난이었지만 자신이 경험한 불행과 심리적·신체적 고통은 모두 하나님이 자신을 연단하기 위해 마련한 풀무질의 장이라고 의미 지었다. 신의주에 의하면, 자신이 사역자로서의 가장 큰 장점은 혹독한 고통을 극복했기에 탈북민들과의 라포 형성 과정이 필요하지 않았다는 것이다. 그의 의미구성에 의하면 하나님 살아 있는 역사가 하나님의 섭리라고 할 수 있다.

4) 성경학교 입학과 체류 - 연단을 마친 예비 사역자로서 의미구성

신의주는 2차 탈북 후 성경학교에 입학했는데, 그것은 조금이나마 체류하는 데 있어 안전이 보장되는 것이었다. 성경학교에서의 공부는 그에게 있어서 하나님을 이성적으로 만나는 기회였다. 당시 그

의 행위 지향은 이 거룩한 복음을 어서 빨리 북한 형제들에게 전하는 것이었다. 따라서 순교자의 거룩한 길도 마다하지 않았기에 말리는 선교사를 뒤로 하고 북한에 밀입국하여 친구들 지인들에게 복음을 전하기도 했다. 이와 같은 그의 행적에 대해 신의주는 연단을 마친 예비 사역자로서의 훈련 기간으로 의미 짓고 있다. 하나님은 일거에 모든 것을 이루게 하기보다는 절차와 순서를 통해 사람을 키우고 만드시는 분이다. 그뿐만 아니라 하나님은 언제나 결과보다는 과정을 중시하는 하나님이란 의미구성을 하기도 했다.

5) 55호 로동단련대에서 연단의 강화로 의미구성

그가 전하는 로동단련대는 살아서 경험하는 생지옥이었다. 신의주는 로동단련대에서 고통을 연단의 기회로 받아들이고자 했다. 그의 의미구성에 의하면 연단은 하루아침에 이루어지는 것이 아니었다. 중국에서의 체류가 1차 연단, 로동단련대는 2차 연단, 현재 자신이 직면하고 있는 경제적 궁핍과 신체적 고통을 3차 연단으로 의미 짓기도 한다. 그는 오랜 굶주림과 가혹한 노동과 학대 등으로 인해 몸이 많이 쇠잔해 있다. 신의주는 스스로 세속적인 성공을 할 것이라는 보장은 할 수 없다고 했다. 하지만 그에게 있어서 목회는 계속되는 연단의 과정이고 연단의 끝은 통일 후의 북한선교와 복음의 전파라고 할 수 있다. 많은 탈북민이 남한을 안식처로 알고 쉼을 얻고자 하지만 남한 정착은 또 다른 연단의 시작이기도 하다.

6) 남한에서 기드온 용사 키우기로 의미구성

현재 신의주는 서울시 모처에서 교회를 개척하고 있다. 교회 성도 대부분은 청년들인데 남북한 청년들이 반씩이다. 그 청년들을 기드온의 300용사로 여기고 있다. 그가 기드온의 용사로 청년들을 의미구성한 것은 기드온 용사들의 당당함 때문이다. 미디안 군대을 치러갔을 때 병사들의 선발 기준은 무장을 풀지 않고 물을 손으로 움켜 입에 대고 마시는 것이었고, 그 결과 남은 병사는 300명뿐이었다. 기드온 용사들이 늘 무장을 해제하지 않고 긴장을 유지하며 미디안을 향했던 것처럼 탈북청년들은 물신주의와 향락 풍조가 만연한 한국사회에서 자신의 영적 무장을 해체하지 않으려 한다. 마치 바벨론 유수시절 유대민족이 고향 이스라엘을 항상 그리워했던 것처럼 신의주와 그의 청년들은 남한 사회에서 영적인 순결함을 지켜야만 한다는 당위성을 지니고 있다.

IV. 나가는 글

1986년에 북한 D시에서 태어난 신의주는 수많은 아사자가 발생하는 고난의 행군시기를 경험했다. 수차례의 탈북과 체포와 북송을 경험하면서 부모님을 잃고 혈혈단신으로 대한민국에 입국했다. 중국 체류와 남한정착을 하면서 하나님이 보내 주신 수많은 사람들의 사랑을 경험하기도 했다. 신의주의 복음수용은 적절한 시기에 믿음의 사람들을 만난 것이다.

첫째, 중국에서 만나 복음을 전해 준 두 분의 영적 아버지와 복음통일의 비전을 심어 준 영적 어머니 등 조력자들이 있었다. 그들은 신의주가 삶의 방향과 비전을 세우는 데 큰 기여를 했다. 그의 믿음이 어떻게 형성되었는지 분석해 보니 준비된 인적 자원과의 만남이라고 할 수 있다. 통일 시대를 맞이하여 사람을 준비하는 것이 중요한 것은 이 때문이다. 특히 탈북민의 대모라 불리는 고(故) 주선애 교수는 2년 동안 그와 한솥밥을 먹으며 혈혈단신인 신의주를 어머니의 사랑으로 돌봐 주었다.

둘째, 신의주가 겪은 극한의 고통에 대해 논의하고자 한다. 신의주의 생애에서 고통은 그 속에서도 빛나는 하나님의 은혜와 섭리가 게재되어 있다. 그 당시에는 고난이었지만 살아 계신 하나님을 깊이 만났고, 예수 그리스도 앞에 나가면 모든 해석은 용서, 감사와 축복으로 바뀌게 되는 것을 경험했다고 한다. 자신이 경험한 불행과 심리적·신체적 고통은 모두 하나님이 자신을 연단하기 위해 마련한 풀무질의 장이라고 의미 지었다.

셋째, 자신과 같이 사상에 미망에 빠졌던 탈북민들을 사상이 아닌 하나님의 은혜와 섭리로 이끌고자 하는 선교전략으로 변이되었다. 사랑은 베풀면 베풀수록 더욱 커지고 확대된다. 그런 자신을 사역자가 아니라 하나님의 사랑에 빚진 자로 그 빚을 또 다른 하나님의 사람인 탈북민들에게 갚고자 하는 마음을 지니고 있으며, 이를 실천하고 있는 동시에 그의 목회 전략 비전으로 삼고 있기도 하다. 신의주는 탈북민 이웃과 함께하는 삶속에서 선교적 영성을 강화했다고 할 수 있다.

넷째, 현재 신의주는 북한의 선교와 복음화라는 지상 최대의 목표를 설정하고 있다. 그리고 이를 위한 구체적 행위 지향은 북한을 복음으로 수복할 수 있는 탈북청년들을 기드온의 300용사로 간주하고 훈련하는 것이다. 그는 청년들에게 희망을 품고 있다. 신의주의 시를 읽어 보면 그 삶이 모두 녹아 있다.

"나에게는 꿈이 있습니다. 바다를 거슬러 고향으로 가는 것입니다.

삶의 추억이 묻어 있는 은빛 연어들과 함께합니다. 드넓은 바다에서의 훈련은 험난한 물길을 거슬러 올라갈 수 있는 힘을 갖게 하였습니다. 생명을 후대에게 전할 사명이 있기에 모든 시련을 견딜 수 있었습니다. 꿈이 있어 행복하고 고향을 떠올릴 수 있어 행복합니다. 저는 꿈이 있어 행복한 연어입니다."

그의 시 "연어의 꿈"은 복음을 수용한 탈북민 사역자의 고백이다.

참고문헌

Denzin, N.K. *The Research Act: Theoretical Introduction to Sociological Methods*. New York: McGraw-Hills, 1978.

Liebow. *Tell Them Who I Am: The Life of Homeless Woman*. New York: Penguin, 1993.

Lincoln, Y.S. & E.G. Guba. *Naturalistic inquiry*. Newbury Park, London: Sage, 1985.

Miles, M.B. & Huberman, A.M. (1994). *Qualitative Data Analysis: A source book of new method*. Thousand Oaks. Sage

Ronsenthal, G. 2008. Interpretative socialforschung. Eine Einfuhrung. Weimheim and Munchen: Juventa.

김영숙·김영채·최란주. "형제의 땅에서 낯선 이방인으로 살아가기-북한이탈주민의 생애사 연구."「사회복지연구」45(1) (2014): 37-69.

김영환. (2014).『개혁주의 평화통일 신학』. 서울: 숭실대학교 출판부.

박영환. (2011).『북한선교의 이해와 사역』. 파주: 올리브나무.

강미정. (2014). "북한이탈주민의 탈북 경험담에 나타난 트라우마 분석." 문학치료연구. 30. 413-437.

김영숙·김영채·최란주. (2014). "형제의 땅에서 낯선 이방인으로 살아가기-북한이탈주민의 생애사 연구." 사회복지연구. 45(1). 37-69.

나지영. (2014). "탈북청소년의 구술 생애담 속 가족의 해체와 탈북 트라우마." 통일인문학. 60. 97-132.

박영환. (2017). "폴란드 자유화와 북한선교의 방향과 과제." 선교 신학. 48. 139-178.

유혜란. (2014). "탈북민을 통하여 본 '북한 체제 트라우마'(NKST) 불안 연구." 한국기독교상담학회지. 25(1).

이상숙. (2018). "탈북여성시 연구의 의미와 한계." 현대북한연구. 21. 128-162.

임희모. (2003). 『한반도 평화와 통일선교』. 서울: 다산글방.

조은식. (2018). "종교개혁과 한국교회의 통일 준비." 선교와 신학. 45. 441-470.

하충엽. (2012). "이질화된 두 공동체 간에 형성되는 통이 공동체." 교회사학. 11(1). 63-179.

허성엽. (2015). "남북관계에서 본 북한선교 정책 전망." 선교신학. 39. 391-425.

통계청 북한통계포털 www.unkorea.go.kr, 2024년 7월 9일 접속.

에필로그

　연구자는 2018년 조중 접경 지역을 다녀왔는데 그때 신의주가 버스에서 해설을 했다. 작은 키에 야윈 체격이었지만 상당히 믿음이 좋고 총명했다. 부모 없이 혈혈단신으로 이 땅에 왔는데 참 잘 자랐다는 생각이 들었다. 필자가 연구하고자 하는 참여자 조건에 신의주가 부합되었다. 생애사는 인생을 어느 정도 산 장년을 연구해야 함에도 불구하고 30대 청년 신의주를 참여자로 선택했다. '도대체 무엇이 신의주를 저렇게 반듯하게 잘 자라게 했을까?'를 연구하고 싶었다. 신의주와 라포(lapport)를 형성하기 위하여 인터뷰 전부터 수희에 걸쳐 교류를 가졌다. 신의주가 섬기는 H교회에서 5회에 걸쳐 9시간을 주제중심의 인터뷰를 수행했다.

제2편
멘델바움 생애사 렌즈를 통해서 본 탈북민 목회자들의 신앙여정[1)]

한글 초록

본 연구는 탈북민 목사 5명의 생애사를 통하여 복음수용 과정을 분석한 것이다. 복음수용을 생애사로 연구한 것은 복음수용은 일회적 사건이 아니라 하나의 과정이기 때문이다. 본 연구는 멘델바움(Mandelbaum) 생애사 분석 방법의 삶의 영역, 삶의 전환점, 삶의 적응에서 개별 생애사를 분석하였고, 5인의 개별 생애사를 영역끼리 모아서 공통 주제를 도출하였다. 이와 같은 공통 주제를 근거로 람보(Rambo)의 7단계 회심이론에 근거하여 복음수용성을 분석하였다. 참여자들 삶의 영역을 결집하여 나타난 공통 주제는 '체제 모순 속에서 자기 꿈의 유보', '생존만이 유일한 선이 되는 처절한 고통', '극한의 땅

---

1) 이 논문은 박병애(2020)의 숭실대 박사학위 논문 "탈북민 목회자의 생애사 분석을 통한 복음수용성 연구 - Mandelbaum 분석 방법론 적용"을 축약 수정한 것이다.

에 비춰진 복음의 빛에 세례 받음', '나를 죽이고 하나님의 형상 드러내기', '천로역정의 좁은 길 가기'로 나타났다.

참여자들 삶의 전환에서 나타난 공통 주제는 '코나투스에 의한 탈출', '도구적 수단으로써의 복음수용', '호모사케르의 삶', '창조적 소수자로서의 비전', '속사람의 부활'로 도출되었다.

참여자들 삶의 적응에서 나타난 공통 주제는 북한과 중국에서는 '약자로서의 은폐 전략', '체제의 모순을 이용한 자기 성취', '신변안전과 자기 권리의 교환', '위험 환경에서 카멜레온의 생존방식', '세상적 성공을 분토로 여기기', '자기의 영혼을 건 불꽃같은 목회', '무조건적인 성경에의 의지'로 도출되었다.

참여자들의 생애사에 나타난 복음수용은 북한에서는 '기아', '자유의 제한'으로 나타났고, 이는 '직면한 모순'에서 탈출이다. 중국에서는 '주체사상의 내재적 모순'을 '기독교적 관점에서 통찰'하고 '주체사상을 해체'하였다. 또 '하나님의 사람과 만나게' 되고 '하나님 사랑의 속성을 체험'하며 '복음과 조우'하게 된다. 아울러 '새로운 세계를 발견'하고 '성경통독학교에서 집중'하여 말씀을 추구한다. 한국에서 '겉도는 탈북민'과 '남한교회의 지지'는 '교회공동체의 긍정적 상호작용'으로 본다. 아울러 '보상심리'와 '남한의 풍요로움'은 '신앙의 위기와 퇴행'이 있었고 이러한 위기를 극복하고 '북한 주민에 대한 보편적 사랑'과 '세상 속에 분리된 사랑'으로 '하나님 중심의 삶으로 전환'된다. 참여자들은 '디아스포라의 꿈'을 갖고 '부르심에 응답'하기 위해 '귀환의 소명'을 갖고 있다.

이러한 연구 결과를 토대로 람보의 회심이론에 근거하여 참여자들의 복음수용성을 논의하였다. 첫째, 극도의 기아와 궁핍은 복음수용의 시작이다. 둘째, 탈북민들의 복음수용성에 가장 큰 장애인 동시에 가장 큰 조건이 되는 것은 주체사상이다. 셋째, 탈북민들의 복음과 만남에 대한 논의이다. 넷째, 참여자들이 복음수용 이후 보여준 집중이다. 다섯째, 복음수용성에 나타난 긍정적 상호작용 단계는 잠재적 회심자와 종교집단과의 만남이다. 여섯째, 참여자들의 복음수용 후 머뭇거림과 퇴행에 관한 논의이다. 일곱째, 참여자들의 복음수용성에서 나타난 이타적 하나님 중심 삶으로서의 전환에 대한 논의이다. 여덟째, 참여자들의 목회 비전에 나타난 귀환의 소명이다. 이를 근거로 북한선교의 시사점을 제시했다. 특히 본 연구는 멘델바움 생애사 연구방법으로 접근했지만, 람보의 회심이론을 접목하여 이론과 방법론의 통합에도 기여했다는 데 의의가 있다.

주제어: 복음수용성, 탈북민 회심, 루이스 람보의 회심, 탈북민 목회자, 멘델바움 생애사

I. 들어가는 글

본 연구는 탈북민 출신 목회자들의 생애사에 나타난 복음수용과 회심에 관한 연구이다. I장에서는 본 연구의 서론으로 첫째, 탈북민 목회자의 복음수용성 연구의 필요성과 목적을 기술하고, 둘째, 연구의 의의에 대하여 고찰하며, 셋째, 연구의 범위를 기술하고자 한다.

1. 연구의 필요성과 목적

복음수용은 일회적 사건이 아니라 하나의 과정이다. 복음은 단번에 수용될 수 없으며 받아들이다가 퇴행을 반복하기도 하고 또 위기를 만나면 깊어지는 등 평생을 두고 점진적으로 진행된다(이수미 외, 2015: 240). 종교 심리학자 루이스 람보(Lewis R. Rambo)는 기독교인의 복음수용을 회심으로 설명하면서 복음의 수용은 단순한 마음의 변화가 아니라 삶의 방향을 전환하여 하나님에게로 온전히 헌신하는 것이라고 말한다(이용원, 2002: 16). 그 과정은 점진적인 단계로 이어지기 때문에 개인의 생애에 걸쳐 지속적으로 각각의 단계마다 관찰이 필요하다고 강조한다(고든 스미스, 2012: 144).

북한 사람들처럼 복음이 전무한 지대에서 살다 온 사람들은 복음을 받아들이는 일이 쉽지 않다. 북한의 문화적 환경은 주체사상이다. 주체사상의 핵심은 내 운명의 주인은 나 자신이고 나의 개척할 힘은 나에게 있다는 것이다. 주체사상은 신은 없다고 확실한 정의를 내리는데 결국 무신론이다. 기독교는 우리의 주인은 하나님이기 때문에 주체사상과는 정반대이다. 탈북민들이 신앙생활을 하면서 호소하는 어려움은, 주체사상이 기독교를 모방해 만든 경배 체제이기에 기독교에 대해 치명적인 면역 체계를 갖고 있다는 것이다.

이런 점들을 고려할 때 람보가 말한 회심의 각 단계에서 탈북민들에게 복음수용의 양상이 어떻게 나타나는지 면밀히 살펴볼 필요가 있다. 그들의 생애사에서 처음 어떻게 복음을 받아들였는지, 또 어떻게 믿음이 성장하였는지, 그뿐만 아니라 각 단계별로 어떤 부분에서 복음수용의 어려움을 겪는지, 복음수용을 촉진하거나 방해하는 요인은 무엇인지, 구체적으로 살펴보고자 한다. 이런 점에서 탈북민들 가운데 복음을 가장 모범적으로 받아들여 신앙생활을 잘 하고 있는 탈북민 목회자의 경험을 바탕으로 생애사의 맥락에서 단계별로 복음수용 과정을 관찰, 분석하는 연구가 매우 필요하다.

본 연구의 목적은 탈북민 목회자의 복음수용 과정을 생애사 관점에서 분석함으로써 북한 복음화를 위한 미래 지향적이고 효율적인 선교전략 수립의 기초를 제공하는 데 있다. 복음은 전 생애에 걸쳐 이루어지기 때문에 그들의 복음수용 과정을 살펴보는 것이다. 그 과정은 점진적인 단계로 이어지기 때문에 개인의 생애에 걸쳐 지속적으로 각각의 단계마다 관찰이 필요하다고 강조한다(Gorden Smith, 2012). 탈북민 삶의 맥락 곧 북한에서의 삶, 월경하여 중국에서의 삶, 남한에 입국하여 탈북민의 삶 등을 고려하면 다양한 복음수용 과정이 전개될 수밖에 없다. 그러므로 우리가 통일되었을 때 북한 복음화를 위해서 반드시 필요한 것이다.

우리 곁에는 21세기판 출애굽이라고 할 정도로 많은 탈북민들이 와 있다. 2024년 통계에 의하면 탈북민은 34,121명[2](통일부, 2024)이다.

---

[2] www.unkorea.go.kr(2024년 7월 9일 접속)

탈북민은 관점에 따라 다양하게 정의될 수 있지만, 기독교 선교 입장에서는 통일 후 예언자적 사명을 감당할 북한선교의 마중물이다(조은식, 2018: 459). 북한선교는 한국교회에 주어진 최대 사명이자 과제이다. 북한선교전략에서는 무엇보다도 먼저 상황화가 선행되어야 하며(팀 켈러, 2018: 107) 이를 위해서는 북한 주민들에 대한 이해가 필요하다. 그러나 북한선교에 관한 선행연구는 선교의 가장 큰 심리적이며 집단적 의식인 복음수용성에 대한 논의는 매우 부족했다. 복음수용성은 북한선교의 기제가 되는 동시에 북한 주민들을 이해하는 통로가 될 수 있다. 거시적 차원에서의 북한선교도 중요하지만, 미시적 차원에서의 북한선교도 필요하다고 판단된다. 미시적 차원에서의 북한선교는 한마디로 요약하면 탈북민 이해를 통한 그들의 복음수용성 분석이다.

2. 연구의 의의

첫째, 탈북민 출신 목회자의 생애사에 나타난 복음수용성에 관한 연구로서 멘델바움(Mandelbaum, 1973) 생애사 연구와 람보의 회심이론을 접목하여 복음수용성의 논의를 확장하는 데 의의가 있다.

둘째, 본 연구는 탈북민 목회자에 관한 연구로서 그들의 생애에 나타난 복음수용을 저해하는 요인, 조장하는 요인들을 구체적으로 분석하였다. 북한 지역 주민에 대한 복음수용에 대한 기초 지식과 이해의 기반을 축적하여 그들의 복음수용을 높이는 효과적인 선교 시사점을 제시함으로써 선교신학 차원에서 의의가 있다.

셋째, 탈북민 목회자들의 생애사 연구에 나타난 남한 주민들과의 갈등, 협력 등을 구체적으로 분석하여 사회 통합에 기여할 수 있는 시사점을 제시함으로써 통일학, 통일지도자학, 북한학 차원의 학문적 의의가 있다.

넷째, 본 연구는 이야기에 기반을 두고 북한 주민들의 고통과 복음에 대한 기대와 열망 등 다양한 구체적 일반성을 파악하여 탈북민이 처한 우리 사회에서의 상황에 대한 이해의 깊이를 높일 수가 있다는 의의가 있다.

3. 논문의 구성

제1장 서론에서는 연구 목적과 필요성, 연구 의의, 연구 범위와 방법, 논문 구성을 다루었다.

제2장 이론적 배경과 선행연구에서는 복음수용성 정의와 이론적 이해, 북한의 문화적 맥락, 회심이론, 선행연구를 기술하였다.

제3장 연구방법에서는 생애사 연구, 참여자 선정, 자료의 수집과 분석, 윤리적 고려 등을 기술하였다.

제4장 연구분석에서는 참여자 개인별로 연구 결과의 분석을 기술하였는데 개인별 삶의 영역, 삶의 전환점, 삶의 적응으로 분석했다. 공통 주제를 도출하여 참여자 전체의 심층 분석하여 핵심 주제인 복음수용성 과정을 분석하였다.

제5장 생애사에 나타난 복음수용성 과정에서는 복음수용 과정을 루이스 람보의 회심의 단계로 재구성하였으며, 탈북민 목회자의 생애 경험에 나타난 복음수용성을 논의하였다.

제6장 결론 및 논의에서는 연구 요약, 복음수용성 논의에 기초하여 북한선교의 시사점을 기술하였고, 연구 한계와 후속 연구 필요성에 대해서 언급하였다.

II. 이론적 배경과 선행연구 검토

본 연구의 이론적 배경으로 복음수용과 회심의 정의, 루이스 람보(Lewis Rambo)의 회심의 7단계와 선행연구를 다룬다.

1. 복음수용과 회심

기독교에서 복음수용과 회심은 두 가지 다른 개념이며, 각각의 의미와 중요성이 다르다. 복음은 그리스어로 '좋은 소식'이라는 뜻이며, 기독교에서는 예수 그리스도의 사역, 죽음, 부활에 관한 중요한 교리를 나타낸다. '복음수용'(Acceptance of the Gospel)은 예수 그리스도의 가르침과 구원의 계획을 믿고 받아들이는 것을 의미한다. '회심'은 죄를 깨닫고 하나님의 용서를 구하며 새로운 삶으로 나아가는 과정을 나타낸다. 두 개념은 종종 함께 다루어지며, 기독교인의 신앙과 삶에서 상호 보완적인 역할을 한다.

회심은 일반적으로 '마음을 돌리다', '전환하다', '돌이키다'는 의미로 기독교에서는 불신 상태에서 기독교로 전환 혹은 회개를 통하여 신앙으로 돌이키는 신앙체험을 말한다(이상복, 2005: 132; 최재락, 2012: 286). 이러한 회심을 선교학자 관점에서 정의하면 "복음 증거를 통해서 구원의 계획을 세우고 부르시는 하나님께로 향하여 돌아서도록 하는 것"이라 할 수 있다(이용원, 2002: 16). 고든 스미스(Gorden Smith)는 회심을 갑작스럽거나 순간적인 경험으로 축소하는 것을 경고한다. 스미스에 따르면 각각 회심은 일순간에 일어나는 것이 아니라, 장기간에 걸쳐 일어난다. 스미스는 회심이야말로 복잡하며 장기간 이어지는 일련의 사건(complex and extended senes of events)이라고 하였다. 회심은 일련의 사건, 위기, 돌파, 기쁨의 순간뿐 아니라 당혹스러운 순간들을 모아 놓은 결정체이다(고든 스미스, 2012: 144).

신약성경에 회심을 연구한 리처드 피스(Richard Peace, 1999: 101)는 회심을 깨달음, 돌아섬, 변화라는 3가지 요소로 설명하였다. 피스는 바울과 열두 제자에게 나타나는 회심에 3가지 요소가 나타난다고 주장하였다. 바울의 회심이 짧은 시간에 일어난 것이라면 열두 제자의 회심은 점진적이라는 차이점이 있다고 한다.

회심의 사회적 차원을 강조한 짐 월리스(Jim Wallice, 2008: 39)도 회심은 단번에 끝나는 것이 아니라 변화의 순간이고 과정이라고 했다. 이 변화는 전 생애를 통해 진행되며 깊어진다고 하였다. 그는 회심은 비신자, 잘못에 빠진 신자들, 우상숭배와 불순종에 빠진 하나님의 백성, 미지근한 신앙 공동체에도 필수적이라고 주장하였다.

이처럼 회심은 극적인 변화의 경험, 순간적 경험이라기보다는 장기적으로 일어나는 내적 변화임을 강조하였다.

2. 루이스 람보의 회심이론

회심에 대한 다양한 접근 방식이 있지만, 본 연구에서는 종교심리학자인 루이스 람보의 회심이론으로 접근을 한다. 회심의 종교심리학을 연구한 루이스 람보는 회심이란 일시적 사건이 아니고 오랜 시간에 걸쳐 일어나는 과정이고(Lewis Rambo, 1883: 124) 복잡한 상호관계 속에서 다양하게 진행된다고 한다. 람보는 회심을 명사형보다는 동명사형 '회심함'(converting)으로 이해하는 것이 더 적절하다고 하며 회심의 과정 중심적 접근을 시도한다(권수영, 2005: 151). 그는 회심 과정의 시스템적 단계 모델을 제시하였는데, 회심의 7단계가 단계별로 연속적으로 일어나는 것이 아니라, 7단계가 각각 독특한 방식으로 조합하여 상호 연관되어 입체적인 망의 구조로 경험된다고 했다. 람보는 개인의 회심의 경험이 7가지의 단계 중 강조점을 어디에 두는가의 문제이며, 상호적(mutual) 망의 연결로 이루어지며 선형적(linear) 연결이 아니라고 주장한다(김선일, 2016: 659-660).

심리적 조건으로 맥락(context), 위기(Crisis), 추구(quest) 단계가 있고, 상황적 조건으로 만남(encounters), 상호작용(interaction), 헌신(commitment), 결과(consequences) 단계가 있다. 회심자와 종교 집단 사이의 만남이 지속적으로 이루어지며 심화되어 가는 과정을 의미한다.

3. 선행연구

탈북민의 복음수용성을 알기 위하여 먼저 탈북 기독교인들의 신앙에 관한 선행연구를 전체적으로 검토해 보았다. 탈북민의 복음수용이나 기독교 체험이나 신앙에 관한 연구는 매우 부족한 상태이고 몇몇 연구만 있을 뿐이다. 면밀히 검토를 해보니 크게 두 개의 범주로 나눌 수 있었다. 첫 번째 범주는 탈북민들의 기독교에 대한 경험과 그들이 기독교 신앙을 가지게 된 동기이다. 두 번째 범주는 탈북민들의 회심 및 신앙여정에 관한 연구이다.

북한 복음화를 계획하고 있는 남한의 기독교에서는 탈북민들이 어떤 과정을 통해 복음을 접하게 됐는지에 관심을 가져야 한다. 그것이 단순한 개인의 구원이 아닌 북한 주민 전체를 위한 구원사역으로 연결되기 때문이다. 본 연구자는 논문의 주제와 근접한 두 번째 범주에 대한 선행연구를 기술하고자 한다.

한정우(2016)는 탈북민이 기독교와 만남을 현상학적 질적 방법론을 사용하여 내러티브에 대한 심층기술을 통해 5명의 탈북민을 연구했다. 박예영(2016)은 탈북민 신앙체험 논문을 작성하여 개종 관점에서 단계별로 그리스도인이 되기까지 복음수용을 기독교에 대한 이해와 개종의 3단계로, 질적·양적 방법으로 연구하였다. 전명희 외(2019)는 탈북 기독교인들의 신앙여정에 관한 연구에서 탈북민 1세대들의 신앙여정 과정을 탈북민 13명을 대상으로 슈트라우스와 코빈의 근거이론으로 분석하였다. 박병애(2019)는 로젠탈의 생애사 연구 방법을 활용한 탈북민 사역자의 복음수용 과정을 분석하였다. 복음통일 시대를 맞이하여 사람을 준비하는 일이 중요하다는 것을 새롭게 인식할 수 있는 논문이다.

III. 연구방법

1. 생애사 연구 접근의 의의

생애사 연구는 멘델바움 생애사, 슈체(Schutze) 생애사, 로젠탈 생애사 등 다양한 방법이 있다. 탈북민들의 삶은 북한, 중국, 한국 등 다층적이고 급격한 삶의 전환점마다 적응해야 하기에 삶의 영역(dimensions), 전환점(turnings), 적응(adaptation)으로 분석하는 멘델바움 분석 방법이 가장 적합하다고 판단하였다. 생애사는 한 개인이 살아온 삶의 이야기를 축척한 것이 아니라 생애사 연구를 통해 한 개인과 집단에 대한 이해는 물론 문화적 배경, 행동양식, 가치관 체계 등을 연구하는 것이다.

2. 참여자 선정과 자료 수집

질적연구의 표집 전략 유형 중에서 눈덩이 표집방법을 선정하여 강도표집으로 참여자를 선정하였다. 주제중심의 생애사 자료 수집으로 개별 심층면담을 주된 자료로 삼았다. 연구자는 심층면담 기록을 주된 자료로 하고 목회 현장 자료나 관찰을 병행했다. 참여자들이 섬기고 있는 교회 주보, 참여자들의 SNS 자료, 매스 미디어 등 기고문 자료를 폭넓게 수집했다.

3. 멘델바움 생애사 자료 분석

본 연구의 경우 범주적 내용 분석으로 접근했다. 범주적 내용 분석은 여러 개의 생애사에서 공통의 테마를 추출하고 내용과 함께 전체적인 구조를 분석하는 것이다. 생애사 자료의 구체적 분석은 멘델바움 연구방법으로 접근했다. 멘델바움의 분석은 한 개인의 삶의 영역, 전환점, 적응 세 가지로 나누어 분석한다(Mandelbaum, 1973: 177-206).

삶의 영역에서는 개인의 삶을 중요한 영역으로 분절하여 분석하는데, 여기에서는 복음수용성과 같은 정신적인 영역에서의 분석을 중요하게 다루고자 한다. 삶의 영역에서는 참여자의 북한에서의 삶, 중국에서 호모 사케르[3]로서의 삶, 남한에서 입국 후 탈북민으로서

---

[3] 중국의 탈북민은 벌거벗은 생명이라는 의미에서 아감벤의 '호모 사케르'와 닮아 있다. 본래 '호모 사케르'는 로마제국에서 법적 테두리 바깥으로 추방된 자를 지칭하는데, 죽여도 죄가 되지 않는 존재라는 처절한 위상에 놓인다. 아감벤은 나치 수용소의 유태인, 혹은 수용소로 끌려갈 처지에 있는 유태인의 존재로부터 계보학적 역행을 통해 로마제국의 '호모 사케르' 개념에 도달한다. 아감벤은 이러한 계보학적 역행을 따라 그 당대에

삶, 기독교 목회자로서의 삶으로 나누어 분석할 것이다. 특히 영역 분석에서는 과거의 삶의 영역과 목회자로서의 삶이 어떤 관계를 맺고 어떤 영향을 받았는지에 대한 구조적 분석을 하고자 한다.

삶의 전환점 분석은 한 개인의 삶에 있어서 삶의 전환점이 된 사건과 사건 전후의 개인적·사회적 조건 등을 분석하는 것이다. 전환점 분석에서는 참여자들의 탈북과 중국 체류, 남한 입국, 복음수용, 목회자의 길이라는 생애 전환점을 중심으로 분석할 것이며, 이것에 가능케 하거나 조장, 저해했던 원인과 맥락, 연결점, 사회적·개인적 조건 등을 분석할 것이다.

삶의 적응 분석은 개인의 고유한 적응 전략, 양식, 방법을 분석하는 것으로 탈북민으로서의 적응 양식, 중국 체류로 인한 적응 양식, 남한에서 탈북민으로서의 적응 양식, 북한 출신 목회자로서의 적응 양식을 분석할 것이다. 이런 모든 개별 접근성은 범주화를 통해 공통성 차원에서 결집되고 분석될 것이며 이는 복음수용성이라는 주제와 연결될 것이다.

4. 연구의 윤리적 문제와 엄격성(rigor) 문제

윤리적 문제는 개인의 비밀과 사생활과 연관될 뿐만 아니라 이들의 신분이 노출될 경우 북한에 있는 가족들에게 큰 위해를 가할 수 있다. 연구자는 이러한 면을 고려하여 참여자의 비밀과 사생활 보장을 최우선으로 했으며, 참여자의 이름을 가명(북한 도시명)으로 처리했고 섬기는 교회와 모든 지역은 모두 부호로 처리했다. 생명윤리

항상 나타나는 주권 바깥으로 내몰린 '호모 사케르'를 발견하고 있다. 조르조 아감벤, 박진우 역, 『호모 사케르』(서울: 새물결출판사, 2008), 45, 156, 177, 188.

및 안전에 관한 법률을 고려하여 윤리 지침을 구성했고 이를 숭실대학교 기관생명윤리위원회(IRB)에 제출한 후 심의면제 승인을 받았다(면제번호: SSU-201905HR-127-01).

연구자는 질적연구의 엄격성을 확보하기 위해 첫째, 덴진(Denzin, 1978: 167-168)이 제안한 다원화 전략을 적용했다. 심층면접 기록 외에도 생애사 주인공의 자전적 이야기가 출판된 저서 그리고 남북한과 관련된 다양한 논의 자료들을 수집하여 분석했다. 둘째, 리보우(Liebow, 1993: 142-143)가 제시한 장기간에 걸친 라포(rapport)[4] 형성으로 접근했다. 셋째는 링컨과 구바(Lincoln & guba, 1985: 391-400)가 제시한 동료지지집단 구성으로 접근했다. 동료지지집단은 박사 과정 지도교수 1인, 실천신학 전문가 1인, 생애사 연구방법론 전문가 1인으로 구성했다. 동료지지집단은 연구자로 하여금 연구의 진정성을 유지하게 하고 방향성을 잃지 않도록 하는 데 기여했을 것으로 판단된다. 참여자의 인구학적 특성은 다음과 같다.

[표 1] 참여자들의 사회·인구학적 특성

		삼지연(가명)	김남포(가명)	김청진(가명)	박평양(가명)	사리원(가명)
성별		여자	남자	남자	남자	남자
연령		1980년 45세	1976년 49세	1974년 51세	1968년 57세	1976년 49세
교육 수준	북	대학교 재학	전문학교 졸	전문학교 졸	고등중학교 졸	전문학교 졸
	남	신학대·원 졸	신대원 졸	신학대·원 졸	신학대·원 졸	신학대·원 졸
북한 출신 지역		함경북도	함경북도	함경북도	함경북도	황해남도
복음수용 국가		중국	중국	북한 로동단련	중국	중국
중국 체류 기간		중국 7년	중국 4년	중국 5년	중국 7년	중국 15년
탈북 연도		1998년	1997년	1998년	1991년	1997년

---

4) 라포는 사람과 사람 사이에 생기는 상호 신뢰관계를 말하는 심리학적 용어로서 라포가 형성된다는 것은 서로 호감을 느끼고 나아가 공감대가 형성되고 터놓고 이야기 할 수 있거나 대화를 충분히 감정적, 이성적으로 할 수 있다는 것을 의미한다.

	삼지연(가명)	김남포(가명)	김청진(가명)	박평양(가명)	사리원(가경)
복음수용 연도	2000년	1998년	2003년	1992년	1998년
목회자로 서원	3번째 감옥 성경통독학교	몽골 감옥	순복음교회 기도원	조선족 교회	한국
입국 연도	2005년	2002년	2004년	1997년	2012년
거주 기간	20년	23년	21년	28년	13년
신학 시작 연도	2007년	2005년	2006년	1998년	2013년
개척 시작 연도	2012년	2016년	2013년	2004년	2015년
인터뷰 날짜	2019.5.19	2019.7.10	2019.8.20	2019.11.1	2019.11.19

IV. 그들의 생애 이야기와 분석

본 장은 멘델바움이 제시한 생애사 분석 방법으로 접근했다. 우선 심층인터뷰 내용을 텍스트로 만들었다. 첫째, 생애사를 재구성하여 생애 이야기를 썼고 둘째, 멘델바움 분석 방법에 따라 삶의 영역, 삶의 전환점, 삶의 적응을 5, 6개로 분절하여 기술하고 각각 구술 데이터를 기록하였다.

1. 세 번째 북송된 감옥에서 주의 종이 되겠다고 서원기도 한 삼지연(가명) 목사

삼지연(가명)은 2024년 현재 45세인 탈북여성으로 한국 체류 20년 차이며, 1980년 C시에서 출생했다. C시에서 20살까지 살면서 다 학교 3학년에 다니고 있었다. 사업수완이 탁월한 아버지가 중국과 무역을 하여 부를 축적하였고 아버지가 당원이기도 하여 아주 유복한 생활을 했다. C시의 부촌인 P지역에서 살고 있었으며 본인은 모북생

중에 확실한 모범생이었다.

고난의 행군 때, 김일성 유일 체제의 허상을 체험했다. 그는 고난의 행군 막바지에 온 가족이 몰락하는 고난을 경험했다. 당시 고난의 행군 때에는 사람들이 개인 물건이든 국가 물건이든 이를 절취하는 것에 아무런 죄의식 없이 생존하는 것이 최고의 선이었고 진리였기에 살아남는 것이 우선 과제였다. 삼지연의 아버지는 당시 고철을 관리하는 회사를 운영하고 있었는데 고난의 행군 때 굶주린 인민들이 국가 공장의 기계를 뜯어와 고철로 팔았다. 직원이 그것을 매입했지만 결국 아버지는 도 보위부로 끌려가 6개월간 모진 고문을 받고 80kg 거구가 38kg이 되어 출소했다. 아버지는 북한 체제에서는 더는 생존할 수 없음을 알고 1998년에 중국으로 가족 동반 탈출을 했다.

삼지연은 중국에서 7년간 체류를 하였으며 중국에 있는 친척들에게도 극도의 배신감을 느꼈다. 그의 아버지가 북한에서 살 수가 없어 탈출했는데 중국 내 친척들은 북한과 무역을 하고 있었기 때문에 자기들 사업에 지장이 있을까 아버지에게 북한으로 돌아가기를 종용했다. 삼지연은 아버지에게 북한 재입국을 강요하는 친척들에게 배신감을 느끼면서도 한편으론 공부하던 시절이 그리워 북한으로 돌아가기를 원했다.

6개월 후, 친가 쪽 친척들의 홀대와 북한 재입국 강권을 버티지 못하고 어머니 친척이 있는 S지역으로 이주했다. S지역에서 삼지연이 할 수 있는 것이 아무것도 없었으며 중국에서 집안에만 숨어 지내야 했다. 친척들은 한족에게 시집갈 것을 강요하기 시작했다. 중국 체류 시 급격한 환경의 변화로 인해 그는 자살 시도까지 했다. 목숨을 구해준 그 청년과 사귀게 되었고 결혼까지 하였다. 그의 표현대로 도구적 목적의 결혼이었다. 남편 집안은 탈북여성과 결혼한다는 것에 많이 반대했으나 임신하고 딸을 출산하자 그를 받아들였다. 삼지연은 탈출구로 생각했던 결혼을 통해서 경제적 안정은 보장되었지만 떨어진 자존감은 회복되지 않았다.

삼지연은 북한 거주 시 전국대학생웅변대회에서 3등을 하고 H도 전체에서는 1등을 하였다. 뛰어난 웅변실력과 능력으로 촉망받는 학생이었다. 이러한 배경을 지닌 그녀는 자존감이 높았지만 북한 출신이라는 이유 하나로 차별을 받으면서 자존감이 떨어진 상태였다. 북한에서는 상류층이었으나 중국에 와서 하류층으로 전락했다. 삼지연은 월경 6개월 후, 어머니에 의해 교회에 인도되었고 이러한 상태에서 기독교 복음을 받아들였다. 출산 후 성경 통독반의 교사가 되었고, 아버지도 복음을 받아들였다. 그 후 온 가족이 중국에 체류하고 있는 탈북민들에게 복음을 전하고 성경 통독을 인도했다.

삼지연은 중국 체류 시절, 세 번 체포당해 세 번 북송되어 감옥에 갔다. 첫 번째는 21세 때 성경통독학교 시절 사역장에서 모두가 잡혀 북송된 것이다. 감옥에서 인격적인 주님을 만나게 되었고 재중 탈북여성을 돌보라는 소명을 받았다. 두 번째 북송은 S시에 있는 교회에서 성경을 읽다가 체포되었다. 단둥 감옥과 신의주 감옥에서 신앙이 한 단계 더 성장하는 성령의 인도하심을 경험하였다. 삼지연은 한국에 입국 전 선교사가 준 중국 돈 2,500원을 종잣돈으로 배까지 구입하여 단둥에서 신의주와 장사를 하여 많은 돈을 벌었다. 자기의 이익을 위한 것이 아니라 북한에 있는 주민들을 위해 밀가루를 보내면서 밀가루 속에 성경책을 넣어 보내 주기 위해서였다. 그 일을 하다 발각되어 체포되고 감옥에 갇혔다. 그는 감옥 속에서 야곱이 얍복강가에서 하나님께 한 기도처럼 남한으로 가면 주의 종이 되겠다는 목숨을 건 서원기도를 했다. 아버지도 복음을 받아들이고 성경통독학교 교사가 되었다가 북송되어 순교하였다.

삼지연이 목회자의 길로 들어선 것은 하나님과의 약속을 지키기 위함이다. 하지만 한국에 온 후 그는 세속적인 욕망에 흔들릴 수밖에 없었다. 정부의 지원금 1억을 받아 제과점을 하려고 했다. 중국 성경통독학교에서 그를 지도했던 춘천 지역의 A목사가 그를 찾아왔고, 빵으로 1만 명을 먹여 살릴 수 있지만 네 입으로 10만 명을 살릴 수 있다는 말이 귓전을 맴돌았다. 제과제빵 마지막 시험 날 맹장이 터져 응급수술을 해야 했는데 그때 세 번째 북송 당해 감옥에서 서원기도를 했던 일을 떠올렸다. 퇴원한 즉시 J신학대학에 원서를 냈고 입학했다.

신학 공부 후 대형 교회의 초빙도 있었으나 자신과 같은 아파트에 사는 탈북민 자매가 자살하는 사건을 목격했고 또 다른 탈북민 자매가 이단 종교인 신천지에 빠지는 것을 보고, 탈북민의 영혼 구원을 위해 서울 Y구에 교회를 개척했다. 처음에는 북한 출신 성도들만 있었으나 이들은 직장의 이동으로 교회를 떠났고 현재는 남북 성도의 비율은 6:4로 남한 성도가 더 많으며 2명의 부목사와 동역하고 있다.

삼지연은 중국에 체류 중인 탈북여성들을 위한 쉼터를 3개 운영하고 있다. 카톡으로 단체방을 만들어 서울에서 성경을 가르치며 묵상을 나누고, 중국 쉼터 방문은 1년에 3회 정도 이루어지고 있다. 또한 탈북여성들의 북송으로 고아가 많이 발생한 지역의 고아원을 방문하여 그들에게 주님의 사랑을 전하고 있다. 기도 제목은 북한의 우상이 무너지고 복음통일이 되는 것이며 이 사명을 감당할 사람을 준비하기 위해 기도하고 있다.

1) 삼지연의 삶의 영역[5]

삼지연의 삶의 영역을 분석한 결과, 북한 거주와 중국 체류와 남한 입국 등으로 나눌 수 있다. 이런 시간 구조 속에서 삼지연의 생애사 삶의 영역은 복합적으로 구성되어 있고 때로는 중첩되어 있다. 모든 회심은 맥락부터 시작된다.

⑴ 엘리트로서의 꿈을 접고 탈북

⑵ 중국 체류를 목적으로 한 결혼

⑶ 북한 출신 전도사를 통해 복음을 수용

삼지연은 자살을 생각할 만큼 절망적인 상태였다. 탈북자의 대부 고(故) 최봉일 목사[6]에 의해 양육된 북한 출신 고(故) 주광호 전도사[7]가 복음을 전했다. 그런데 주체사상이 작동하여 복음을 받아들이면서도 의심이 많았다. 복음 제시를 받은 삼지연은 예수님이 자신의 죄를 대속해서 죽으셨다는 말이 도저히 믿어지지 않았다. 하나님의 말씀이 믿어질 때까지 나오지 않겠다고 방문을 걸어 잠그고 5일 밤낮을 금식하다가 로마서 8장 1-2절 말씀으로 살아났다.

---

[5] 이 책에서는 삶의 영역, 삶의 전환점, 삶의 적응의 모든 제목만 적고 복음수용에 관한 항목만 기술한다. 그리고 제목마다 있는 구술 데이터도 일부만 인용한다.
[6] 고인이 된 경우에는 실명을 밝힌다. 탈북자의 대부로 1996년부터 탈북자 선교에 헌신한 분으로서 중국 감옥에 2년 5개월 복역했으며 출소 후에도 탈북자를 위한 사역에 매진하다가 2013년 66세를 일기로 선교지에서 생을 마감했다.
[7] 주광호 전도사는 90년대 말 중국에서 C 선교사가 하는 성경통독학교에 탈북자들을 많이 보내 준 탈북 선교사이며 북송되어 순교하였다.

"제가 예수를 믿는 거나 북한에 교시 받는 거나 똑같은 느낌이었어요. 자유롭지 않았어요. 북한 안에서도 자유롭지 않았고, 중국은 북한보다 자유롭잖아요? 그런데 말씀을 읽으면서 죄책감이 있으니 힘든 거예요. 죄에 대한 자유함이 없었어요. 안 믿기보다 못하고. 그래서 5일 동안 금식하며 골방에 있다가 생명의 법이 죄와 사망의 법에서 너를 해방하였음이라 하는 말씀에 확 살아났습니다."

(4) 감옥에서 인격적인 주님을 만나 소명 받다

기독교를 받아들인 후, 삼지연의 중국 생활은 즉 보호받지 못하는 존재로서의 떠돌이 삶이 아니라, 확고한 비전으로 자신의 미래를 계획하고 실천할 수 있는 삶으로 변했다. 그녀는 성경통독학교에 입학하고 성경을 깊이 공부하였다. 첫 번째 북송은 중국 바닷가에서 성경통독학교 학생들과 기도하다가 전원 잡혀 보내진 것이다. 감옥에 있을 당시 성경 100독을 마친 상태에서 성경을 그렇게 외웠음에도 성경 구절이 떠오르지도 않았다. 그러나 시간이 흐르면서 기억이 났고 기도의 공간을 화장실로 선택했다.

"성경을 그렇게 외웠음에도 첫 번째 감옥에서는 성경 구절이 하나도 떠오르지도 않았어요. 시간이 흐르면서 기억이 났고, 화장실을 기도의 공간으로 선택했어요. 너무 배가 고파 화장실에서 울며 기도하다가, 주님이 내가 너를 위해서 십자가를 졌듯이 감옥에 있는 탈북여성들을 위해 십자가를 지라고 하시는 음성을 들었어요. 성경책 속에서 만난 하나님을 북한 감옥에서도 닮은 거예요. 두 번째는 중국교회에서 성경책을 읽다가 체포되어 북송되었어요. 중국에 있다가 북송되었을 때 제일 먼저 취조하는 것이 성경과 기독교를 접했는가입니다."

(5) 세 번째 감옥에서 주의 종이 되겠다는 서원기도

삼지연은 세 번째 감옥에서 한국에 가면 주의 종이 되겠다는 서원기도를 하고 부르심(calling)을 받는다. 삼지연은 선교사에게 받은 큰돈으로 배를 구입하여 단둥에서 신의주와 밀무역을 시작하여 많은 돈을 벌었다. 밀무역 수입으로 밀가루를 구입하여 그 속에 성경책을 넣어 보내다가 발각되어 북송되었다. 세 번째 감옥에서는 증거가 차고 넘쳐 빠져나올 수 없는 절박한 위기 상황이었다. 야곱이 얍복 강가에서 하나님께 한 기도처럼 남한으로 가면 주의 종이 되겠다는 서원기도를 했다.

"진짜 돈을 어마어마하게 많이 벌었어요. 호구도 있었고…. 그런데 장사해서 번 돈으로 밀가루 속에 성경 넣어서 북으로 보내다가 발각되어 북송되었어요. 세 번째 북송된 감옥에서는 절박한 위기 상황이었어요. 그래서 야곱이 얍복 강가에서 기도한 것처럼 서원기도 하며 주님께 매달렸어요."

(6) 세속의 길에서 하나님의 길로

남한에 입국한 후, 그의 상업 유전자는 또다시 빛을 발하기 시작했다. 그녀는 베이커리를 창업하고자 우선 제과제빵 기술을 익히는 동시에 탈북민에게 제공되는 창업지원 자금을 받아 베이커리를 개점할 계획을 세우고 있었다. 모든 준비가 차근차근 진행되는 가운데 춘천 지역 목사님의 방문이었다. 목사님은 네가 빵으로는 1만 명 먹일 수 있으나 네 입으로는 10만 명 먹일 수 있다는 말이 머릿속에서 맴돌았다. 삼지연은 세 번째 북송되어 간 북한 감옥에서 자신의 목숨을 살려 주시면 평생 하나님 일을 하겠다는 서원기도와 중국 통독학교 시절 사역장에서 서원기도를 떠올렸다.

2) 삼지연의 삶의 전환점

삼지연의 삶의 전환점은 미시적 맥락의 가족 사건과 거시적 맥락의 북한정권의 구조 변경과 밀접한 관계가 있다. 본 절에서는 이런 여섯 개의 삶의 변곡점을 중심으로 멘델바움이 제시한 대로 개인적·가족적·사회적 조건 등을 전환으로 분석하여 삼지연의 삶을 상호작용 차원에서 상세히 기술하고자 한다.

(1) 고난의 행군과 아버지의 몰락으로 전환

(2) 도구적 목적으로 결혼

(3) 성경통독학교 입소

중국은 등소평이 재집권한 후, 흑묘백묘론(黑描白描論)[8]인 실용주의 노선을 택하였고 천민자본주의가 생성될 수밖에 없었다. 막스 베버(Max Weber)는 『프로테스탄트 윤리와 자본주의 정신』에서 근대의 숙련 노동자와 기업주들이 프로테스탄트라는 점에 주목하여 그들의 청교도적인 윤리와 합리성이 자본주의 발달에 토대가 되었다고 했지만, 중국에는 이 같은 정신이 없었다. 삼지연의 친족들은 북으로 돌아갈 것을 요구했고, 그들의 노골적인 무시와 박해와 압력을 견디

---

8) 검은 고양이든 흰 고양이든 쥐만 잘 잡으면 된다는 뜻이다. 1970년대 말부터 중국의 등소평이 주장한 중국의 경제정책으로 '흑묘백묘론'이라고도 한다.

지 못해 외가 쪽으로 갔다. 성경통독학교 입소는 아버지의 불편한 처가살이 해방과 받아들인 기독교 복음을 완전히 이해하고자 하는 열망이 합쳐진 이중 선택이라고 할 수 있다.

(4) 성경통독학교 입학과 아버지의 순교

삼지연의 중국에서의 복음수용은 그의 삶에 있어서 가장 중요한 변곡점이자 기독교 사역자로서 탄탄한 경험을 쌓았던 과정이라고 할 수 있다. 그녀의 기독교와의 '만남'은 다양한 조건들이 게재되어 있다. 개인적인 체험으로서는 모국을 떠난 유랑민으로서의 답답함과 희망이 없는 속에서 발견한 구원의 빛이었다. 그녀는 성경통독학교에서 교사까지 되었고, 기독교에 미래가 없다던 아버지 역시 성경통독학교 교사가 되었다. 온 가족이 성경통독학교에 체류했다. 후일 아버지는 성경통독학교에서 체포되어 북한으로 송환되었고 옥중에서 기독교 복음을 부인하지 않았으며 그 대가로 순교당하였다.

(5) 중국에 있는 탈북여성을 위한 후생선교

삼지연은 첫 번째 북송되었을 때 감옥에서 인격적으로 주님을 만났고 지속적으로 회심이 일어났다. 그에게 있어서 재중 탈북여성들은 이 세상에서 제일 낮은 곳이다. 예수가 낮은 곳에 임하였듯이 그 역시 낮은 곳으로 가고자 했다. 교회를 개척하고 발전시키는 와중에 재중 탈북여성들과 성경공부를 개설했고, 중국에 체류하고 있는 취약한 북한 여성들의 쉼터 세 곳과 복음에 헌신하고 있다.

"중국에 쉼터를 세 군데 운영을 하고 있는데 1년에 3회 정도 방문을 합니다. 쉼터에서 성경을 가르치면 안 되기 때문에 단체 카톡방을 만들어 서울에서 성경공부를 시킵니다. 개일 묵상을 올리고 간증을 듣습니다. 주일은 인터넷으로 함께 예배를 드립니다. 중국에서 아이를 낳아 한족과 살고 있는데 북송을 하면 아이들이 고아가 되고 사회적인 문제를 야기시켜, 요즘은 아기 낳고 사는 탈북여성들을 북송시키지 않아요."

3) 삼지연의 삶의 적응

삼지연의 적응은 전환점마다 삶의 영역마다 다르게 나타난다. 하지만 이러한 개별적인 상황별·시기별 적응을 관통하는 일괄된 적응이 있다. 본 절에서는 삼지연의 생애 삶의 영역, 전환점의 개별적 적응 양상을 살펴보고 이를 관통하는 주된 적응을 기술하고자 한다.

(1) 무력함으로 지켜보기

(2) 자포자기로 극단적 선택

(3) 결혼 반대에 대해 동반 도피로 대응하는 적응

(4) 후생선교하기 위해 창업 준비

중국 C지역에서 성경학교를 거친 후, 중국 D지역에서 밀무역을 시작했다. 중국 D에서의 적응은 북한과의 연계고리를 찾아 인적 네트워크를 강화하는 것이었다. 그녀의 친척은 신의주의 무역 일꾼이었는데 그를 통해서 북한의 필요한 물자에 대한 정보를 획득했고 이를 북한에 보내 많은 부를 축적할 수 있었다. 인적 네트워크와 함께 그녀는 철저하게 중국인 행세를 했다. 유창한 중국어와 유연한 처세

술로 인해 당시 북한 군인들과 중국 관계자들도 그녀를 중국인으로 알고 있었다.

(5) 신학대학 입학

창업을 며칠 앞두고 찾아온 S교회 목사는 빵을 통해 탈북민을 구원하는 것보다 하나님의 말씀을 통해 더 많은 탈북민을 구원할 수 있다는 성경적인 메시지를 전했다. 곧 1억짜리 빵집이 오픈인데 자꾸 목회의 길을 권하며 "너 그러다가 아줌마 돼서 신학 한다"라는 말이 귓가를 맴돌았다. 창업을 하루 앞두고 맹장이 터져 병원에 실려 갔다. 세 번째 감옥에서 드린 서원기도를 생각하며 퇴원 후 신학대학에 입학했다.

(6) 자신의 전부를 건 목회자로의 적응

삼지연은 목사가 된 후로 자기 자신을 알게 되었다고 구술한다. 목사로서 그의 적응 전략은 철저히 낮아지는 것이었다. 그는 북한 엘리트 집안 출신이고 또한 뛰어난 지적 능력을 갖추고 있어 교만해질 수 있다는 것을 늘 경계했다. 삼지연은 북한 사람들의 영혼을 치유하고자 하는 큰 비전이 있는데 그것은 공감력을 갖추기 위해 늘 낮아져야 한다는 것이다.

2. 믿는 척했던 믿음에서 영혼으로 울며 하나님을 만난 김남포(가명) 목사

김남포는 2020년 현재 45세인 탈북 남성으로 한국 체류 19년차이며, 1976년 B시에서 출생했다. 그의 어머니는 중국 A의과 대학을 졸업하고 아버지 역시 중국에서 대학을 졸업하고 중국 문화혁명 때 북한에 들어갔다. 북한이 일본과 중국에 있는 동포들을 불러들일 때, 조국 건설에 매진하겠다는 목표를 가지고 북한에 입국했다. 그의 가정은 소위 북한에서 말하는 상부토대 집안이다. 아버지는 중국 출신이지만 당원이며 직업은 작가였고 어머니는 의사였다. 북한에서 작가라는 직업은 매우 독특하다. 개인의 문학적 열성보다는 당의 체제 선전에 이용되는 경우가 많았다. 그런데도 경제적 여건은 풍요롭지 않았다. 하지만 작가이기에 책을 배급받아서 책을 많이 접할 수 있었고 정서적으로는 풍요롭게 자랐다. 북한의 의사는 한국의 의사와는 커다란 차이가 있다. 고소득 전문직이 아니라 평범한 월급 생활자이다.

그는 16세에 고등학교를 졸업한 후 군대에 가지 않았다. 보통 북한 주민들은 고등학교를 졸업하는 16세에 군대에 가서 10년 복무한 후 전역하는 것이 상례이지만 그는 군 면제를 받았고 B급속대학을 졸업했다. 대학에서는 전기공학을 전공했다. 전기공학을 전공하면서 몰래 남한의 KBS 방송을 들었고 남조선에 대해 흥미를 갖게 되었다.

그는 고난의 행군시대에 극심한 기아를 경험했다. 김일성 사후 배급이 점점 줄어들었고 1995년부터 모든 배급이 중단되었다. 그의 두 누나는 고난의 행군시기에 아사했고, 그는 하루 왕복 40리 길을 걸어 등하교 하며 감자 세 알로 기아를 버티었다. 그 후 그는 북한 체류 시절 CJ제철소에서 일하는 러시아인의 풍요로운 생활을 보고 회의를 느꼈다. 아버지는 북한에서 작가로 활동하는 비밀보위부 요원이었지만, 북한체제에 거부감을 느끼고 있었다. 아버지가 당원이었지만 가난하게 살았기에 그는 북한 사람 모두가 원하는 당원에 대한 미련은 처음부터 없었다.

그는 고난의 행군시절 Z지역에서 살았는데 민간인 출입 금지 구역에 몰래 잠입해 조개잡이를 하고 그것을 장마당에 팔아 식량을 구입하여 가족들을 먹여 살렸다. 그러나 그 길도 막히고 가족 모두 아사 지경에 이르자, 어머니는 김남포에게 북한은 희망이 없으니 탈출하라는 결단을 내렸다. 그의 나이 21세 때 북한 돈 20원을 가지고 탈출했는데, 북한 돈 20원은 빵 4개를 살 수 있는 돈으로 한국 화폐 가치로 1만 원 정도였다.

중국으로 탈출한 김남포는 중국의 돼지구유에 있는 쌀밥을 보고 큰 충격을 받았다. 북한에서는 당 간부만 필 수 있는 필터가 붙은 궐련을 서민들도 피웠다. 그는 자신과 북한 주민은 인간이 아님을 처절하게 깨달았다. 중국에서 굶주림은 해결되었지만, 육체적으로는 피곤한 삶이었다. 그는 중국 농촌의 이 집 저 집을 떠돌며 머슴처럼 일을 해주고 돈을 요구하지 않았다. 돈을 요구하는 순간, 탈북민을 공안에 신고하여 잡혀가는 것을 보았기 때문이다. 중국 사람들은 탈북민들을 말하는 짐승 취급했다. 그는 법적 보호도 못 받고, 노동의 대가도 요구하지 못하며, 밥만 먹여 주면 '감사합니다' 하며 90도로 인사하고 돌멩이처럼 굴러다니는 생활을 2년 동안 했다. 나라 없는 백성의 설움을 지독하게 느낄 수밖에 없었다. 그는 한 곳에 머무르지 않았다. 여름에는 농촌에서 농사일을 거들고 겨울에는 돌가루 만드는 일과 벌목 일을 하며 끊임없이 돌아다니면서 중국어를 배우고 중국인으로 위장했다.

그러던 중 1999년 6월, 중국에 복음을 전하는 남한 출신의 C선교사를 만났고 성경통독학교에 들어갔다. 그는 성경통독학교 시절에는 성경의 내용이 믿어지지 않았다. 북한 체제를 거부하였음에도 불구하고 그에게는 유물론적 사고가 꽉 차 있었기에 복음을 받아들일 수가 없었다. 하지만 그는 생존하기 위하여 신앙이 있는 척하고 버티어 나갔다. 믿는 척하는 게 도사급이 되었던 그에게 탈북민 선교사 자격증을 주고 팀장이라는 지위도 주었다.

사역장에서 사역비를 받았는데 이를 조금씩 떼어 사적으로 돈을 모으기 시작했다. 도둑이라는 양심의 찔림이 생기기 시작했다. 그러다 그는 중국에서 선교하는 선교사들의 비참함을 목격했다. 부자나라에서 온 선교사들의 삶은 자신들보다 못한 것을 보고 양심의 가책을 느끼며 대중 앞에서 죄를 고백하고 회개를 했다. 어찌나 눈물이 하염없이 나오는지 통곡을 하면서 울었는데 영혼으로 울면 그렇게 운다고 했고 그 당시 하나님을 만났다고 했다.

D시에 있는 미션 홈(사역장)에서 2001년 6월 모두 중국 공안에 체포되었다. C선교사는 출국 당했고 모두 정치범 수용소로 끌려갔다. 그는 팀장이었기 때문에 북송되면 총살을 당해야 하는 처지였는데 C선교사가 사역비 중 남은 돈 1만 위안을 주면서 팀장들만 살려 달라고 했다. 팀장 3명만 풀어주어 북송되는 길에서 빠졌다. 한국 입국 전 울란바토르에서 또 한 번 북송위기가 있었다. 그때 그는 평생 하나님의 종으로 살겠다는 긴급한 목숨을 건 서원기도를 했고 한국으로 무사히 올 수 있었다.

남한에 입국한 후, 2005년도에 명문 Y대학을 졸업하고 그는 국내 굴지의 대기업 입사 시험에 합격했다. 하지만 입사 직전에 도서관에서 빌리 그레이엄의 저서를 읽다가 펑펑 울었는데 그 눈물은 예사 눈물이 아니었다. 평소 존경하는 목사님을 찾아가 상담하기에 이르렀다. 하나님이 부른다는 말을 듣고 자신이 울란바토르에서 체포되어 북한으로 송환위기에 처했을 때 했던 간절한 기도를 떠올렸다.

그는 누구나 선망하는 대기업 취업을 포기하고 J기독교 계통의 신학대학에 입학했다. 신대원 시절 외형적 성장에만 치우치는 일부 낡은 교회들의 모습을 보고 회의에 빠졌으나, 그 와중에서 하나님의 길이 어떠한 것인 줄 깨닫게 되었다.

신대원을 졸업한 후, 그는 마흔 살이 될 때까지 한국교회의 부목사로 사역을 했다. 사십은 정(Jung, 1971)이 말한 삶의 전환기이다. 그는 기존교회의 부목사라는 지위보다는 개척교회 목사라는 새로운 도전을 했다. 개척한 지 몇 개월 지나지 않았음에도 탈북민 교인들은 20명이 되어 교회가 가득히 찼다. 하지만 교회를 개척한 후 또다시 위기가 찾아왔다. 교회는 부흥 일로에 섰지만 간경화 말기라는 진단을 받은 것이다. 김남포는 이번 기회에 하나님이 기적으로 고쳐주시는 것을 보게 하자라는 생각에 약도 끊고 기도에만 매달렸다. 결국 간성혼수가 왔고 죽음을 받아들여야만 했다. 그리고 자식보다 사랑했던 교회를 인계할 목사를 찾으며 펑펑 울었다. 김남포는 북한 사람들이 복음 받아들이는 것을 보려고 20년 동안 준비했는데 자기가 이렇게 죽는 것은 억울하다고 하나님께 항변하기도 했다.

그랬던 그에게 기적이 찾아왔다. N서울교회 통일선교부에서 그를 찾아왔고 기도 제목이 퍼지면서 간이식에 대한 준비가 착착 이루어지기 시작한 것이다. 1년을 기다려야 한다는 A병원 의사에게 즉시 연결이 되었고 5~6천만 원의 큰 수술비도 많은 사람의 후원으로 준비되었으며, 더욱이 일면식도 없던 대전의 C목사가 간을 기증하겠다고 했다. 타인이 간을 기증하겠다고 해서 곧장 기증이 되는 것이 아니고 국립장기이식관리센터(KONOS)[9]의 승인이 나야 하는데 수많은

---

9) Korean Network for Organ Sharing-질병관리본부 국립장기이식관리센터

사람의 기도와 청원으로 기적에 기적을 반복하면서 간이식을 받게 되었고 1년 만에 회복하였다.

교회는 그가 간이식 수술을 함으로써 성도들이 흩어질 줄 알았으나, 간이식이 진행되는 모든 과정을 지켜본 성도들은 하나님이 함께하심을 체험하였고 더욱 결속하게 되었다. 현재 35여 명의 성도들과 어린이 10명이 있는데 그중에 7명이 신학을 전공하고 있다. 또 신학을 하겠다는 학생들이 찾아오고 있다. 그는 고향보다도 평양에 교회를 세우기 위한 큰 비전을 지니고 목회를 하고 있다. 평양은 사회주의의 심장이다. 사회주의 체제를 유지하고 있는 북한의 지식인들을 대상으로 선교를 하고자 한다. 그의 선교비전은 하나님을 부정하는 사회주의 엘리트를 겨냥한 선교라고 할 수 있다.

1) 김남포의 삶의 영역

⑴ 탈출을 준비한 삶

⑵ 유리걸식하며 표류하는 삶

⑶ 형식적 만남에서 진정한 만남으로

머슴살이하던 그에게 중국에서 선교 활동을 하는 C선교사가 자기에게 오면 먹는 것과 자는 것 모두 공짜로 해결해 주겠다고 하였다. 그의 성경학교 입학은 생존의 위험에 시달리던 중국에서 피난처였다. 사회주의 사상은 거부했지만, 인문학 교육이나 인성 교육이나 실존적인 교육을 받지 못한 그에게 하나님은 그저 인간들이 만들어 놓은 허상에 불과했다. 입으로는 열심히 성경을 암송했지만, 머리에는 회의만 가득 찼다. 그의 회개에 의한 회심 사건은 주체사상의 영향을 받아 작동했다. 어떻게 작동을 했느냐 하면, 북한은 선과 악의 기준이 김일성이 된다. 북한에서 살 때는 작은 도둑질 같은 일에는 죄의식이 없었다. 이런 것이 비판받는 일이 아니고 너도나도 당연히 하는 것이었기 때문이다. 그렇게 여겼기 때문에 탈북민이 도둑질 안 하고 거짓말 안 하고, 어떻게 사느냐고 찔림이 있을 때 뉘우치는 게 싫어서 대들었는데 그는 그것이 주체사상의 영향이라고 한다.

> "주체사상은 오히려 죄의식을 마비시켰고 억울했고 뉘우쳐야 하고 회개할 일은 전혀 느끼지 못했던 거예요. 부모님 교육은 어떻게 받았느냐 하면 부모님들한테 양심이 찔린다는 말을 많이 들었어요. 북한에서는 양심이 찔려 본 적이 없어요. 그런데 사역장에서 양심이 찔리니까 이게 부모님들이 말하는 양심이 찔린다는 거구나 했어요."

김남포는 성경이라는 책을 만났고 태초에 하나님이 천지를 창조하셨다는 글을 보고 이렇게 절망했다. 이제는 무당 굴에까지 끌려 들어와서 이렇게 공부를 해야 한다고, 정말 그곳에 있고 싶지 않았다고 했다. 상상을 초월하는 성경공부가 시작되었는데 갈 곳이 없으니까 성경 통독을 시작했다. 밥을 먹기 위해서 성경을 읽었고, 1년에 100독을 했음에도 하나님과 성경이 하나도 믿어지지 않았다. 그는 주체사상 때문에 성경이 안 믿어졌다고 했다. 생존해야 하니까 믿는 척하는 것만 늘었고, 믿는 척하는 게 도사급으로 변모했다. 선교사는 그에게 팀장이란 지위를 주었고 같은 탈북자를 모아 성경 통독을 시키라고 사역장을 차려 주었다. 사역장을 1년 운영하니 3,000위안이 모였고, '너는 도둑이야'라고 계속 찌르는 것이 양심인 줄 알았다. 다시 사역비에 보태어 내놓기 시작했는데 상황에 따라 찔림이 달라지기 시작했다. 도둑질한 것을 공개하라는 찔림이었다. 그 당시 성경 200독을 하니 '이것이 성령이 아닌가?'라는 생각이 들기 시작했다.

탈북자가 도둑질하지 않고 어떻게 사느냐고 항변하던 그에게, 하루는 C선교사가 어떻게 사는지 보여주었다. 탈북자들이 지내고 있는 사역장은 궁전 같은데, 온 가족이 함께 중국에 와서 살고 있는 선교사 가정은 형편없이 살고 있었다. 그 모습을 보면서 사역비를 횡령했던 죄를 공개하기로 마음먹었다. 사역장에서 돈을 꺼내 놓고 공개를 하는데 눈물이 어찌나 나는지 하염없이 울었다. 눈에선 눈물을, 코에선 콧물을, 입에선 침을 질질 흘리며 몸부림치면서 통곡을 하고 울었다. 후에 들은 말에 의하면 영혼으로 울면 그렇게 운다고 한다.

창피해서 방으로 들어갔는데 따스한 기운이 그를 확 안아 주었고, 그때 하나님을 만난 것을 알 수 있었다고 한다. 성경에서는 이것을 '회개'라고 한다. 이전에 무심히 보았던 하늘과 땅이 다르게 보이고 풀 한 포기를 봐도 하나님이 만드신 것이라 찬양하게 되고 모든 세상이 다시 보이기 시작했다. 이 세상이 신키 그 자체이고 길을 걸으면 찬양과 기도가 절로 나오고 방언도 받게 되었다. 완전히 천국에서의 삶이었다고 한다. 김남포는 하나님께 한국에 안 가도 좋고 죽는 날까지 이곳에서 북한선교를 하다가 죽겠다는 고백을 하였다. 북한의 정치 엘리트들이 기독교에서 정교하게 베껴 갔지만 한 가지 못 가져간 것이 있는데 그것이 바로 기독교의 사랑이라는 것이다. 이것이 주체사상의 치명적인 약점이라고 한다.

"북한의 정치 엘리트들이 기독교를 아무리 정교하게 베껴 갔다고 해도 한 가지 놓친 게 있어요. 그것은 하나님의 말씀 속에 깃들어 있는 하나님의 사랑입니다. 그것을 경험할 때 저들은 말씀의 실체를 알게 되고 마음을 열지요. 이것이 주체사상에 치명적인 약점입니다."

(4) 몽골에서 북송 위기 때 드린 서원기도

(5) 개척교회라는 좁은 길 선택

2001년 사역장에서 함께 성경공부하던 탈북자들이 중국 공안에 잡혀 모두 북송되어 순교할 때 하나님께서 책임지지 않으셨는데 제가 개척교회 하는 것을 책임지겠느냐고 항변했다. 그때 하나님이 북송된 77명이 아름답게 생을 마감했다는 확신을 주셨다. 김남포는 자신을 남한에 보낸 하나님의 뜻은 북한 주민을 구원하라는 소명이었음을 알고 대기업 입사를 포기하고 바로 신대원에 입학하였다. 이것은 주의 종으로 부르심(calling) 받는 과정이라고 할 수 있다. 국내 대기업 사원이라는 지위는 하나님의 길을 다시 가겠다고 한 그에게 사도 바울이 표현한 것처럼 뱉어낸 분토만도 못한 것이었다. 그는 개인의 이익보다는 복음 전도자라는 공의를 추구했다.

"하나님이 저를 책임지시겠습니까? 중국에서 성경공부 할 때 책임 안 지셨잖아요? 그 두려움이 있는데, 그때 하나님이 '너와 같이 공부하던 그 친구들은 잡혀간 것 아니야 내가 데려갔어. 그들은 비참해진 것이 아니라 그들은 영광의 길을 갔어' 하며 그들이 간 영광의 길을 보여주는데…. 예수를 부인하지 않고 하나님 믿는다고 당당하게 이야기하고 순교한 거예요."

(6) 북한선교 비전을 지닌 도전자로서의 삶

김남포는 교회를 개척하고 양육 중심으로 사역을 하였다. 어떤 비바람이 불어도 양육된 사람들은 뿌리를 내리고 서 있는 것을 보았기 때문이다. 교회가 성장함에 기쁨을 느꼈고 또한 북한 복음화 사역을 준비하고 있었다. 단지 밥을 먹기 위해 성경통독학교에 발을 들여놓았던 그를 하나님은 철저한 신앙인으로 키우셨다. 그의 현재 희망은 북한의 엘리트들을 변화시키는 것이다. 그의 경험에 의하면 북한 주민들은 김일성 주체사상과 사회주의라는 미혹에 빠져 있고, 주체사상은 하나님과 만남을 가로막는 커다란 장애물이라는 것이다. 그는 북한선교에 있어 바로 이러한 장벽을 분쇄해야 한다는 것을 깨달았다. 가장 효과적인 유일한 방법은 엘리트들을 변화시키는 것이다. 그의 꿈은 과거 동방의 예루살렘이라고 불리던 평양에 기독교 전통을 부활시킬 교회를 개척하는 것이다.

"저는 북에 가서 복음을 전할 수 있는 시기가 온다면 평양에 교회를 세우고 싶습니다. 목사마다 자기 설교가 먹히는 계층이 있는데 저는 엘리트 계층 쪽이 맞습니다. 아마도 그때는 가기 싫어도 끌려갈 것입니다. 하나님이 그때 쓰려고 키웠는데…. 제가 Y대 졸업하고 신학 안 하려고 했는데도 결국 끌려왔잖아요. 결국, 평양으로 끌려갈 수밖에 없을 거예요."

2) 김남포의 삶의 전환점

(1) 생존적소를 위한 탈출

(2) 성경통독학교 입학과 팀장으로서의 삶

중국을 떠돌아다니는 삶은 북송 위기로 항상 불안했다. 성경통독학교 입학은 유랑자로서의 고단한 삶에서 어느 정도 보호받는 삶으로 바뀌었다. 성경통독학교는 남한 출신 선교사가 세운 미션 홈으로 탈북민에게 성경을 교육하는 역할을 할 뿐 아니라 배고픔을 해결할 수 있는 곳이었다. 만일 중국이 탈북민들이 살기에 편안하고 자신의 생존을 보장할 수 있는 구조였다면 성경통독학교의 입학은 저조할 수도 있다. 김남포 역시 신앙심보다는 생존을 위해서 통독학교를 입학했다. 회심의 전제 조건은 이렇듯 중국 사회의 부조리와도 연계되어 있다.

> "태초에 하나님이 천지를 창조하셨다는 글을 보고 절망했습니다. '내가 이제는 무당 굴에까지 끌려 들어와서 이렇게 공부를 해야 하는구나!' 하루 8시간 통독시키면 1일에 신약성경 1독을 할 수 있어요. (중략) 그렇게 1년을 살았더니 100독을 하게 되었는데 그래도 하나님이, 성경이 믿어지지 않았어요."

(3) 신실한 신앙인으로 거듭나다

김남포의 머리에는 오직 오늘 하루에 일용할 양식과 사역비뿐이었다. 당시 한국의 선교사는 열성적인 탈북민을 선정하고 그들에게 의식주를 제공하는 한편, 일종의 사역비를 나누어 주었다. 사역비는 공의롭게 쓰여야 함에 불구하고 그는 돈을 횡령하기 시작했다. 하지만 그는 조금의 죄의식도 느끼지 못했다. 그의 회개는 대중 앞에 자신의 죄를 고하고 반성하는 모습으로 나타났다. 그의 회개는 도스토옙스키(Fyodor Dostoevsky) 소설에 나오는 주인공의 회개와 비슷하다.

『죄와 벌』의 주인공 라스콜니코프는 탐욕이 가득한 전당포 노파를 죽였다. 그리고 이에 대한 후회와 죄책감으로 떨고 있었다. 그때 라스콜니코프의 연인인 소냐는 이렇게 말한다. '죄를 가슴에 품지 말고 광장에서 고하라.' 이와 유사하게 그는 대중이란 광장 앞에서 자기의 죄를 고백했다. 그리고 진정한 성도로 거듭나는 경험을 했다. 그의 회개는 진실과 공의를 앞세우며 사는 하나님의 사람들을 목격하고 난 다음이라고 할 수 있다.

> "믿음이 있어서가 아니고 돈 때문에 팀장을 했습니다. 그러다가 정말 하나님 은혜를 만났습니다. '너는 도둑이야.' 저는 그게 양심인 줄 알았습니다. 1년쯤 사역을 하니까 모으기 시작한 돈이 3천 위안이 되었습니다. 그런데 제 마음에 '너는 도둑이라'고 찌르는 거예요. 계속 찌르는 거예요."

(4) 몽골 탈출과 송환 위기

(5) 신대원 진학

김남포는 Y대학교 중문과 졸업과 동시에 국내 대기업에 취업이 예정되어 있었다. 그는 자연스럽게 남한의 분위기를 받아들였고 대기업 입사를 결정했다. 그러나 김남포는 가장 커다란 전환점을 맞이하게 된다. 표면적으로는 빌리 그레이엄 목사의 저서를 읽고 받은 감동이었지만, 멈추지 않는 눈물에 평소 존경하는 목사님을 찾아가 상담하고 '주님이 형제님을 부른다(calling)'라는 말을 듣고 대기업 사원으로서 보장된 미래를 뒤로하고, 고난의 가시밭길이 예정된 신대원에 입학했다.

(6) 교회 개척과 간이식 수술

김남포에게 있어서 간경화는 예기치 않은 삶의 복병이었다. 그는 병원에서 죽음을 받아들이고, 자신의 전부를 걸었던 교회의 후임자를 물색했다. 모든 것을 포기했을 때, N서울교회 통일선교부에서 찾아왔고, 그 후 수술비 모금과 간 공여자 확보가 일사천리로 진행되었다. 그 고통과 질병 속에서 하나님의 예비하심과 위대하심을 철저하게 깨달았다. 기적은 또다시 일어났다. 그는 자신의 지병과 투병으로 교회가 해체될 것이라고 지레짐작했으나 교회는 오히려 더 부흥했고 성장했다. 그의 투병 과정과 회복을 처음부터 끝까지 지켜본 교인들은 하나님의 역사를 절실하게 체험할 수밖에 없었다.

"병원에 갔더니 간경화 말기래요. (중략) 죽음을 받아들이고 교회를 인계할 목사님을 찾기 시작했어요. 자식보다 사랑했던 교회인데…. 북한 주민들이 복음을 받아들이고 펑펑 우는 것 보고 죽으면 안 됩니까? 나도 그 일을 하고 싶어서 20년을 준비했는데 이렇게 죽는다면 너무 억울합니다. 제가 죽는 게 두려워서 그러는 게 아니라는 것 하나님도 알지 않습니까? 수술비가 5~6천만 원 정도 나온다는 거예요. 또 산 사람의 간을 어디서 구합니까? 그래서 포기했습니다. 그런데 대전에 계신 C목사님이 기도 중 '네 간을 주라'는 음성을 듣고 찾아오셨어요. 또 얼굴도 모르는 사람들이 오면서 봉투를 내놓고 가는데 돈이 모이기 시작하는 거예요. 제가 원했던 기적은 기도로 고치는 거였어요. 그런데 현실은 수술하는 쪽으로 계속 진행이 되는 거예요."

(7) 탈북민 목회자 양성을 위한 교회 사역으로 나누었다.

김남포가 간이식 후 병원에서 완치된 후, 1907 성경학교[10]에서 공부하던 청년들이 신학교에 가겠다는 의외의 반응을 보였다. 교회의 젊은 청년들이 긴 치료 과정에서 하나님이 하시는 일, 곧 기적적으로 간을 기증받고 수술비가 모이는 과정을 보면서 하나님이 살아서 역사하시는 것을 알게 되었다고 했다. 그러면서 성경공부를 하던 7명이 신학교를 지원하였다. 김남포의 교회는 성경공부 잘 시키는 것으로 유명하게 알려져 있다.

"성도가 30명 되는 교회에 청년들 7명이 신학을 하겠다는 거예요. 저는 이것도 하나님이 하신 거라는 것을 압니다. 저에게는 꿈이 있어요. 성경만이 하나님만이 북한을 회복시킬 수 있다고 보았고, 이 비전은 우리 교회 성도들의 공동 비전이 되었습니다. (중략) 영혼을 구할 수 있는 목회자, 성도라 해도 하나님의 마음을 아는, 성도들로 일어나게 될 것입니다."

3) 김남포의 삶의 적응

(1) 무조건 버텨 내기

(2) 중국인으로 위장, 상황을 적절히 이용

---

10) 참여자의 교회 '1907 성경학교'는 아침 7시 30분에 일어나 교회를 청소하고 8시에 연합예배 QT 나누고 12시까지 성경을 배운다. 점심 식사 하고 1시간을 쉰 후, 2시부터 6시 30분 성경공부 하고, 저녁 먹고 7시 30분부터 10시까지 또 기도를 한다. 성경공부와 기도를 월요일부터 목요일까지는 하루 종일 하고 금요일은 일주일 공부한 것을 각자 발표를 한다. 교회에서 숙식을 해결하며 하루 종일 성경공부를 한다.

(3) 자신의 잇속 채우다가 회개 후 주님 영접

(4) 무조건 하나님께 의지하기

(5) 대기업에 취업했으나 신대원 입학

(6) 북한선교의 비전을 통한 소명의 성취로 나눌 수 있다.

만일 그가 간경화에 걸렸을 때, 직장인이었다면 남한교회의 도움을 받지 못했을 것이다. 교회는 흩어질 줄 알았는데 더 부흥하고 잘 되었다. 오히려 사역에 있어서 제일 방해가 된 사람은 본인이고 사역은 자신이 하는 것이 아니고 주님이 하시는 거라는 걸 깨달았다. 김남포는 교인들에게 기적을 보여 주는 일에 실패했다고 생각했는데, 청년들이 신학을 하겠다고 의외의 반응을 보였다. 더욱이 탈북민 신학 지망생들도 찾아오고 있다.

3. 종파여독분자 자녀로 로동단련대에서 서원기도 한 김청진(가명) 목사

김청진은 1974년에 D시에서 종파여독분자[11]의 자녀로 태어났다. 그의 외할아버지는 1956년 종파분자로 처형되었고 부모님은 평양

---

11) 1956년 8월 종파 사건은, 김일성을 당에서 축출하고자 하였으나 사전에 누설되어 연안파와 소련파의 주도자들이 체포되어 숙청된 사건을 말한다. 당시 반대파는 연안파와 소련파인데 반대 움직임은 북한 경제 발전 방향을 놓고 이의를 제기하는 정도였다. 시간이 흐르면서 김일성의 권력 독점과 개인 숭배를 비판하였으며 점차 반 김일성운동의 성격을 띠기 시작하였다. 곧이어 반대파를 '종파분자'로 낙인 찍어 권력의 핵심에서 축출했다. 종파여독을 청산한다는 명분 아래 김일성을 비판하는 세력을 축출했고 명실상부한 김일성 중심의 단일 지도 체계가 확립되었다(박종철, 2009).

에서 추방되었다. 종파여독분자 자녀는 실력이 있어도 김일성대학에 갈 수도 없고, 법조인도 되지 못하고, 더욱이 군대도 갈 수도 없었다. 그는 학창 시절 공부를 잘했으나 출신 성분 때문에 좋은 대학에 진학할 수 없었다. 고난의 행군시절에는 김청진의 어머니의 탁월한 수완으로 장마당 장사를 하여 기아를 체험한 적은 없었다. 국가 도로건설에 후원금을 내어 토대 나쁜 집안 사람이지만 훈장까지 받았다. 이러한 각고의 노력 끝에 C경제전문학교를 입학하고 졸업했다.

그런데 김청진의 가족이 잘살게 되자 이웃 스파이의 밀고로 조사를 받고 장마당 일을 하지 못하게 되었다. 장사를 못하게 되자 가세가 완전히 기울었고 아버지는 설상가상으로 폐결핵에 걸려 1995년도에 작고했다. 집안에 돈이 없어서 결핵에 걸린 누이가 피를 빼서 쌀 사 오는 것을 보고 월경하기로 결심했다. 그 당시 그의 탈북은 북한의 체제가 싫어서라기보다는 돈을 벌기 위한 선택이었다.

1998년 24세에 중국으로 월경하였다. 열심히 중국어를 습득하고 2000년도에는 D시에 있는 생수 배달하는 회사에 조선족으로 위장하고 취직하였다. 그가 D시에 있었던 가장 큰 이유는 월경한 사람을 용서하겠다는 기별이 오면 번 돈을 들고 북한으로 들어가기 위해서였다. 성실하고 정직하게 일을 하자 사장이 금고 열쇠를 맡기었고 경제전문대학 출신이라 생수 회사의 장부까지도 정리하였다. 그는 중국에서 복음을 받아들인 사람이 아니다. 중국에서 교회에 찾아가면 도움 받는다는 이야기를 많이 들었지만, 주체사상으로 꽉 차 있어서 교회에 다니지 않았다. 회사에서 일하고 중국어를 하여 먹고 살 만해졌을 때, 2000년도에 교회가 어던 곳인지를 구경하러 몇 번 갔다.

2002년 28세에 함께 교회를 다녔던 조선족의 밀고로 수갑을 차고 족쇄가 채워져 변방대대에서 조사를 받게 되었다. 조사실의 창문을 닦던 사람이 갑자기 두드리기에 쳐다보니 생수배달 단골고객이었다. 그 고객이 방으로 들어와 자초지종 연유를 듣더니 조사관을 데리고 나갔다. 한참 후에 들어온 조사관이 수북한 서류를 다 치우고 한 장만 놓고 "너는 중국에 온 지 일주일 되었다. 지금까지 것은 다 백지화다"라는 말을 했다. 그 고객 덕분에 정치범 수용소로 가지 않고 강도가 약한 로동단련대로 갈 수 있었다.

　2003년에 로동단련대에 갔는데 이미 몸이 많이 말랐고 허약해서 몸을 지탱하기도 힘들었다. 그때 비로소 한국에 올 생각을 했으며 중국에 있을 때 좀 더 성경을 읽지 못한 것에 대한 후회를 많이 했다. 중국 조선족교회를 떠올리면 푸근한 생각도 들었다. 그때부터 하나님에 대해, 성경에 대해 알고 싶고 한국에 가게 되면 신앙생활 잘 하겠다는 서원기도를 했다. 로동단련대에서 잠을 안 재우고 학대하는 것을 도저히 견디지 못해 죽음을 각오하고 탈출을 시도했다. 이후 중국으로 다시 월경하여 D시에서 브로커와 접촉하고 그의 도움으로 한국에 왔다. 그다음 어머니도 한국으로 왔고, 2004년에 결혼을 하였다.

　그러나 남동생은 한국행을 시도하다가 베트남 한국대사관 앞에서 북한 비밀 잠복 요원에게 잡혀 북송되었다. 동생의 북송 소식을 듣고 그는 하나님 은혜에 의심을 품고 신앙을 버렸다. 동생에게 성경을 갖고 오라고 한 것이 자기 때문인 것 같아 무척 괴로워했다. 한국에 입국한 후, 2005년도에 한식과 양식 조리사 자격증을 취득했다. 뷔페식당에 주방 요리사로 취업했으나 보건소에 갔다가 폐결핵 진단을 받아 요리사의 꿈은 좌절되었다.

2005년 가을에 S교회에서 6개월 과정의 J프로그램 수강을 했는데, 끝나갈 무렵에 3박 4일 기도원에 가야만 졸업할 수 있었다. 2일째 되는 날에 자기의 죄를 종이에 적어 십자가에 못으로 박는 시간이 있었다. 기도하고 나가려는 순간, 먼저 나간 누군가의 못 박는 "땅" 하는 소리에 예수 그리스도가 십자가에 못 박히는 모습과 예수님이 아파 절규하는 모습과 피 흘리는 모습이 보였다. 거기서 예수님을 보고 깜짝 놀랐는데 예수님이 '너의 아픔을 안다'라고 하며 그를 품어 주셨고, '나는 너를 품어 주는데 너는 왜 북한을 품지 않느냐'고 하셨다. 아버지는 돌아가셨고, 동생은 정치범수용소에 있기에 그는 북한을 생각하면 분노만 가득했다. 그러다 예수님께서 품어 주심을 느끼면서 대성통곡을 하게 되었다. 어디서 그렇게 눈물이 많이 나오는지 그는 자기가 자기를 생각해도 이상하리만큼 눈물이 나왔고 기도원에서 끝나는 날까지 계속 통곡만 했다. 3박 4일 수련회가 끝나고 나올 때 한마디 하라고 해서 "북한에 있는 내 동생, 내 동생과 같은 사람들을 품기 위해서 신학대학에 진학하겠다"라고 했다.

　S교회의 추천서로 2006년 만 32세에 J신학대학에 진학했다. 신학대 4년, 목회학 석사(M.Div 3년), 신학 석사(Th.M 2년)까지 모두 9년간 J신학대학에서 공부했다. 학부 때 등록금은 나오니 생활비를 벌기 위해 밤 2시까지 치킨 집에서 아르바이트를 했다. 신학대학을 다니면서 Y교회 교육전도사를 했고, 신대원에 진학하면서 사역의 길을 열어 달라 기도하자 Y교회 자유인 예배부가 신설되었고 그곳 교육전도사가 되었다.

　2013년 만 39세에 신대원 시절 Y교회 탈북민 청년들과 자유인 예배 교사들이 모아 준 150만 원을 갖고 개척을 했다. 마포에 있는 Y교회 사회복지관 지하를 보증금 없이 90만 원 월세로 시작했다.

7년을 사역했는데 교회 사회복지관 건물이 팔려서 교회를 이전해야만 했다. Y교회의 교도소 심방을 하는 장로님과 1년을 같이 교도소를 다녔는데 교회가 이전해야 하는 어려움을 이야기하자, 북한선교부 장로님을 소개해 주었고 당회에 이야기해 보겠다고 하더니 통과가 되었다. 전세권 설정은 Y교회 앞으로 했고, 2019년 7월 지상에 전세를 얻어 교회를 마포에서 송파로 이전을 했다.

참여자 3번은 북한선교를 하기 위해서는 주체사상을 먼저 공부할 것을 강력히 주장한다. 북한에 문이 열린다면 평양 대성지역으로 가서 교회다운 교회, 목회자다운 목회자를 하여 북한 사람들이 감동할 수 있는 하나님의 크신 사랑을 전하고 싶다고 한다.

1) 김청진의 삶의 영역

(1) 생존적소를 위한 탈출

(2) 밀고되어 북송된 삶

다른 참여자들은 중국에서 일하고도 돈을 요구하지 못한 것과 달리 그는 조선족이라고 하고 취업을 했으며 성실함으로 신임을 얻었다. 경제전문학교 출신답게 복식부기로 장부 정리를 잘하여 사장이 금고열쇠를 맡길 정도로 그를 신임했다. 그가 이렇게 사장의 신임을 얻자 그를 시기한 조선족에게 밀고 당하여 북송되었다. 그의 성실함을 알고 있던 한족은 그가 체포되어 있는 것을 목격한 후 그를 탈북한 지 일주일밖에 안 된 사람으로 만들어 가벼운 처벌을 받도록 도움을 주었다.

(3) 로동단련대에서 고통과 시련 속의 삶

가혹한 체벌과 학대와 굶주림 속에서 하루하루를 버텨 내야 하는 로동단련대에서의 생활은 매우 고통스러웠다. 그에게는 자신이 하나님을 알 기회가 있었음에도 하나님을 영접하지 못한 것과 성경을 제대로 읽지 못했다는 것을 후회했다.

"붙잡혀 북한 감옥 안에서 많은 것을 생각했습니다. 그때 장춘에 있는 조선족 교회가 생각나는 거예요. 그 교회를 생각하니 마음이 편해졌어요. 그때 성경책을 좀 읽었어야 했는데 하는 아쉬움이 남더군요. '진짜 신이 있을까? 나는 왜 성경을 한 번도 안 읽고 가까이하지 않았을까?' 세례를 받으라고 할 때 그게 무슨 말인지 몰랐고 왜 세례 받아야 하는지도 몰랐습니다. 한국에 와서 신앙이 자랐어요."

(4) 기도원에서 주님을 만나다

어머니와 아내의 권유로 S교회에서 주최하는 탈북민 대상 J프로그램에 참가했다. 수료 직전에 3박 4일 기도원을 가야 했는데 기도원에서 피 흘리는 예수님을 목격했다. 그가 목격한 예수님은 천상의 보좌에 앉아 계신 예수님도 아니고, 구름을 타고 승천하는 예수님도 아닌 십자가에 박혀 피 흘리는 예수님이었다. 참여자는 피 흘리는 예수님을 보고 예수님이 탈북민의 고통을 지고 계신다는 것을 느꼈고, 예수의 보혈로 자신의 상처가 치유될 수 있다는 것을 깨달았다. 람보의 7단계에서 '만남'이라고 할 수 있다. 그는 다시 회심하고 S교회 추천으로 J신학대학에 입학했다.

"기도원에서 그분이 아파하시는 절규, 피 흘리는 모습이 보이는 거

예요. 저는 깜짝 놀랐어요. 예수님이 '나는 너를 품어 주는데 너는
왜 북한을 품지 않니?' 하셨는데 그때 대성통곡하면서 엄청 울었어
요. 주님을 만난 거예요."

(5) 하나님의 예비하심을 경험하는 삶

남동생이 한국에 오던 중 베트남에서 체포되었는데 가족은 모두 한국에 갔고 성경책을 소지하고 있어 정치범 수용소로 가게 되었다는 소식을 들었다. 돈을 벌어 북에 보내려고 신학대학을 휴학했는데 생면부지의 장로로부터 벌고자 하는 액수와 같은 금액의 도움을 받고 다시 신학대학에 복학했다. 하나님이 북한이라는 현대판 애굽 땅에서 자기를 구출하고 가나안으로 인도하실 것이라는 신념을 굳히게 된 계기라 할 수 있다.

(6) 개척교회 목회자로서 북한선교를 꿈꾸는 삶으로 나눌 수 있다.

그의 최종 목표는 북한 평양 대성지역에 교회를 세우는 것이다. 자신 역시 주체사상에 강력히 물들어 이로 인해서 복음을 더디게 받아들였듯이 북한선교를 위해서는 주체사상의 해체가 가장 시급한 문제라고 본다. 기도원에서 예수님의 피 흘리는 모습을 직접 체험했고 신학대학과 신대원을 9년이나 다니면서도 주체사상 때문에 신앙의 갈등을 겪었다. 그 때문에 북한선교를 하려면 주체사상을 제대로 공부하고 북한선교를 해야 한다고 한다. 민초들보다 북한의 지도층을 변화시켜야 한다는 것은 그의 선교전략이기도 하다.

"제가 신학대학을 9년 다니면서도, 체험을 했음에도 불구하고, 주
체사상으로 인하여 신앙의 갈등을 겪었습니다. 지금 개척하고 7년

입니다. 신앙은 변하려면 16년, 그렇게 시간이 걸리는 것입니다. 지금 탈북민들 보세요. 이곳 대한민국에서도 복음을 잘 안 받아들이잖아요?"

2) 김청진의 삶의 전환점

(1) 식량 구입을 위한 탈출

(2) 생수 배달하다가 체포되어 북송

(3) 로동단련대에서 주님께 서원기도

자신이 중국에서 교회를 가끔 다녔음에도 불구하고 성경을 제대로 읽지 않았고 하나님을 제대로 만나지 듯했다는 것을 깨달았다. 그에게 로동단련대는 애굽으로 끌려간 요셉의 지하감옥이라고도 할 수 있다. 형제들의 시기로 인해 노예상인에게 팔려 애굽에 끌려간 요셉은 어두컴컴한 지하감옥에서 울부짖었다. 하지만 그는 인간으로서 감내할 수 없는 극한의 시기에 하나님을 제대로 만났다. 그리고 그곳에서 지혜를 익혀 바로의 꿈을 해몽함으로써 총리의 자리에 오른다.

그는 요셉의 이야기를 자기의 이야기로 만들었다. 그때 그는 자유로운 몸이 되면 마음껏 성경을 읽고 공부를 하겠다는 회심을 하였다. 그리고 그 회심은 남한에서 신학 공부로 이어진다. 그리고 전술한 바와 같이 기적처럼 간수들이 조는 틈을 타 로동단련대에서 탈출할 수 있었고 다시 중국으로 탈북하여 남한에 입국하였다.

(4) 요리사에서 신학교 입학으로 전환

요리를 배운 후 자격증을 취득하여 2004년도에 요리사 생활을 시작했다. 그가 남한에서 첫 직업을 요리사로 선택한 데는 배고픔과 기아에 대한 아픈 기억과 함께 당시 남한의 소위 '셰프 열풍'도 간과할 수 없다. 전통적으로 한국 사회에서 요리사는 사회경제적으로는 지위가 낮은 직업으로 취급되었으나 2000년 이후 요리사들이 주목을 받기 시작했다. 소위 TV에는 스타 셰프들이 줄이어 출연했고 어느덧 요리사는 청소년들이 원하는 선망의 직업이 되기도 했다. 북한을 탈출한 많은 사람이 북한식 식당을 창업하거나 요리사로 전업하여 사회경제적 성공을 이루었다. 이러한 시대적 추이를 보고 그는 자연스럽게 요리사의 길에 접어들었다. 그는 요리를 통해서 남한 사회에서 자신의 입지를 굳히고 싶었을 것이다. 그러다 폐결핵이라는 생각지 못한 복병을 만났고 한동안 방황하다가 S교회에서 탈북민을 대상으로 개최한 J프로그램을 거쳐 신학대학에 입학하였다.

(5) 개척교회의 도전으로 나눌 수 있다.

그의 삶은 자기의 의지와 북한과 중국의 경제 그리고 하나님의 섭리가 게재되어 있다고 할 수 있다.

3) 김청진의 삶의 적응

김청진의 적응 전략은 생애 전환점에 따라 나눌 수 있다.

(1) 장사라는 틈새시장 개척하기

(2) 성실함을 무기로 인정받기

(3) 로동단련대에서 하나님께 전적으로 의지하기
　김청진이 로동단련대에 수감됐을 때 외견상 적응은 살피기 어렵다. 굶주림과 학대 속에서 별다른 적응이 없고 단지 버티는 것이었다. 하지만 그때 적응 전략은 호시탐탐 탈출의 기회를 노리는 것이었다. 성경에 대해서 제대로 알지 못했다는 반성과 함께 기회가 되면 성경을 자세히 읽고 공부하겠다는 의지 자체가 탈출을 염두에 둔 것이었고 어스름한 저녁 시간에 탈출을 감행했다. 수용소 탈출은 총살형으로 직결되지만, 이때의 적응은 담대함으로 죽음의 지대에서 벗어난 것이라고 할 수 있다.

　"탈출하다 붙잡힌다면 죽겠다고 각오하고 탈출을 시도했습니다. 저녁 8시쯤 초소를 지나는데 뛰지를 못하니ㅠ 어정어정 걷는데, 발각이 되면 죽는 거지요. 모닥불을 피워 놓고 3명씩 초소를 서는데 아무도 없었어요. 계속 기도하면서 속으로는 뛴다고 생각했지만, 어정어정 걸었을 거예요. 그래서 초소 두 곳을 지나면서 계속 쉬지 않고 기도하며 걸어서 통과했습니다."

(4) 인적 정보 탐색을 통한 남한 입국 모색

(5) 지역사회에 도움을 주는 교회로 적응

(6) 남한교회 보유 자원을 이용한 개척과 홀로 서기
　김청진의 경우, 아사한 가족이 없었고, 북한의 체제가 싫어서 탈북했다기보다는 잠시 돈을 벌기 위하여 갔으며, 다시 북한으로 돌아갈 것을 생각해 국경도시인 D지역에서 정상적으로 급여를 받으며 일했다. 사장의 신임을 얻어 금고열쇠를 맡을 정도로 대우를 받으며 일을 했다.

순복음기도원에서 직접 영성 체험을 했기에 예수님을 부인하지는 않는데 신학대학과 대학원 9년을 다닐 때도 솔직히 주체사상 때문에 갈등이 있었다. 주체사상에서 완전히 탈피하기까지 이렇게 많은 세월이 걸리더라고 고백하며 북한선교를 계획하고 있다면 주체사상을 허술히 봐서는 절대 안 되고 철두철미하게 주체사상을 학습하고 북한선교를 준비해야 한다고 강조했다.

> "한국에서 북한 복음을 위해 준비한 사람들에게 저는 질문을 합니다. 무엇을 준비하셨습니까? 주체사상을 공부하셨습니까? 주체사상을 모르면 북한선교한다고 말씀하지 마십시오. 북한에 가서 복음 전할 때 주체사상을 쌩으로 나쁘다고 하시겠습니까? 주체사상이 뭔지도 모르면서 주체사상으로 무장된 사람들에게 뭘 전하겠습니까? (중략) 황장엽 씨는 하나님이 보내신 겁니다. 황장엽 씨가 이 곳에 와서 주체사상에 대해 책을 5권을 썼습니다. 한 권이라도 읽어 보셨나요? 그 책을 읽고 주체사상에 대해 공부를 해야 북한선교를 할 수 있습니다."

4. 백두산 줄기에서 가족이 모두 숙청당한 천애 고아 박평양(가명) 목사

박평양은 1968년 함경남도 H시에서 출생했다. 그의 할아버지는 백두산 줄기[12]로 만주에서 김일성과 함께 항일 독립운동 투쟁을 한 역사학자이다. 유복한 가정에서 자랐으나 1973년 그의 나이 6세 때 북한 정부가 김일성 위주로 역사 왜곡을 시작했고 역사학자인 할아버지는 역사는 정확히 기록해야 한다고 거부했다. 그 결과 할아버지는 숙청되었고 집안은 몰락했다. 그가 인민학교에 입학한 후, 할아버지의 무죄함을 탄원하던 아버지마저 체포되어 피투성이가 되어 집에 들어왔다. 그 후 아버지는 1981년 박평양이 14세 때, 함경남도 도 보위부 담벼락에 방화를 하였다가 체포되었고 남조선 간첩이라는 누명을 쓰고 공개 처형되었다. 그리고 2년 후, 1983년 그의 나이 16세 때 화병으로 어머니마저 작고했다.

그는 처형당한 아버지의 명예를 복구하고 집안을 일으키기 위해서 당에서 인정받는 사람이 되고자 열심히 공부했다. H시에 소재한 교원대학에 지원했지만 불합격했다. 그의 불합격은 가정환경, 즉 당성이 나쁘다는 이유 때문이었음을 후일 알게 되었다. 하지만 박평양은 이에 좌절하지 않고 충성심을 인정받으면 대학을 갈 수 있다는 생각에 북한에서 가장 힘들다고 알려진 광산에 자원했다. 사로청[13] 조직에도 가입하며 젊음을 바쳤다. 하지만 사로청 면장을 하려던 노력이 또다시 좌절되었다. 그 후 그는 자신의 삶을 살펴보았고 공평한 기회를 선전하는 사회주의 체제에 회의를 품게 되었다.

그가 기억하는 북한은 끊임없이 인민들에게 당과 국가에 물품을 바치며 충성을 증명하라는 것이었다. 북한 인민들은 물자가 없기에 남의 것을 훔쳐서 바칠 수밖에 없었다. 이러한 북한을 그는 강도 집

---

12) 예전에 김일성과 함께 독립운동을 했던 사람들의 가문을 일컫는 말(위키백과)
13) 김일성 사회주의 청년동맹(이하 청년동맹)은 만 14세부터 30세에 이르는 모든 청년 학생층이 의무적으로 가입되어 있는 북한 최대의 청년 근로단체이자 사회단체이다.

단이라고 표현하고 있다. 북한 주민들 스스로 자기를 반성하게 하고 당에 대한 충성을 강요하는 생활총화에서 박평양은 초급 당 비서에게서 할아버지와 아버지에 대한 모욕적 이야기를 듣고 감정을 억제하지 못하여 물컵을 그에게 던지는 큰 사건을 일으켰다. 동료들의 도움을 받아 현장에서 빠져나왔고 곧바로 형님이 사는 H시로 갔다. 형님에게 아무리 노력해도 북한에서는 희망이 없다고 이야기한 뒤, 1991년 그의 나이 24세 때 화교의 도움을 받아 북한을 탈출했다 그는 백두산과 중국의 접경지대에서 여러 번의 죽을 고비를 넘긴 끝에 조선족을 만났고 6개월 동안 산개구리를 양식하는 일을 도왔다.

그 후 1992년 25세 때 조선족의 도움으로 심양으로 이주했다. 돈이 없다 보니 공사장 빈집에서 자는데 배는 고프고 감기가 심하게 들어 신음소리를 내며 사경을 헤매고 있었다. 그때 그의 신음소리를 듣고 깨운 것은 새벽기도회에 가던 조선족 할머니였다. 예배 후 밥을 준다는 말을 듣고 할머니를 따라 교회에 갔다. 그가 다닌 심양의 S교회는 독립운동가들을 많이 배출했고 중국 문화대혁명 때 탄압을 받았던 유서 깊은 교회였다. 그는 예배당에 들어서는 순간 큰 충격을 받았다. 할머니 10여 명이 무슨 큰 죄나 짓고 온 사람들처럼 무릎을 꿇고 머리를 숙인 모습에 공포의 전율이 흘렀다. 어두컴컴한 예배당에 십자가만 빨갛게 비치는 것이 북한 교과서에서 보았던 광경 그대로였다. 그는 북한에서 한국에 복음을 전한 선교사들은 살인자, 미 제국주의 승냥이라는 날조된 교육을 받았기에 공포심을 지닐 수밖에 없었다. 승냥이 소굴로 잘못 왔음을 직감하고 도망가겠다고 뛰어나오다 하얀 가운을 입고 등장한 여성 목사를 귀신으로 착각하고 그 자리에서 혼절했다.

박평양은 목사로부터 네가 갈 진리와 길이 있다고 건네준 성경을 받아 열심히 읽었으나 김일성 혁명로작을 날조해서 쓴 책이라고 판단하여 목사에게 성경책을 던지며 반발을 하기도 했다. '한 번 속은 것으로 족하다. 두 번은 속지 않는다'라는 생각으로 하나님을 받아들이지도 않고 교회에 거주하면서 술과 담배도 했다. 탈북자가 교회에 있다는 소문이 퍼졌는지 하루는 공안이 10여 명이 들이닥쳤다. 목사님은 위험을 감수하며 그를 보호해 주었고 이러한 목사님의 모습에 그는 회심하였다. 평생 주체사상에 속아 온 그가 하나님을 신뢰하고 믿게 된 동기였다. 주체사상에 오염된 그의 영과 육이 하나님의 사랑으로 거듭나는 세례를 받았다.

S교회에 더 이상 머물 수 없게 되자 가짜 신분증을 만들어 신분 세탁을 했다. 고(故) 오은애 목사는 "연변 H대에 가서 해기사 자격증을 취득해서 한국으로 가라. 가서 신학을 공부하여 목사가 되고 북한선교를 하라"라는 말과 함께 로드맵을 주었다. "안전하게 한국 땅에 도착할 때까지 탈북자라는 말을 누구에게도 절대 해서는 안 된다"고 신신당부했다. 한국에 수월하게 갈 수 있는 해기사 자격증을 따기 위해 연변 H대에 진학했다. 백지를 낼 수밖에 없는 상황이었으나 기적 같은 하나님의 은혜를 체험했다. 3년 정규과정을 마치고 해기사 시험에 합격한 후, 배를 타기 위해서는 보증금이 필요했다. 보증금은 중국 돈 1만 위안, 한국 돈으로 치면 5천만 원 정도였다. 당시 중국 노동자 1개월 급여가 200원이었다. 그러나 기적적으로 미국에 거주하는 한인 목사의 도움으로 보증금은 해결되었다. 그는 일본 배로 배치되었고 김포공항을 경유해 일본으로 가고자 했다.

1997년 3월 2일 김포공항에 내려 오사카행 비행기를 갈아타러 가야 하는데, 첫 번째 만난 경찰에게 자신이 북조선에서 왔다고 밝히고 귀순을 요청했다. 탈북민이 자신의 힘으로 자격증을 만들어 합법적 신분으로 귀순한 것은 최초의 일이었다. 그가 국정원에서 조사를 받을 때 그를 담당한 사람이 감리교 장로였다. 그 장로의 소개를 받아 K신학대학에 98학번으로 입학했고, 과천에 있는 U교회에 출석했다. 그리고 2004년 신학대학원 졸업과 동시에 교회를 개척했으며, 2006년에 목사 안수를 받았다. 박평양은 2004년 37세 때, 그간 모아 두었던 2천만 원을 가지고 서울 S동에 20평 규모로 교회를 개척했다. 개척 후 6개월 만에 교인이 40명으로 늘어나자 교회가 비좁기 되었다. 자력으로 교회를 개척해야만 교회가 건강하게 클 수 있다는 신념으로 성도들을 깨워서 교회를 마련해야겠다는 의지로 기도를 했다. 교인들의 헌금이 답지했고 1억 2,000만 원의 보증금을 만들어 2006년 교회를 이전했다. 교회를 이전한 후, 2012년 그 지역의 대형 교회인 목동 G교회에 방문했다. 장로, 부목사, 집사, 권사, 청년들을 그 교회 예배에 참석시켜 지켜봤고 열정적인 예배와 은혜가 일어나는 것을 목격했다. 목동 G교회 담임목사님께서 그동안 고생 많았다고 하며, 2012년부터 박평양의 사례비를 지급하기 시작했다. 사례비를 지원하는 목동 G교회는 장로교이고, 박평양 목사가 시무하는 교회는 감리교이지만 교파의 구분이 없었다.

기적은 연이어 일어났다. 감리교단에서 전통이 깊은 J교회에서 도와주겠다는 제안이 왔다. 탈북민 교회 상징을 만들겠다는 J교회 관계자들의 열정에 의해 그의 교회 교인들은 헌금 2억을 마련하고, J교회 지원 2억을 모아 지금의 상가를 매입했고 2013년에 봉헌예배를 드렸다. 현재 박평양의 교회 교인들은 통일되면 교회를 매각하고, 그 돈으로 북한에 교회를 세우겠다는 계획을 지니고 있다.

1) 박평양의 삶의 영역

(1) 반동분자 집안의 천애 고아로서의 삶

(2) 노동 영웅의 꿈이 좌절된 삶

(3) 우거하던 삶에서 복음수용 후 세례 받는 삶

중국 조선족 교회에서 하얀 가운을 입은 목사를 귀신으로 착각하고 그 자리에 쓰러져 정신을 잃었다. 정신을 차리고 보니 목사님 방이었다. 새벽기도를 마치고 자신을 걱정하며 머리맡에서 간호하고 있던 목사님 앞에서 그는 벌떡 일어나 목사님 발목을 잡고 다짜고짜 제발 살려 달라고 애원하였다. 본인은 탈북민이며 탈북한 동기와 교회에 오게 된 동기를 밝혔다. O목사는 교회는 사람을 죽이는 곳이 아니라 사람을 살리는 곳이라고 위로하고, 그가 북한 사람이라는 것을 알고 부모 이상으로 반겨 주었다. S교회는 중국 기독교 역사에 큰 족적을 남긴 O목사가 시무하는 교회이고 박평양은 그의 양자가 되었다.

몸을 의탁하기 위해 교회에 있었지만, 마음은 하나님을 떠나 있었다. 늘 기독교의 진리에 대해 세상적 관점, 과학주의적 관점으로 반발했지만, O목사는 그를 쫓아내지 않고 변화시키려고 노력했다. 그는 목사의 집에 거주하면서도 술을 마시고 담배를 피웠다. 하지만 O목사는 금주와 금연을 강요하지 않았다.

그때 목사의 사택에 북한 사람이 있다고 알려져 공안들이 잡으러 와서 박평양은 빨리 피하고자 했으나, O목사는 하나님께 지켜 달라며 기도를 했고 커튼 뒤에 숨겼다. 공안들이 간 뒤, 조선족 목사에게 불이익을 감수하면서 자신을 보호해 준 이유에 대해 묻자, "한 생명이 천하보다 귀하다"라는 목사의 말을 듣고 '아! 이게 신앙이구나! 이게 하나님이 주신 마음이구나' 생각하였고, 이때 목사의 담대한 믿음에 하나님을 발견했고 회심을 했다. 주체사상에 평생 속아 온 그가 하나님을 신뢰하고 믿게 된 동기였다. 주체사상에 오염 된 박평양의 영과 육이 하나님의 사람으로 거듭나는 세례를 받았다. 자신의 잘못을 회개한 다음에 하나님을 받아들였다. 그리고 평생 신봉했던 주체사상을 버렸다. 그의 회심에는 하나님의 인격을 닮은 조선족 교회 목사와의 만남이 결정적 기여를 했다.

"'내가 목사로서 네 생명 하나 지켜 주지 못한다면 어찌 하나님 앞에 얼굴을 들 수 있겠는가? 성경은 우리에게 한 생명이 천하보다 귀하다 하셨는데 네 생명도 하나님 안에서 너무도 소중하기에 그 말씀에 충실했을 뿐이다.' 그 말을 듣는데 온몸에 소름이 쫙 끼쳤어요. 그런데요 목사님에 대한 말씀의 정기가 쫙 흐르는데 아! 이게 신앙이구나! 이게 하나님이 주신 마음이구나! 그걸 통해서 본 거지요."

(4) 전부를 바치면 모든 것을 얻을 수 있다는 진리 터득

그는 신학을 배우고 목사가 되어 북한에 복음을 전하라는 사명감을 지니게 되었다. 그를 후원한 조선족 목사는 매우 현명한 사람이었다. 목숨을 건 남한으로의 입국보다는 연변에 소재한 H대학에 입학하여 해기사 자격증을 딴 후, 자연스럽게 남한으로 입국하게끔 했다. 그는 입학과 선원 자격증 보증금 마련 등 하나님의 예비하심을 몸소 경험했다. 해양에 대한 기초 지식이 없어 백지를 낼 수밖에

없었으나 학교에 합격했고, 해기사 자격증을 취득했다. 배를 타기 위한 보증금이 없었지만 지니고 있던 200원 전부를 교회 건축헌금으로 드리고 미국 국적의 한인 목사로부터 도움을 받아 일본 국적의 배를 탈 수 있었다. 그리고 김포공항을 통해 온, 탈북민 최초로 합법적 신분으로 귀순을 했다.

"목사님이 다 드리라 하시니 순종했을 뿐입니다. 제 손을 꽉 잡더니 이렇게 믿음이 좋은가? 저보고 '소원이 무언가?' 물어보시더군요. 그 말을 듣는 순간 제 온몸에 전율이 싹 흐르더군요. 목사님이 그 자리에서 재무과 직원을 부르더니 학생이 보증금 없어서 못 가는 게 맞느냐? 보증금이 얼마냐? 물으시더군요. 그 당시 우리나라 돈으로 말하면 5천만 원 정도 가치였어요."

(5) 개척교회 목사로서의 삶

박평양은 자신을 심문했던 교회 장로인 국정원 직원의 소개를 받아 신학대학에 입학했다. 박평양은 신대원을 졸업하고 개척을 하고 목사 안수를 받았다. 그의 개척은 자신의 노력과 하나님의 도움이 협력한 것이라고 할 수 있다. 20평 규모로 교회를 개척했고 교인이 늘어나자 교회를 확장해야만 했다. 이때 그는 의부의 도움보다는 교인들의 힘으로 스스로 교회를 세워야 한다는 믿음을 가졌고 교인들도 이에 따랐다. 그의 교회 개척과 확장은 기적의 연속이라고 할 수 있다. 자신들만의 힘으로 교회를 만들겠다는 의지를 다지자 한 가정에서 자신들이 받은 정착금 3,000만 원을 헌금하는 기적이 일어났다.

그는 현재 교회를 북한선교를 위한 전초기지와 선교 역량 강화의 기반으로 여기고 있다. 그와 그의 교인은 통일이 되면 가장 먼저 북한 지역에 들어가겠다는 마음을 지니고 있다. 교회를 매각하고 그 돈으로 북한의 제2, 제3, 제4의 교회로 늘어날 것을 믿고 있다.

2) 박평양의 삶의 전환점

(1) 최하층 토대로의 전락

북한은 주민들을 3개의 토대로 나누어 분할 통치한다. 가장 상층부는 핵심 군중으로 항일투쟁과 6·25 전쟁 참가자 및 전사자 가족과 체제에 충성한 영웅들이고, 두 번째 기본 군중은 평범한 서민노동자 농민과 근로 인텔리이고, 세 번째 복잡 군중으로 소위 불순분자나 반동으로 낙인찍힌 자, 해방 전에 지주, 친일파 종파 분자, 군입대 기피자, 정치범 출소자, 월남자 등이다. 이러한 계층 분류 속에서 그는 상위에 있는 집안이었다. 김일성과 같이 항일 독립투쟁을 한 할아버지의 후광은 집안의 든든한 배경이 되었다. 북한 정권이 이렇듯 주민을 계층으로 나누어 통치한 것은 충성심을 강요하기 위함이고, 그것을 위한 시스템이다. 학교 진학과 직업, 결혼 등이 모두 계층의 토대에 의해 결정되기에 하층부에 있는 사람들은 상층부로 진입하기 위하여 끊임없는 충성심을 보여야만 한다.

하지만 1973년 그의 나이 8세 때 할아버지는 숙청되었다. 그의 구술에 의하면 할아버지는 여하한 파벌에도 속하지 않는 중립적인 성향의 학자였으나 학자적 양심으로 김일성의 역사 왜곡과 우상화 정치에 반대를 했다. 당시 북한 사회는 김일성 유일체제를 확립하고 주체사상을 확고히 하던 시대였다.

"북한 정부에서 70년대 들어서면서 모든 교과서에서 역사를 다 빼

버리고, 김일성 가족의 역사를 교과서에 수록해 놓고 마치 민족의 역사인 것처럼 가르쳤어요. 그걸 보고 할아버지가 역사는 정확히 기록해야 한다고 자꾸 문제를 제기했어요. 그렇게 바른 소리를 한 거지요. 북한 정부에 찍혀 가지고 할아버지가 숙청됐어요. 지금도 어릴 적 기억이 납니다. 제가 여덟 살 때였어요."

북한은 1956년부터 소위 종파사건이라고 하여 연안파와 소련파를 숙청했다. 북한 정권은 6·25 전쟁이 끝난 후 박헌영과 김원봉 추종세력들을 숙청했고, 뒤이어 소련을 배경으로 하는 소련파, 중국을 배경으로 하는 연안파를 숙청했다. 연안파와 소련파는 초기에 김일성의 경제재건 방향에 의문을 제기하는 정도였으나 시간이 흐르면서 김일성의 개인 숭배와 독재에 저항했다.

하지만 1970년 이후에는 김일성의 권력 기반과 후계 체계를 공고히 하기 위해 주체사상 확립에 힘을 기울였다. 이러한 상황에서 김일성 주체사상에 의문을 제기한 그의 할아버지는 축출될 수밖에 없었다. 그 사건으로 인해 집안은 몰락했고 이성을 잃은 아버지는 북한 정권의 핵심인 보위부에 방화한 후 공개 처형되었다. 그의 아버지는 남조선에서 간첩 교육을 받고 파견된 고정 간첩이라는 누명이 씌워졌다. 북한 정권이 가장 상투적으로 쓰는 수단이라고 할 수 있다.

이와 같은 가족의 위기는 그의 꿈마저 포기하게 만들었다. 그는 할아버지의 뒤를 이어 학자가 되고자 교원대학에 진학했지만 탈락했다. 대학 진학의 꿈은 멀어졌고 그는 또 다른 길을 모색할 수밖에 없었다.

(2) 조직에 대한 반발과 저항
박평양은 대학 입학시험에서 떨어진 후, 마그네사이트 광물을 제련하는 광산에 지원했다. 북한은 물론 남한에서도 광산 노동자는 누구나 기피하는 직종이다. 늘 갱도 사고의 위험에 처해 있고 노동의 강도 역시 매우 강하다. 그런데도 그는 자신의 충성심을 인정받고자 광산 노동자를 자원했다. 그는 충성심을 인정받고 그것을 바탕으로 대학에 진학한 후, 당원이 되고자 하는 꿈을 꾸었다. 그는 소위 노동영웅 칭호를 받고자 했다. 노동영웅 또는 노력영웅 제도는 사회주의 국가의 원조인 소련에서 태동하고 북한에 전파된 제도로써 북한이 소련의 노력영웅 제도를 모방하여 운영했다. 북한은 1956년부터 소위 천리마 운동을 진행하면서 수많은 영웅을 만들어 냈다. 1957년부터 1959년까지 2년 사이에 24,000명에게 각종 훈장과 메달을 주었다. 수많은 영웅이 탄생한 천리마 시대가 지났지만, 북한에서는 광산이나 위험한 직종에 이 제도를 변칙 적용했고 다양한 훈·포장을 수여했다. 그는 노동영웅에 들고자 열심히 일했고 충성을 다했다.

하지만 생활총화에서 당 책임비서에게 폭행을 가하고 북한을 탈출했다. 당 책임비서는 할아버지와 아버지의 일을 거론하며 그를 압박했고 그에게 상납을 요구했다. 그가 광산 노동자로 생활하던 1990년대 초는 고난의 행군이 시작되지는 않았지만, 이미 곳곳에서 북한의 경제는 무너지기 시작했다. 물자가 부족했고 배급이 원활하지 못했다. 이런 상황에서 당 간부들은 자신의 휘하에 있는 사람들로부터 상납을 받아 생활했고, 그를 비롯한 노동자들은 절도를 해서라도 상납품을 바쳐야만 했다. 그는 상납품을 바칠 여유가 없었다. 이런 사회적 조건과 함께 자신의 아버지와 할아버지에 대한 자긍심을 가지고 있었다. 비록 북한에서는 숙청되었지만, 그에게 할아버지는 양심이 올곧은 학자였다. 그는 결국 당 책임비서에게 물컵을 던지고 후환을 염려하여 그 길로 탈북했다.

"그날 사건이 터졌는데 초급 당 비서가 할아버지가 이런 놈이고 아버지가 이런 놈이고 가족이 이런 놈이네 하며 아예 불만자로 매도해 버리는 거예요. 정말 충성하고 싶었지만 그 말 듣는 동시에 충격이 확 오는데 도저히 못 참겠더군요. 앞에 보니 주석단이 있는데 연설하는 사람 물 마시라고 주전자와 물컵이 있어요. 너무 화가 나서 나도 모르게 그 컵을 초급당 비서에게 던졌어요."

(3) 주님 영접하고 신실한 신앙인으로 전환

그는 북한을 탈출한 후, 북한과 중국의 접경지대에서 조선족 동포를 만나 산개구리 양식하는 일을 돕다가 심양으로 이주했다. 심양 이주 후, 사경을 헤매던 중 조선족 교회에 인도되었다. 그는 조선족 교회의 도움을 받았지만 신앙심은 없었다. 그러다 목사에게서 예수님의 사랑을 발견했고 뜨거운 회개의 눈물을 흘렸다. 그리고 세례를 받아 예수를 영접했다. 조선족 교회에서의 우거했던 생활은 그에게 노아의 방주라고 할 수 있다. 영육이 죽어 가던 그는 그 방주에서 새로운 생명을 받았다.

"그날 제가 목사님께 무릎을 꿇었어요. '목사님 내가 너무 잘못했습니다. 제가 인간도 아니었습니다.' 사도 바울이 죄인 중에 괴수였다는 말이 딱 생각나더군요. '내가 사도 바울보다 더한 사람이었구나!' 그날 목사님께 고백했습니다. 이런 하나님이라면 하나님을 믿겠다. 오늘 목사님을 통해 알았습니다. 그날 제가 목사님께 세례를 받았어요."

(4) 도구적 신앙인에서 신실한 신앙인으로 변화

그는 단지 자신의 몸을 의탁하기 위해 교회에 있었을 뿐이었다. 이러한 그의 반기독교적인 태도는 북한에서의 교육 때문이라고 할 수 있다. 그는 북한 체제를 혐오했지만, 그가 학습한 사회주의 사상에서는 탈출할 수 없었다. 그뿐만 아니라 북한 당국은 뿌리 깊은 기독교 전통을 잘라내기 위해 선교사에 대한 헛소문을 퍼트렸다. 선교사들은 조선을 식민지로 만들기 위해 미국에서 파견된 첩자들이고 조선 주민을 노예로 만들었다고 선전했다. 한국선교에 혁혁한 공로를 세운 언더우드 선교사마저도 사람들의 간을 빼먹는 악마로 묘사하여 전시했다. 이러한 교육을 받은 그는 기독교를 받아들일 수 없었다.

하지만 그는 진심으로 회개하고 교회의 도움을 받아들였다. 그가 복음을 받아들인 것은 하나님의 강권적 역사이지만 땅에서는 그를 받아 준 목사의 헌신이 있었다. 그는 목사와 논쟁하기를 즐겼고 늘 증명을 요구했다. 하지만 목사는 자신의 행동을 통해 하나님이 계심을 깨닫게 했다. 그는 기독교를 받아들인 후 생명의 구원과 함께 비전을 깨닫게 되었다. 그의 비전은 북한지역에 들어가 복음을 전하는 것이었다.

"어두컴컴한 예배당 안에 십자가만 빨갛게 비치는 그 광경이 어릴 적 북한 교과서에서나 보았던 광경 그대로였어요. 언더우드 선교사가 칼 들고 사람 죽이고 간 빼서 먹고, 그런 그림을 어릴 적에 많이 봤거든요. 북한 교과서에는 미 제국주의 승냥이들은 우리나라를 침략하기 위해 훈련시킨 선교사들을 통해 삼천리 금수강산 조선으로 기어 들어와 곳곳에서 살인을 하고 금은 보화를 약탈해 갔다고 적혀 있었고 그렇게 배웠으니까요."

(5) 해기사 자격증 취득 후 한국에 입국

그는 조선족 목사의 인도로 연변에 있는 해양대학에 입학했다. 연변에 설립된 H대학은 국내의 선교단체에서 설립한 대학으로서 Y대학과 함께 중국에 거주하는 조선족에게 복음을 전하기 위해 세운 학교이다. 그는 자연스럽게 해기사 자격증을 취득한 후, 일본이나 제3국 선박회사 취업을 빌미로 중국을 떠나 한국에 입국하고자 하는 계획을 세웠다. 그는 탈북자임을 숨기고 조선족으로 위장하여 입학시험을 보았지만, 그의 실력으로는 합격할 수가 없었다. 하지만 면접에서 심양에 있는 O목사가 보냈다는 이야기를 듣고 면접관은 그를 합격시켰다.

한국에 가면 많은 돈을 번다는 소문이 퍼져 배를 타지 않고 도망가는 학생들이 생겼다. 이러한 문제를 해결하기 위해 보증금 예치 제도를 만들었는데 그는 그만한 돈이 없었다. 노동자 한 사람의 월급이 200위안이던 시절 10,000위안의 보증금을 내야만 했다. 그러던 중 그는 연길교회 철야예배를 드리러 갔다. 그곳에서 전부를 헌금했는데, 그가 드린 200위안이 10,000위안이 되어 돌아왔다. 부흥회를 인도하던 미국에서 온 한인 목사는 고액의 헌금을 낸 사람을 수소문했다. 그리고 그를 찾아왔고 모든 사정을 알게 되었다. 자신이 가진 모든 비상금을 헌금한 것을 알게 된 한인 목사는 보증금 10,000위안을 내주었다. 한국 화폐 가치로 환산하면 5,000만 원 정도의 고액이었다. 그는 이런 과정을 거쳐 일본 배로 배치되었고 김포공항을 경유해 일본으로 가는 비행기에 탑승하기로 했다. 그리고 바로 김포공항에 내려 한국에 귀순했다. 그때가 1997년이었다. 그는 자신의 힘으로 입국한 최초의 탈북민이었고, 방송에서는 많은 관심을 기울였다.

(6) 자립하고 돕는 교회로 목회 사역

박평양은 남한 입국 후 국정원에서 조사를 받았다. 그를 담당한 사람은 감리교 장로였다. 그의 이야기를 다 들은 장로는 감동했고, 진학의 길을 열어 주었다. 그의 신학교 입학에는 국정원 직원인 장로를 비롯하여 연변 H대학교 교수였던 선교사, 미국의 한인 목사, 중국의 조선족 교회 목사의 도움이 있었다고 할 수 있다. 그는 출석하는 U교회의 학비 지원을 받아 졸업했을 뿐만 아니라, 담임목사의 처조카와 결혼을 했다. 그리고 2004년 교회를 개척했고 2006년에 목사 안수를 받았다.

그 후 박평양은 목동의 G교회를 통해 사례비를 지원받는 동시에 2013년도에는 교회를 매입했다. 현재 남한에는 탈북민 목회자들이 사역하는 교회들이 다수 있지만 대부분 재정적으로 취약하다. 교회 건물은 대부분 전세나 월세이다. 그런데 그가 시무하는 교회는 자신의 건물을 보유하고 있고 통일이 된 후에는 교회 건물을 매각하고 북한으로 갈 꿈을 키우고 있다. 참여자와 그의 교인들은 탈북민들의 교회는 도움을 받아야 한다는 등식에서 벗어나 자립하고자 노력했다. 이러한 믿음은 온 가족이 정부로부터 받은 정착지원금을 교회를 위해 헌금한 사례에서도 찾을 수 있다. 결국, Y교회는 탈북민들이 희구하는 교회 모델이 되었다. 따라서 더 많은 탈북민 교회가 성장하기 위해서는 탈북민들에 의해 건립된 교회가 성장할 수 있는 토대가 마련되어야만 할 것이다.

3) 박평양의 삶의 적응

(1) 주체사상으로 무장하고 자신의 입지를 굳히고자 한 적응

그는 앞서 살펴본 바와 같이 할아버지와 아버지를 연이어 잃었다. 이런 경우 북한체제에서는 가장 낮은 계급으로 분류된다. 당원이 될 수 없는 것은 물론 전문적인 직업을 가질 수 없다. 그런데도 그는 체제에 대한 의심과 회의보다는 노력하면 모든 것을 이룰 수 있다는 인간적 교훈에 의지했다. 북한의 교사들은 학생들에게 끊임없는 김일성 유일사상과 체제에 안전과 연속성을 강화하는 학습을 시켜야만 한다. 이런 중차대한 역할을 부여받았기에 다른 직종에 비해 사회적 대우는 높은 편이다. 북한의 경우 배급은 직업에 따라 양과 질이 달라지는데 교사는 당원과 함께 일등급 배급대상자이다. 이에 박평양은 교사가 되기 위해 노력을 했다. 북한의 경우 남한과 같이 사교육은 존재하지 않지만, 탈북민들의 증언에 의하면 학교에 비공식적으로 많은 것을 납부해야만 한다. 그는 이러한 납부금을 납부할 능력이 없었지만 노력하면 모든 것이 가능하다는 신념으로 공부를 열심히 했다. 그에게 있어 공부는 반동분자 자녀라는 사회적 낙인을 뗄 수 있는 유일한 길이었다.

하지만 교원대학교 입학시험에서 그는 탈락했다. 후일 불합격의 원인이 자신의 출신성분이었다는 것을 깨달았다. 사농공상(士農工商)의 엄격한 신분질서를 유지하던 조선시대에도 노비가 면천되어 벼슬을 하는 경우가 있었지만, 북한에서는 이런 것이 용납되지 않았다. 많은 사람은 이런 경우 대부분 좌절할 수밖에 없지만, 그는 또 다른 도전을 시작했다.

"내가 열심히 공부해서 국가에 많은 공로를 세워 내가 인정을 받자. 그러면 할아버지, 처형당하신 아버지의 문제를 해결할 수 있지 않겠는가 생각했어요. 내가 당으로부터 인정받는 사람이 되자. 힘이 있는 사람이 되기 위해서는 공부를 열심히 해야겠다. (중략) 그러나 북한의 정치기구 당기관의 최종 심사에서 가정환경이 나쁘다는 것 때문에 계속 떨어졌어요."

(2) 영웅 칭호를 목표로 한 사상과 노동의 병행

그는 교원대학에 불합격한 후, 광산 노동자로 지원했다. 광산은 북한 주민들도 기피하는 직종이지만 그는 어려운 곳에 기회가 있다는 것을 알고 있었다. 대부분 사람이 기피하는 직종에서 자진 입사하여 자신의 땀과 노력을 다하면 노동영웅 칭호를 받을 것이고 이와 같은 영웅칭호는 그의 낙인을 벗겨줄 수 있다고 믿었다. 북한 노동자의 경우 노동력만으로 평가하지는 않는다. 노동력과 당성을 충족시켜야만 한다. 그는 남들이 한 수레의 광물을 채취할 때, 두 수레의 광물을 채취하고자 큰 노력을 했고, 피곤한 몸을 이끌고 야간에는 학습이나 총화에 참여했다. 하지만 그의 노력은 또 다시 좌절됐다. 북한의 경우 한 번의 낙인은 영원히 씻을 수 없는 주홍글씨이자 배제라고 할 수 있다. 학습총화에서 당 간부는 그의 할아버지와 아버지의 전력을 거론했다. 당성을 인정받기 위해 자신도 할아버지와 아버지를 비판해야 하는가? 하지만 피는 사상을 뛰어넘었다. 자신의 할아버지와 아버지를 모욕하는 사람들에 대한 저항은 어쩌면 당연한 일이다. 하지만 북한에서는 이러한 보편적인 사람으로서의 감정도 제도적으로 억제될 수밖에 없었다. 그는 당 간부에게 물 컵을 던졌는데 이는 곧 체제에 대한 도전으로 간주될 수밖에 없었다.

1991년 그는 희망이 없는 상태에서 북한을 탈출했다. 4반 세기의 삶은 끊임없는 도전과 좌절이라고 할 수 있다. 대부분의 북한 주민들은 뚜렷한 목적을 지니고 탈북한다. 그는 희망이 없는 암흑 같은 북한 체제에서 중국으로 탈출한 것이다. 그러나 중국이 탈북민들에게 행복과 안녕을 보장해 주는 유토피아는 아니다.

> "국가에서 장려해 주는 곳에 가서 희생정신을 발휘하여 일을 해주면 국가에서 인정을 받지 않을까라는 생각을 했어요. 어린 마음에 그런 충성심을 가졌어요. 자진해서 갔고 정말 열심히 죽고 살기로, 젊은 혈기에 온 맘과 정성을 다해 일했지요. 사로청 조직에도 가입했어요. (중략) 나도 사로청 면장 한번 해보겠다 했는데 바로 안 되는 거예요."

(3) 조선족 교회에 의탁했으나 마음은 움직이지 않는 적응

그는 북한을 탈출한 후, 우여곡절 끝에 조선족 교회 도움을 받았다. 그런데도 초창기에 그는 신앙을 받아들이지 않았다. 조선족 교회는 그의 영혼이 깃드는 구원의 장막이 아니라 단지 육신이 쉬는 형식적인 장막이었다. 그는 조선족 목사가 전하는 모든 성경말씀을 부인했다. 그에게 있어 성경의 서사는 신화요 날조된 역사였다. 이러한 것은 표면적으로 그가 북한의 주체사상에 깊이 빠져 있었기 때문이라고 분석된다. 북한 체제가 싫어 북한을 이탈했지만, 사회적 성공을 위해 배웠던 주체사상은 그도 모르는 사이 그의 정신을 지배하고 있었다. 후일 자신의 목숨을 내놓은 조선족 목사의 사랑에 그의 방어벽은 한꺼번에 무너졌지만, 상당기간 자신의 노선을 고수했다.

그는 환경을 보는 매우 예리한 눈을 지녔다. 북한을 탈출한 후에는 백두산 자락의 조선족 마을에서 산개구리 양식하는 일을 돕기도 했다. 그의 경우 중국에서는 몸을 숨겨야만 살아남을 수 있기 때문이었다. 현실적으로 교회는 그에게 가장 안전한 피난처였다. 그는

이 피난처를 거부하지 않으면서도 자신에게 유리한 쪽으로 만들고자 했다. 하지만 복음을 받아들인 후에는 모든 것이 새롭게 되었고 자기중심에서 벗어나 새로운 중심을 구성했다. 마치 갈라디아서에서 사도 바울이 예수를 만난 후 예전의 내가 죽고 내 속에 예수가 살고 있다는 고백과 유사하다.

> "성경책을 가지고 가서 목사님께 던졌어요. '목사님 제가 북한에서 왔다고 저를 우습게 보십니까? 아니 이 책에 내가 앞으로 가야 할 길이 있고 진리가 있다고 했는데 이 책을 읽어 보니 위대한 장군님의 혁명로작을 모방한 책이네요.' 그랬더니 나를 진정시키면서 하는 말이 네가 북한에서 잘못 배웠다, 김일성 가족이 기독교 가정이고 김일성 어머니가 교회 권사였다고 쭉 말씀해 주시더군요."

(4) 해기사 자격증 취득으로 전략적인 남한 입국

(5) 자력 갱생을 전략으로 한 통일 목회로 비전을 품는 것이라고 할 수 있다.

5. 중국 감옥에서 10년 수감 생활 후, 하나님의 기적을 체험한 사리원(가명) 목사

사리원은 1976년 황해남도 S군에서 태어났다. 그의 아버지는 중국 출신이고 어머니는 북한 출신이다. 그의 외갓집은 소위 토대가 좋은 집안이다. 외할아버지는 재판소 소장이었고 타이어 공장 사장을 지내기도 했다. 아버지는 탐사대 운전기사를 했기에 좋은 대접을 받기도 했다. 하지만 아버지는 중국 출신이라는 한계로 인하여 노동당 입당이 어려웠다. 이에 비해 어머니 집안은 토대가 좋은 집안이었다. 어찌 보면 역혼(逆婚)이라 할 수 있다.

1982년 그에게 매우 고통스러운 해이다. 그의 나이 7세 때 부모가 이혼했다. 사리원은 계모 밑에서의 생활을 콩쥐팥쥐의 이야기와 비교해서 기억하고 있다. 90% 이상이 당원인 자녀들로 구성된 인민학교 시절, 학교에서도 눈치를 볼 수밖에 없었다. 1999년 그는 3년제인 광산대학을 졸업했다.

1996년은 고난의 행군이 극에 달하던 시절이다. 아버지는 간부의 차를 운전했기에 가끔 쌀을 배급받기도 했지만, 이틀을 굶기도 했다. 그는 북한 속담 '한 가난은 열두 가난'이라는 말을 지금도 생생하게 기억하고 있다. 고난의 행군시절 그는 굶어 죽지 않기 위해서 '되거리 장사'라는 것을 했다. 되거리 장사란 물건을 떼어서 다른 곳에 파는 것이다. 일종의 소매상이라고 할 수 있다. 밑천도 없고 정보도 없는 상태서 되거리 장사는 망할 수밖에 없었다. 그의 북한 탈출은 굶어 죽지 않기 위해서였다. 그의 중국행은 오로지 식량을 챙겨오기 위함이었다.

1997년 2월에 그의 나이 22세에 국경을 넘었다. 북한의 2월은 혹독한 추위와 함께 온다. 그는 국경을 넘은 후 아버지의 누나 집을 찾아갔다. 고모 집에서 그는 충격적인 광경을 목격했다. 돼지에게 옥수수를 삶아서 뿌려 주는 것이었다. 자신들은 옥수수 한 줌 때문에 목숨을 걸고 중국에 왔는데 중국 돼지는 북한 사람보다 더 호사를 누리고 있었다. 그는 중국에서 20일 정도를 친척집을 체류하며 식량을 모았고 이를 가지고 북한으로 돌아가려고 했다.

그러던 중 하루에 33원 준다는 말에 벌목공이 되었다. 그런데 그가 탈북자임을 인지한 고용주는 약점을 잡고 급여를 주지 않았다. 한 달 이상 일을 해주고 무일푼으로 나왔지만, 쌀밥에 감자 반찬을 먹었다는 것만으로도 행복을 느꼈다. 그 후 친척이 있는 농촌으로 갔고 차 소리만 들어도 공안이 자신을 체포하는 줄 알고 전전긍긍하며 신분의 불안을 느꼈다. 이렇게 중국에서 그는 5년을 체류했다. 1997년 6월에 아버지가 중국으로 들어왔는데 아버지로부터 2명의 동생이 굶어 죽었다는 비극적인 말을 들었다. 비록 배다른 동생이지만 직접 키운 동생이었기에 밤새도록 통곡을 했다.

1998년 8월 그는 중국에서 선교하던 C선교사를 만나 복음을 받아들였다. 그는 북한 땅을 살려 달라는 C선교사의 기도에 마음이 열렸다. 사리원 역시 대부분 탈북자처럼 주체사상으로 무장되어 있고 그것이 허구임을 알기까지 많은 시간이 소요되었다. 그는 성경통독학교에서 성경 100독과 하루 기도 5시간이라는 강행군을 했다. 2001년 5월 그에게 위기의 시간이 다가왔다. 성경통독학교(사역장)가 중국 공안 당국에 의해 적발되었고, 6월에 77명이나 체포되어 토송을 당했다. 그는 아버지한테 다녀오느라 화를 면했으나 내몽골에서 한국행을 하려다 7월에 체포되어 북한 신의주 집결소로 끌려갔다. 그는 중국에서 탈북여성과 결혼해 아내가 있었는데 아내도 같이 끌려갔고 8개월 된 아이는 강제 낙태 당했다. 그해 10월, 그는 신의주 집결소에서 고향으로 가서 재판을 받고 로동단련대에 가라고 내어준 여행증으로 회령을 거쳐 재탈북을 했다.

그해 12월 중국에서는 탈북자 구출사역을 하던 한국 선교사들이 모두 체포되었고 그는 선교사들을 대신해서 탈북자를 구출하는 사역을 했다. 최초로 신의주 집결소로 끌려갈 때, 살려 주시면 자신만을 위해 살지 않겠다고 했던 서원기도를 지키고자 했다. 하지만

2002년 4월 중국 공안에 체포되어 12년 형을 선고받았다.

그가 기억하는 중국 감옥생활은 인권이 부재하고 배고픔만 있는 곳이다. 특히 북한 출신은 감옥에서도 최하층 대우를 받았다. 사리원은 2002년 27세에 중국 감옥에 들어가 2012년, 그의 나이 37세까지 감옥 생활을 했다. 사리원은 배고픔과 헐벗은 추위보다는 성경책을 가지고 있을 수 없는 것을 가장 아쉬워했다. 사리원은 12년 선고를 받아 판결문을 받고 감방으로 왔는데, 감방 죄수들은 오히려 축하를 해주었다. 북송되면 죽음이었기에 북한에 안 가게 됐다고 축하한 것이다. 사리원은 외출한 죄수가 들고 온 성경책을 받고 빼앗길 수도 있다는 불안에 성경을 필사했고, 성경을 빼앗길 것을 우려하여 금식기도까지 했다. 중국 감옥은 희망이 없었다. 형기를 채우면 북한으로 송환되고 그 끝은 공개 처형이다. 그러한 불안 속에서도 사리원은 예수 믿은 사람의 말로가 비참하다는 것을 보여주기 싫어 연약한 모습을 보이지 않았다. 2011년 12월 19일 그는 모범죄수로 2년 감형을 받고 만기 출소 후 북송되기 위해 도문으로 끌려갔다. 도문 다음에 갈 곳은 처형장밖에 없었다. 출소하는 날이 곧 죽는 날이었다.

2011년 12월 19일 기적이 일어났다. 김정일이 사망한 것이다. 북한에서는 김정일 사후에 국경을 폐쇄했다. 북한에서 받지 않으니 처음 재판받은 연길 구치소로 갔고, 연길 외사과에서 또다시 3개월 조사를 받았다. 하나님의 도우심으로 기적적으로 그는 국적 불명자로 풀려나올 수 있었다. 그는 풀려난 후, 외국인 출입증(여권)을 발부받아 2012년 4월 17일 대한민국에 입국했다.

사리원은 하나원에 있을 때 중소기업에 합격했고, 공무원이 되는 길도 보장되었기에 돈을 벌다가 대학에 가고자 했다. 감옥에서의 서원기도를 인위적으로 잊고 자신만의 자유로운 삶을 살고자 했다. 37세 이상은 국가에서 학비가 지원되지 않으니 등록금이 준비 안 됐다고 핑계 댈 이유도 있었다. 사리원은 중국에서 만난 C선교사에게 자기 계획을 이야기하자, 2년만 세상에 나가 있으면 불신자 된다고 하며, 이미 등록금 후원이 들어와 있으니 딴 생각하지 말라고 했다. 사리원은 15년 신앙생활을 해봤는데 아무리 도망을 쳐도 결국 자신을 하나님이 원하는 자리에 데려다 놓는 것을 체험했기에 순종하기로 했다.

사리원은 2013년 C대 3학년에 편입하고 대학원을 거쳐 2019년 목사 안수를 받았다. 한국 입국 후 7년 동안 결혼과 자녀출산, 교회 개척, 목사 안수 등 숨가쁜 삶을 살았다. 그는 이러한 성취가 하나님이 중국 감옥생활 10년을 보상해 주시는 것으로 의미구성하고 있다. 사리원은 2015년 목사 안수를 받기 전, 신대원 시절에 교회를 개척했다. 탈북민들만의 교회를 부정적으로 생각했으나 문화적 차이를 인정했고 탈북민들이 복음을 받은 자에서 전하는 자로, 아파 울던 자에서 치유하는 자로, 인천에서 평양으로, 평양에서 열방으로 나간다는 질적인 성장을 시키기 위해 교회를 개척했다.

현재 교회는 등록 교인이 어른 40명, 어린이 20명 규모이다. 북한선교에 관심이 많은 모 교회의 후원까지 합쳐져 교회를 운영하고 있다. 그는 자신의 고향인 황해도에 교회를 개척하겠다는 비전을 지니고 있다. 그가 기억하는 황해도는 기독교가 크게 부흥했던 지역이고, 사람들은 순수한 편이라고 한다.

1) 사리원의 삶의 영역

⑴ 아버지가 중국 출신이라는 이유로 당원에서 원천적 배제

(2) 고난의 행군시절 기아선상에서 헤매게 된 삶

(3) 북한 탈출 후 성경통독학교에서의 삶

사리원은 북한의 선전에 세뇌되어 있어 미국이나 남조선 때문에 동생이 굶어 죽었다고 생각할 수밖에 없었다. 그러던 중, 1998년 8월에 중국에서 선교하던 C선교사를 만났다. C선교사를 만났을 때 북한을 살려 달라던 선교사의 기도에 마음이 움직였다. 마치 여리고성처럼 단단했던 주체사상의 장벽이 선교사의 기도 하나로 일거에 무너졌다. 사리원은 처음에 아멘조차 따라하지 못했으나 고통 받는 북한을 살려 달라는 기도를 할 때, 통한의 눈물을 흘리며 하나님을 영접했다. 그리고 그는 성경통독학교에서 거주하면서 1년의 100독씩 3년간 성경 300독을 했다.

> "C선교사가 기도하면서 북한 땅을 살려 주시라고 하는데, 마음속이 갑자기 울컥하고 지금까지 숨겨 왔던 아픔과 기독교에 대한 마음이 열렸어요. 그러나 성경을 믿기는 어려웠습니다."

(4) 중국 감옥에서 인권 유린 속에서도 지킨 신앙의 순결

신의주 집결소에서 조사관은 북한에서 결혼하지 않았으면 혼인을 인정할 수 없다고 사리원의 8개월 된 아이를 강제로 낙태시켰다. 낙태 당하고 비를 쫄딱 맞고 홀쭉한 배로 돌아오는 아내를 힘없이 지켜만 봐야 했다. 신의주 집결소에서 나오면서 재탈북을 했다.

2002년 25명의 탈북자들이 중국 소재 스페인대사관으로 진입하여 전 세계 이목을 끌자, 북한 당국은 중국 공안과 협력하여 탈북지원 단체는 물론 탈북자 구출사역을 하는 모든 사람을 체포하기 시작했

다. 사리원은 구출사역과 함께 복음을 전하다가 체포되어 12년의 징역형을 선고받았다. 사리원은 탈북자라는 이유로 중국 죄수들로부터 더 혹독한 고통을 받았다. 인권이 없는 중국의 교도소 생활은 혹독한 고난의 시간이었고 성경은 교도소에서는 금서였다. 외출 나갔다 온 죄수가 들여온 성경책을 언제 빼앗길지 몰라 필사했고, 성경을 빼앗기지 않기 위해 금식기도까지 했다. 그는 북송을 두려워하지 않았지만 설사 북송이 되더라도 의연한 모습을 보이고자 했다. 예수 믿는 사람의 말로가 불행하지 않다는 것을 보여주기 위함이었다.

> "중국에서 징역 12년형을 받았습니다. 중국 감옥은 인권도 없고 엄청 힘들었습니다. 중국 감옥에 처음에 들어가니까 옥수수가 쉬어 썩은 것을 주는데 쓰고 시큼하고 먹을 수가 없는 것이었어요. 북한이라고 생각하고 먹자고 했지만 먹을 수가 없었습니다. 중국 감옥에 들어가면 북조선 사람이 제일 밑바닥입니다. 처음에 들어가면 다 구타 사건이 있어요."

(5) 신학생과 개척교회 목회자의 삶

2011년 사리원은 중국 교도소에서 만기 출소 후, 북한에 넘겨지기 위해 도문으로 갔다. 도문을 넘는 순간 죽은 목숨이었다. 하지만 기적이 일어났다. 김정일 사망으로 국경이 폐쇄되었고 그는 무국적자로 분류되어 한국에 입국했다.

사리원은 남한에 입국한 후, 3년 정도는 아무것도 안 하고 서원기도를 잊은 채 공기 좋은 곳에서 그냥 푹 쉬고 싶었다. 탈북민의 경우 35세 이하는 학비를 면제해 주는데 그는 35세가 넘었다는 것에 안도하기도 했다. 노동고용청에서 전화가 왔고 공무원의 길이 열릴 수 있었다. 하지만 자신이 아무리 발버둥 쳐도 하나님의 뜻대로 된다는 것을 알고 있기에 신학공부를 하기로 했다. 그리고 자신이 한 서원기도를 다시 떠올렸다.

그는 탈북민들만의 교회에 대해 반대했으나 탈북민들은 문화가 다르기에 한국교회에서 정착하지 못하는 것을 발견했다. 사리원이 목격한 것은 남한교회 교인들은 은혜를 받아 기뻐하지만, 탈북민들은 맥락을 몰라 당황하는 모습이었다. 그는 자신의 교회가 30~40대 탈북민으로 이루어진 것에 대해 큰 희망을 품고 있다. 현재 신학생이 2명 있는데 그들을 제자로 키워 통일 전에는 중국, 통일 후에는 북한에 전도자로 보낼 야심 찬 계획을 세우고 있다.

"11월 말 C선교사와 산기도 다녀왔는데 ㅇ누리교회 무릎기도팀에서 장학금이 들어와 있는 거예요. 공부하라고 입학금까지 400만 원이 입금되었다고 하는데 하나도 기쁘지 않았어요. 또 매이는 거 잖아요. C선교사님이 너 2년 밖에 나가 있으면 불신자 된다고 그러더군요."

2) 사리원의 삶의 전환점

(1) 전문대 입학 후 광산기계학 전공

(2) 생존을 위한 중국으로의 월경 후 복음 접촉

사리원은 생명을 위협 당할 정도의 기아로 고통을 받았으나 탈북을 주저했다. 그에게 탈북은 조국을 배신하는 것이었다. 이러한 모순된 인식이 생성된 이유는 북한의 세뇌 교육인 사상 교육 때문이라고 분석된다. 북한은 '종교는 아편'이라는 마르크스의 반종교적인 사상을 계승하였고 종교를 인민의 적으로 간주했다. 특히 주체사상에서는 종교는 사람들의 정신과 영혼을 오염시키는 악으로 규정했다. 과학적 사실주의만을 학습의 대상으로 삼는 북한의 주체사상 교육 체계에서 성경에 등장하는 이적이나 원수를 사랑하라는 메시지는 받아들여질 수 없었다.

그가 복음을 받아들이고 회심하는 데 영향을 준 것은 C선교사의 기도라고 할 수 있다. 사리원은 북한 땅을 위해 기도하는 선교사를 보고 감동하였다. 사리원의 생각에 의하면 선교사를 비롯한 남한 사람들은 북한이 망하도록 기도해야만 했다. 그 역시 남한을 미제국주의자들의 주구로 간주하고 투쟁과 증오만을 교육받았으나 C선교사의 기도로 회심을 했다.

> "C선교사의 통독반에 가서 신약부터 성경을 읽고 찬양하면서 마음이 열리고, 마음 깊은 곳에서 믿음이 생기면서 기도하는 시간에 눈물을 흘리며 자신의 죄악을 고백하였던 적이 있습니다. 그리고 8개월 정도 훈련을 받은 후에 8개월 이전의 나의 모습을 돌아보니 '어떻게 그렇게 하나님을 모르고 살 수 있었을까?'라고 생각될 만큼 하나님의 은혜 가운데 거듭남의 은혜를 깊이 체험하게 되었습니다."

(3) 신의주 집결소에서 드린 서원기도

사리원은 북한 신의주로 송환되었다. 중국에 체류 중인 탈북자들이 탈출하는 방법은 중국 내륙을 통과하여 태국으로 입국하는 방법과 내몽골을 경유하는 방법이 있다. 그는 내몽골을 선택했지간 체포되었고 신의주 집결소 수용 생활을 했다. 그는 집결소에서 철저하게 예수를 믿었던 사실과 한국에 가려고 하다가 체포되었다는 것을 은폐했다. 그리고 이 위기를 극복하게 해주면 평생 남들을 위해 살겠다는 서원기도를 했다. 신의주 집결소에서 나온 그는 곧바로 다시 탈북했다.

(4) 구출사역하다가 중국 감옥 10년 수감 생활

사리원은 중국 감옥에서 10년간 수감 생활을 했다. 그는 수감 생활을 하는 죄수 중에서도 최악의 조건을 갖추고 있었다. 중국인이 아니라는 점, 경제적으로 취약하다는 점, 기독교를 믿는다는 점이다. 그의 경험에 의하면 중국 감옥은 사람들을 교화하기보다는 오히려 더 악하게 만들고 응보 차원에서 형벌만 가하는 곳이었다. 먹고 입는 것은 말할 나위도 없고 중국인들로부터 학대를 당해도 교정 당국자들은 눈을 감았다. 그나마 다행인 것은 미국의 한 장로님이 인터넷에서 기사를 읽고, 하나님이 그를 도와야 한다는 마음을 강력히 주셔서 조선족 교회를 통해 사리원에게 정기적으로 영치금을 넣어준 것이다. 현재 전 세계적인 추세는 수형자들에게 열악한 처우를 제공하기보다는 좋은 환경을 만들어 교화하는 것을 목적으로 하고 있다. 하지만 중국은 아직도 전통적인 응보주의를 고수하고 있기에, 이러한 조건 속에서 사리원의 수감 생활은 고된 노동과 배고픔, 학대로 이어질 수밖에 없었다. 사리원은 감옥에서 모든 것을 포기했지만 자살을 선택하기보다는 예수를 믿는 사람으로 다시 일어섰다.

(5) 김정일 사망으로 북송되기 직전에 한국행

사리원은 중국에서 수감 생활을 마치고 북한으로 송환될 예정이었다. 하지만 도문다리에 도착했을 때, 기적같이 김정일의 사망으로 국경이 폐쇄되었다. 김정일이 사망하면 외신 기자 등 수많은 사람이 북한을 드나들게 되며, 자연스럽게 정보가 만들어지고 유통된다. 북한은 외부에, 특히 한국에 상황이 알려지는 것을 극도로 경계했기에 국경을 폐쇄할 수밖에 없었다. 하지만 국경 폐쇄는 사리원에게는 행운이었다. 다시 연길 구치소로 갔고 하나님의 도우심으로 연길 외사과로 넘겨졌으며, 3개월 조사를 받고 극적으로 국적불명자로 처리되었다. 외국인 출입증(여권)을 만들어 주어 한국에 입국했다.

"2011년 12월 형기가 만기였어요. 출소가 되자 북송하기 위해 도문까지 끌려갔어요. 도문에서 중국 경찰들이 바로 북한에 넘겨줍니다. 일반 탈북자들은 도문 감옥에 있다가 가는데, 중국 감옥에서 만기 살고 온 사람은 바로 북한으로 보내요. 만기가 돼서 12월 19일 도문에 나갔는데 사형장으로 끌려 죽으러 가는 길이었지요. 저를 강제로 싣고 나가는데 심정이 착잡했습니다."

(6) 공무원의 길을 포기하고 목회자의 길로 입문

한국에 입국 후, 그는 탈북민 지원 단체로부터 공무원 제의를 받았다. 북한에서 광산기계학을 전공했기에 기술직 공무원의 길이 열려 있었다. 현재 남한 주민들에게 공무원은 꿈의 직업이다. 그러나 그는 하나님과의 처음 약속을 지키기 위해 신대원에 입학했고 졸업 후 목회자의 길을 걷고 있다. 그의 신대원 입학은 그가 하나님의 섭리를 깨달았기 때문이다. 아무것도 안 하고 푹 쉬고 싶었지만 사리원의 삶의 결과는 늘 하나님이 원하는 자리에 가 있었다.

"살아나니깐 하나님으로부터 도망치고 싶었어요. 나만을 위한 삶을 살고 싶었어요. 결국, 제가 십몇 년 동안 신앙생활을 해봤는데, 제가 아무리 도망을 쳐도 하나님 뜻대로 되더군요. 결국은 하나님이 원하는 자리에 가 있더군요. 순종하고 가야겠다고 생각을 바꾸었습니다."

(7) 탈북민을 위한 개척교회

사리원은 신학교에 입학했고, 졸업 후 교회를 개척했다. 그는 탈북민이 주축이 된 교회를 설립했다. 외부로부터는 배타적인 교회공동체라는 비판을 받을 수도 있다. 그러나 그의 선택은 탈북민들의 교회 부적응과 관계 있다. 그는 한국에 정착한 후, 남한교회에 적응하지 못하는 많은 탈북민들을 목격했다. 그것은 남한 교인들의 편견과 배제라기보다는 서로 살아온 문화가 다르기 때문이라는 것을 발견하였다.

현재 그는 북한지역 복음선교에 목적을 두고 있고, 그 전진기지를 중국으로 삼고자 한다. 역설적이게도 중국에서 10년간의 수감 생활은 인내와 연단의 시간인 동시에 중국어를 배울 수 있는 기회였다. 그가 익힌 중국어 실력은 선교의 귀중한 자원으로 쓰이고 있다.

"저는 처음에 '탈북민들이 한국 와서 왜 탈북민 교회들을 따로 할까?' 이렇게 생각했어요. 한국교회 적응해야지. 그런데 시간이 지나면서 같은 문화권에 있는 사람들끼리 하는 게 제일 효과적인 거예요. 그리고 한국교회 갔을 때 정착 못하는 이유가, 한국 성도들이 은혜 받는 말씀이 북한 사람들에게는 와 닿지 않는 거예요. 그들을 잘 양육하여 저 북한 땅을 위해서 귀한 일꾼들이 세우는 사역을 중점적으로 하고 있습니다."

3) 사리원의 삶의 적응

⑴ 눈치 보기 적응으로 생존을 이어 감

⑵ 고난의 행군시절 생존에만 집착

⑶ 신변의 안전을 위해 임금 사양

⑷ 성경통독학교 시절 복음의 진리를 체득

사리원은 처음 성경통독학교에서 복음을 받아들이지 않았다. 마르크스의 공산주의와 주체사상과 비교할 때, 이질적인 동시에 매우 낯선 것이었다. 그런데도 성경통독학교는 잠자리와 식사를 제공했기에, 복음을 받아들이지는 않았지만 신앙인임을 가장하고 통독학교에 머물렀다. 하지만 북송되어 순교한 J전도사와 친구 K의 입에서 나오는 말은 모두 하나님 찬양하는 말뿐이었다. 북한을 위해 간절히 기도하는 C선교사의 모습을 보고 회심했다. 회심 후, 그의 적응은 신앙에 의지하는 것이었다. 자신의 모든 것을 던져 북한 땅, 저 북한 땅을 살리고 저 땅을 위해서라면 내가 죽어도 좋다는 기도가 나오면서 많은 눈물을 흘렸다.

⑸ 중국 감옥에서의 희망 없는 상황에서 성경에 의지

사리원의 10년 이상의 수감 생활을 무엇보다도 선함과 의연함으로 버틸 수 있었던 것이 말씀을 통한 깊은 묵상의 결과라고 할 수 있다. 원칙적으로 중국 감옥에 성경은 반입이 금지되었지만, 그는 재소자가 건네준 성경으로 절박하면서도 치열하게 동시에 간절하게 성경공부를 할 수 있었다. 선함과 의연함, 다음 적응은 성경의 진리에 의지하는 것이라고 할 수 있다. 그는 성경통독학교 시절 이미 성경을 1년에 100독, 3년에 300독 했지만, 교도소에서의 성경 통독은 암흑 속 커다란 빛이었다. 좌절과 절망 속에서 그는 성경의 진리를 깨달았다. 그리고 성경에 의지하여 교도소 생활을 했고 그다음 삶은 성령의 인도하심에 따라가는 삶이라고 할 수 있다.

> "성경책은 누가 언제 빼앗을지 모르니 성경책을 종이에 옮겨 적었어요. 경찰이 '왜 너 자꾸 성경 보느냐' 하길래 '중국에서 종교는 자유 아니냐?' 했더니 '중국은 자유지만 너희 나라 김정일은 믿지 말라 하는데 왜 자꾸 성경 보느냐? 기독교를 믿어도 되느냐?' 했어요. 성경을 빼앗길까 금식했는데, 빼앗지는 않았어요."

(6) 공무원 제의를 거절하고 예비하신 길에 순응

남한 입국 후, 사리원은 공무원 제의도 받았으나 편안함보다는 목회라는 어려운 길을 선택하고자 했다. 그가 휴식을 취하고 싶었을 때 C선교사는 신학의 길을 권했다. 그는 자신에게 주어진 운명을 하나님의 소명에 순종하는 길이라고 생각했다. 목회자로서 그의 북한 선교전략은 중국을 전진 기지화하고, 이를 통해 복음을 전달하고자 하는 우회 전략이다. 현실적으로 북한에 복음을 전할 수 없고 직접적인 선교는 많은 위험과 더불어 효용성이 떨어진다는 것을 알고 있었다.

V. 멘델바움 생애사 공통 주제 분석

본 장에서는 참여자 5명의 개인 생애사를 영역별로 모아서 공통 주제를 도출하여 각 주제를 복음수용의 관점에서 종합하여 분석한다. 공통 주제를 5개 도출하여 표로 제시하고 공통 주제에 따른 복음수용성을 기술한다.

1. 삶의 영역 공통 주제

삼지연의 삶의 영역은 「엘리트로서의 꿈을 접고 탈북」, 「중국에서의 체류 목적으로 결혼」, 「북한 출신 전도사를 통해 복음을 수용」, 「감옥에서 인격적인 주님을 만나 소명 받다」, 「세 번째 감옥에서 주의 종이 되겠다는 서원기도」, 「세속의 길에서 하나님의 길로」로 분류되었다.

김남포의 삶의 영역은 「탈출을 준비한 삶」, 「유리걸식하며 표류하는 삶」, 「형식적 만남에서 진정한 만남으로」, 「몽골에서 북송 위기에 서원기도」, 「개척교회라는 좁은 길 선택」, 「북한선교 비전을 지닌 도전자로서의 삶」으로 나눌 수 있다.

김청진의 삶의 영역은 「생존적소를 위한 탈출」, 「밀고되어 북송된 삶」, 「로동단련대에서 고통과 시련 속의 삶」, 「기도원에서 주님을 만나다」, 「하나님 예비하심을 경험하는 삶」, 「개척교회 목회자로서 북한 선교를 꿈꾸는 삶」으로 나눌 수 있다.

박평양의 삶의 영역은 「반동분자 집안의 천애 고아로서의 삶」, 「노동영웅의 꿈이 좌절된 삶」, 「우거하던 삶에서 복음수용 후 세례 받는 삶」, 「전부를 바치면 모든 것을 얻을 수 있다는 진리 터득」, 「개척교회 목사로서의 삶」으로 나눌 수 있다.

사리원의 삶의 영역은 「아버지가 중국 출신이라는 이유로 당원에서 원천적 배제」, 「고난의 행군시절 기아선상에서 헤매게 된 삶」, 「북한 탈출 후 성경통독학교에서의 삶」, 「중국 감옥에서 인권 유린 속에서도 지킨 신앙의 순결」, 「신학생과 개척교회의 목회자의 삶」으로 나눌 수 있다

[표 2] **참여자들의 삶의 영역에서 나타난 공통 주제**

공통적 주제	참여자 5인의 삶의 영역 개별 주제
1) 체제 모순 속에서 자기 꿈의 유보	• 엘리트로서의 꿈을 접고 탈북 • 탈출을 준비한 삶 • 생존적소를 위한 탈출 • 반동분자 집안의 천애 고아로서의 삶 • 아버지가 중국 출신이라는 이유로 원척적인 배제
2) 생존만이 유일한 선이 되는 처절한 고통	• 중국 체류 목적으로 결혼 • 유리걸식하던 표류하는 삶 • 로동단련대에서 고통과 시련 속의 삶 • 노동영웅의 꿈이 좌절된 삶 • 고난의 행군시절에 기아선상에서 헤매던 삶
3) 극한의 땅에 비친 복음의 빛에 세례 받음	• 북한 출신 전도사를 통해 복음을 수용 • 형식적 만남에서 진정한 만남으로 이어지는 삶 • 기도원에서 주님을 만나다 • 우거하는 삶에서 복음수용 후 세례 받다 • 북한 탈출 후 성경통독학교에서의 삶
4) 나를 죽이고 하나님의 형상 드러내기	• 감옥에서 인격적인 주님을 만나 소명 받다 • 몽골서 북송 위기에 서원기도 • 하나님의 예비하심을 경험한 삶 • 전부를 바치면 모든 것을 얻을 수 있다는 진리 터득 • 감옥의 인권 유린 속에서도 신앙의 순결을 지킨 삶
5) 천로역정의 좁은 길 가기	• 세속의 길에서 하나님의 길로 • 개척교회라는 좁은 길 선택 • 개척교회 목회자로서 북한선교를 꿈꾸는 삶 • 개척교회 목사로서의 삶 • 신학생과 개척교회 목회자의 삶

참여자 삶의 영역에서 나타난 공통 주제는 공통성 차원에서 결집한 결과 다음과 같다.

1) 체제 모순 속에서 자기 꿈의 유보
2) 생존만이 유일한 선이 되는 처절한 고통
3) 극한의 땅에 비친 복음의 빛에 세례 받음
4) 나를 죽이고 하나님의 형상 드러내기
5) 천로역정의 좁은 길 가기

삶의 영역 공통 주제는 어둠의 나라, 세속의 나라라고 할 수 있는 북한과 중국에서 나름대로의 삶을 개척하고 자신의 입지를 구축하고자 했으나 되지 않았고, 참여자들이 밝음과 영광의 나라라고 할 수 있는 교회공동체에서 하나님과 자신을 재구성하고 삶의 방향과 목표를 정한 것이라고 할 수 있다. 인간을 세계의 중심에 놓는다고 선전하지만, 결과는 인간을 희생시키는 주체사상의 허울에서 벗어나 하나님을 중심에 두고 인간을 해방시키는 신본주의 사상으로의 전환이라고 정리할 수 있다. 삶의 영역에서 시사하는 바는 중국에 있는 탈북자들과 남한에 정착한 탈북민들과 북한에서 생활하는 북한 주민들에게 복음을 위해서는 주체사상 해체와 통일신학 확립이 가장 큰 관건이다.

2. 삶의 전환점 공통 주제

삼지연의 삶의 전환점은 「고난의 행군과 아버지의 몰락으로 전환」, 「도구적 목적으로 결혼」, 「성경통독학교 입소」, 「성경통독학교 입학과 아버지의 순교」, 「복음수용자에서 복음 전달자로」, 「중국에 있는 탈북여성을 위한 후생선교」로 나눌 수 있다.

김남포의 삶의 전환점은 「생존적소를 위한 탈출」, 「성경통독학교 입학과 팀장으로서의 삶」, 「신실한 신앙인으로 거듭나다」, 「몽골 탈출과 송환 위기」, 「신대원 진학」, 「교회 개척과 간이식 수술」, 「탈북민 목회자 양성을 위한 교회 사역」으로 나누었다.

김청진의 삶의 전환점은 「식량 구입을 위한 탈출」, 「생수 배달하다가 체포되어 북송」, 「로동단련대에서 주님께 서원기도」, 「요리사에서 신학교 입학으로 전환」, 「개척교회의 도전」으로 나눌 수 있다.

박평양의 삶의 전환점은 「최하층 토대로의 전락」, 「조직에 대한 반발과 저항」, 「주님 영접하고 신실한 신앙인으로 전환」, 「도구적 신앙인에서 신실한 신앙인으로 변화」, 「해기사 자격증 취득 후 한국에 입국」, 「자립하고 돕는 교회로」로 나눌 수 있다.

사리원의 삶의 전환점은 「전문대 입학 후 광산기계학 전공」, 「생존을 위한 중국으로의 월경 후 복음 접촉」, 「신의주 집결소에서 드린 서원기도」, 「구출사역하다가 중국 감옥 10년 수감 생활」, 「김정일 사망으로 북송되기 직전에 한국행」, 「공무원의 길을 포기하고 목회자의 길로 입문」, 「탈북민을 위한 개척교회」로 나눌 수 있다.

[표 3] 참여자들의 삶의 전환점에서 나타난 공통 주제

공통적 주제	참여자 5인의 삶의 영역 개별 주제
1) 코나투스[14](Conatus)에 의한 탈출	• 고난의 행군과 아버지의 몰락 • 도구적 목적으로 결혼 • 생존적소를 위한 탈출 • 식량 구입을 위한 탈출 • 최하층 토대로의 전락 • 조직에 대한 반발과 저항 • 전문대 입학 후, 광산기계학 전공

---

14) 코나투스(Conatus)는 라이프니치의 철학적 개념 생물의 본능적인 '자기보존 의지'를 가리키거나 운동과 관성에 관한 여러 가지 형이상학적인 이론을 가리킨다. 자기존재를 유지하려는 노력, 추구 욕망에 있다. 박기순, "스피노자 코나투스 개념과 목적론의 문제," 「철학사상」 57(2015), 86-87.

공통적 주제	참여자 5인의 삶의 영역 개별 주제
2) 도구적 수단으로써 복음수용	• 성경통독학교 입소 • 성경통독학교 교사와 아버지의 순교 • 성경통독학교 입학과 팀장으로서의 삶 • 로동단련대에서 주님께 서원기도 • 주님 영접 후 신실한 신앙인으로 입문 • 생존을 위한 중국으로 월경 후 복음 접촉
3) 호모 사케르(Homo Sacer)의 삶	• 성경통독학교 입학과 팀장으로서의 삶 • 중국 D시에서 생수 배달하다가 강제 북송 • 광산 노동자 시절 조직에 대한 반발과 저항 • 중국 감옥 10년 수감 생활
4) 창조적 소수자로서의 비전	• 재중 탈북여성을 위한 후생선교 • 신대원 진학 • 요리사에서 신학교 입학으로 전환 • 해기사 자격증 취득 후, 한국에 입국 • 공무원의 길을 포기하고 목회자의 길로 입문
5) 속사람의 부활	• 복음수용자에서 복음 전달자로서 전환 • 진정한 회개 후 신실한 신앙인으로 거듭나다 • 요리사의 삶에서 신학생으로의 삶으로 전환 • 도구적 신앙인에서 신실한 신앙인으로 전환 • 신의주 집결소에서 드린 서원기도

참여자들의 삶의 전환점에 나타난 주제를 공통성 차원에서 결집한 결과 공통 주제는 다음과 같다.

1) 코나투스(Conatus)에 의한 탈출

2) 도구적 수단으로써 복음수용

3) 호모 사케르의 삶

4) 창조적 소수자로서의 비전

5) 속사람의 부활

참여자들의 삶의 전환점 공통 주제는 참여자들의 개인적 요인과 사회 구조적인 영향이 있었다고 할 수 있다. 개인적 요인은 지속적인 고난 속에서 탈북한 것이다. 중국 땅에 들어서는 순간 기아는 해결되었으나 북송에 대한 두려움을 접한다. 도구적 수단으로 사역장에서 성경 통독을 하지만 전도자의 사랑으로 회개하고 회심으로 전환한다. 중국부터 한국 입국까지 오랜 기간 속사람의 부활이 일어나 통일 목회를 하는 헌신으로 전환이 된다. 북한과 중국의 이중적이고 무관심한 탈북자들에 대한 정책으로 남한교회의 적극적인 선교 전략이 큰 역할을 했다는 것으로 정리할 수 있다.

3. 삶의 적응 공통 주제

삼지연의 적응을 세분하면 「무력함으로 지켜보기」, 「자포자기로 극단적 선택」, 「결혼 반대에 동반 도피로 대응하는 적응」, 「후생선교를 하기 위해 창업 준비」, 「신학대학 입학」, 「자신의 전부를 건 목회자로의 적응」으로 나누었다.

김남포의 적응은 「무조건 버텨 내기」, 「중국인으로 위장, 상황을 적절히 이용」, 「자신의 잇속 채우다가 회개 후 주님 영접」, 「무조건 하나님께 의지하기」, 「대기업에 취업했으나 신대원 입학」, 「북한선교의 비전을 통한 소명의 성취」로 나눌 수 있다.

김청진의 적응은 「장사라는 틈새시장 개척하기」, 「성실함을 무기로 인정받기」, 「로동단련대에서 하나님께 전적으로 의지하기」, 「인적정보 탐색을 통한 남한 입국 모색」, 「지역사회에 도움을 주는 교회로 적응」, 「남한교회 보유 자원을 이용한 개척과 홀로서기」로 나눌 수 있다.

박평양의 적응은 「주체사상으로 무장을 하고 자신의 입지를 굳히고자 한 적응」, 「노동영웅 칭호를 목표로 한 사상과 노동의 병행」, 「조선족 교회에 의탁했으나 마음은 움직이지 않는 적응」, 「해기사 자격증 취득으로 전략적인 남한 입국」, 「자력 갱생을 전략으로 한 통일 목회」로 나누었다.

사리원의 삶의 적응은 「눈치 보기 적응으로 생존을 이어 감」, 「고난의 행군시절 생존에만 집착」, 「신변의 안전을 위해 임금 사양」, 「성경통독학교 시절 복음의 진리를 체득」, 「중국 감옥에서의 희망 없는 상황에서 성경에 의지」, 「공무원 제의 거절하고 예비하신 길에 순응」으로 나눌 수 있다.

[표 4] 참여자들의 삶의 적응에서 나타난 공통 주제

공통적 주제	참여자 5인의 삶의 영역 개별 주제
1) 약자로서의 은폐 전략	• 무력함으로 지켜보기 • 무조건 버터 내기 • 눈치 보기 적응으로 생존을 이어감 • 고난의 행군시절 미래에 희망을 유보하고 생존에 집착
2) 체제의 모순을 이용한 자기 성취	• 장사라는 틈새시장 개척하기 • 주체사상과 당성으로 무장을 하고 입지를 굳히고자 한 적응
3) 신변 안전과 자기 권리의 교환	• 자포자기로 극단적 선택 • 신변의 안전을 위한 임금 사양 • 결혼 반대에 동반 도피로 대응
4) 위험 환경에서의 카멜레온식 생존방식	• 후생선교를 위해 창업 준비 • 중국인으로 위장, 상황을 적절히 이용하는 적응 • 자기 잇속 채우다 회개 후 주님 영접 • 조선족 교회에 의탁했으나 마음은 움직이지 않는 적응
5) 세상적 성공을 분토로 여기기	• 신학대학에 입학 • 남한 입국 후 중국어 실력으로 대기업 취업했으나 신학대학원 진학 • 공무원 제의 거절하고 하나님의 예비하신 길에 순응
6) 자기의 영혼을 건 불꽃같은 목회	• 자신의 전부를 건 목회 • 자기를 내려놓고 큰 비전을 통한 소명의 성취 • 남한교회 보유 자원을 이용한 개척과 홀로서기 • 자력갱생을 전략으로 한 통일 목회 • 남한 입국 후 공무원의 길 거절하고 하나님의 예비하신 길에 순응
7) 무조건적인 성경에의 의지	• 무조건적으로 하나님께 의지하기 • 로동단련대에서 하나님께 전적으로 의지하기 • 성경통독학교 시절 치열한 성경 읽기로 복음의 진리 체득 • 중국 감옥에서 성경에만 의지

참여자 적응에 나타난 주제를 공통성 차원에서 결집한 결과 공통 주제는
  1) 약자로서의 은폐 전략
  2) 체제의 모순을 이용한 자기 성취
  3) 신변 안전과 자기 권리의 교환
  4) 위험 환경에 카멜레온식의 생존방식
  5) 세상적 성공을 분토로 여기기
  6) 자기의 영혼을 건 불꽃 같은 목회
  7) 무조건적인 성경에의 의지

참여자들 삶의 적응 공통 주제는 북한과 중국에서는 생존하기 위해 처절한 참아 내기, 무력함으로 지켜보기, 무조건 버텨 내기였다. 그들은 기아와 빈곤으로 암흑과도 같은 세상에 살았다. 중국에서 거의 모든 탈북자들은 노동의 대가를 요구할 수 없었다. 이러한 고난의 상황은 대체를 복음을 수용하기 쉽게 하지만, 평생 학습된 주체사상으로 기독교 복음수용이 어려웠다. 결국, 신변 불안과 체포 송환에 카멜레온식의 생존방식을 추구했다. 이들은 극한의 고통 속에서 극적인 회심을 하고 남한에 입국했다. 입국 후 남한의 경제 상황에 매료되어 서원기도를 잠시 잊었지만 바로 자신의 소명을 깨닫고 신학을 했다. 자기의 영혼을 건 교회를 개척하고 탈북민들의 믿음과 성경 지향적 통일 목회로 헌신하고 있다.

VI. 생애사에 나타난 복음수용성 분석

1. 생애사 나타난 복음수용성 논의

연구자는 참여자들의 북한에서의 삶, 중국에서의 삶, 한국에서 목회자의 삶 속에 나타난 연구 결과에서 복음수용성을 발견하고 이에 대해 논의하고자 한다. 복음수용은 일회적 사건이 아니라 하나의 과정이다. 선교심리학자 람보는 기독교인의 복음수용을 회심으로 설명했는데, 회심은 단순한 마음의 바뀜이 아니라 자신의 전부를 들어 삶의 방향을 전환함과 하나님 앞에 온전히 바치는 것이라고 할 수 있다(이용원, 2002; Rambo, 1993). 람보를 비롯한 대부분 신학자는 복음수용과 회심을 결과가 아니라 과정으로 설명한다. 그리고 그 과정은 점진적인 단계로 이어진다. 복음수용은 개인이 처한 상황과 문화적·정치적 맥락에 따라 매우 다양하다. 하지만 탈북민이라는 맥락과 북한, 중국, 남한에서의 삶을 고려하면 범주적인 단계로 설명할 수 있다.

참여자인 탈북민 목회자들의 복음수용은 개인별 특성에 따라 차이가 있으나 공통적으로 [그림 1]과 같이 범주화된다.

첫째, 극도의 기아와 궁핍은 복음수용의 시작이다. 참여자들이 식량을 구하기 위해서 중국으로 탈출한 것은, 요셉의 형제들이 식량난으로 애굽으로 향하여 가서 요셉을 만난 것과 룻이 시어머니 나오미와 함께 모압 땅을 떠나 베들레헴에 와서 보아스를 만난 것과 같다. 성경의 구속사적 관점으로 보면 탈북민이 경험한 극도의 기아, 자유의 박탈, 인권 유린 등은 21세기 출애굽의 또 다른 형태라고 할 수 있다. 탈북민이 경험한 북한에서의 기아와 생명의 위협은 사회·경

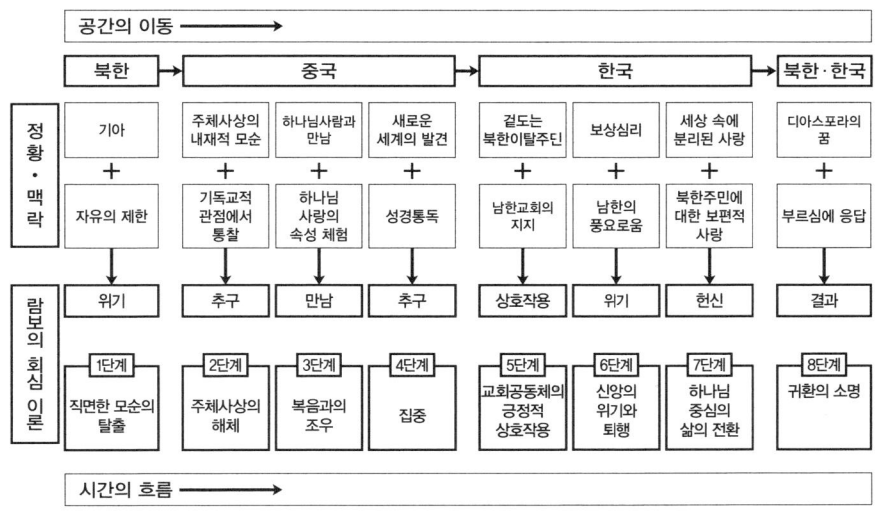

[그림 1] **복음수용성에서 소명까지의 단계와 통전적 구조 모형**

제적 조건이 아니라 하나님의 구속사 관점에서 이해할 필요가 있다. 참여자들은 당시에는 단지 배고픔을 해결하기 위해 탈출했지만, 보다 통찰력 있는 관점을 지닌 후에는 자신들의 탈출을 구속사적 관점으로 정리하였다. 따라서 탈북민들의 복음수용성 첫 번째 과정이자 조건은 현존하는 모순을 깨고자 하는 비상으로 정리할 수 있다.

둘째, 탈북민들의 복음수용성에 가장 큰 장애는 주체사상이다. 주체사상은 기독교를 모방해 만든 경배 체제이기에 주체사상에 물든 참여자들은 기독교에 대해 치명적인 면역 체계를 갖고 있다. 한 번 속았으면 됐지 두 번은 속지 않겠다고 기독교에 대해 매우 강렬하게 저항한다. 우리는 주체사상을 알아야 북한 사람들의 내면에 있는 복음수용의 걸림돌이 무엇인지 알 수 있다. 이러한 주체사상은 국내 연구자들에게 있어서 북한 주민들의 복음수용을 저해하는 가장 큰 요인으로 지적되고 있다(김병로, 2004: 214; 정교진 2017: 302).

셋째, 탈북민들의 복음과의 만남에 대한 논의이다. 복음수용과 회심, 소명의 발견은 하나님과의 만남으로 이루어진다. 성경에는 하나님과의 만남이 하나님의 음성을 듣는 것 같은 직접적 현현(顯現), 계시 등 다양한 형태로 나타나지만, 가장 중요한 핵심은 하나님의 사람과 만남을 통해 이루어진다는 것이다. 중국에서 조선족 교회 목사, 남한에서 파송된 선교사들과 만남을 통해 복음을 받아들였다. 공통적인 것은 극도의 절망과 어려움에 부닥쳤을 때 하나님의 사람을 만난 것이다. 람보는 하나님과 만남에 있어 메시지를 전하는 전도자에 초점을 두고 있다.

넷째, 참여자들이 복음수용 이후 보여준 집중이다. 참여자들은 중국에서 복음을 접한 후, 모두 성경에 집중했다. 성경통독학교에서 참여자들은 성경을 3년에 300독 이상 읽었다. 이러한 그들의 집중은 새로운 세계를 발견한 경이로움과 감사함 때문이라고 할 수 있다. 참여자들은 후일 세속적인 관점에서 흔들리는 경험을 했으나 다시 자기가 서원기도 한 대로 하나님의 길에 들어선 것은 초기에 보였던 성경에 대한 집중이라고 할 수 있다.

다섯째, 복음수용성에 나타난 상호작용(interaction)의 단계는 잠재적 회심자와 종교 집단과 만남으로 더 심화된다. 그것은 소외된 존재들과 연대의식이다. 삼지연은 탈북민 자매가 이단에 빠지고 자살하는 것을 보고 대형교회 청빙을 마다하고 탈북민 교회를 개척했다. 김청진은 다른 문화 배경으로 잘 적응하지 못함을 보고 탈북민 교회를 개척했다. 참여자들은 교회를 개척하고 상호작용을 하며 자신의 복음수용을 소망으로 이어가고 있다. 이는 탈북민만의 독특한 상황적 맥락이라고 할 수 있다. 기존의 연구에서 발견하지 못한 사회의 소수집단과의 연대와 상호작용의 중요함을 시사한다고 할 수 있다.

여섯째, 참여자들의 복음수용 후 머뭇거림과 퇴행에 관한 논의이다. 참여자들은 복음을 수용한 후에 개인마다 시기는 다양하지만 퇴행과 머뭇거림의 구조가 있었다. 참여자는 절박한 상태에서 하나님을 위해 헌신하겠다는 서원기도를 했다. 하지만 위기에서 벗어나자 다시 돌아갔다. 물질이 풍요로운 남한에서 극도의 배고픔과 궁벽함에 대한 보상심리라 할 수 있다. 람보의 회심 과정에서 갈등이 초기에 나타날 수 있으나, 본 연구의 참여자들은 중기 이후에 나타났다. 이것은 탈북민들의 특수한 상황으로 한국 사회의 문화적 환경과 관계가 있다. 예수님의 수제자 베드로도 잠시 예수님의 곁을 떠났듯 모든 사람은 메시지를 받은 후 굴곡 없이 신앙을 이어가는 것이 아니라 잠시의 퇴행이나 굴곡, 쉼 등이 일어난다. 이러한 퇴행과 머뭇거림의 시기가 짧았고 다음의 도약을 위한 잠재력으로 발전되었다.

일곱째, 참여자들의 복음수용성에서 나타난 이타적 하나님 중심 삶으로서의 전환이다. 참여자들은 신앙의 휴지기와 퇴행이라고 할 수 있는 시기가 지난 후, 자신 삶의 방향을 설정했다. 이러한 삶의 방향은 탈북민과 재중 탈북여성과 더 나아가 북한 주민의 사랑으로 이어졌다. 회심은 단순한 마음의 변화가 아니라 자신의 삶을 바뀌는 것이어야 한다(박노권, 2007: 216). 교회는 세상 속에 존재하지만, 세상과는 분리된 목적과 가치를 지녀야만 한다. 양립할 수 없는 모순된 접근을 미로슬라브 볼프(Miroslav Volf)는 교회의 공공성을 바탕으로 화해와 돌봄의 신앙에서 찾았다(이혜진, 2016: 279). 그들이 추구하는 공공성은 정치·사회학적 공공성이 아니라 하나님의 공의라고 할 수 있다. 참여자들의 기독교적 윤리는 자신이 섬기는 교회뿐만 아니라 북한 주민들까지 포함하고 있다.

여덟째, 참여자들의 목회 비전에 나타난 귀환의 소명이다. 참여자들은 전형적인 디아스포라 기독교인이며 고향에 교회를 세우고자 하는 꿈을 지니고 있다. 그리고 그들의 소명으로 나타나기도 한다. 소명은 하나님의 부르심에 응답하는 것인데(권혁남, 2015: 554) 현재 목회를 하는 참여자들은 어둠의 땅에서 불러내시고 대한민국으로 인도한 하나님의 섭리를 느낄 뿐만 아니라, 북한 복음화라는 소명을 갖고 있다. 참여자는 모두 통일이 되었을 때 고향과 평양에 교회를 세워 북한 복음화의 대한 비전을 갖고 있다.

VII. 나가는 글

본 장에서는 탈북민 목회자들의 5명의 생애사에 나타난 복음수용성에 근거하여 북한선교의 시사점을 제시하고자 한다.

1. 복음수용성에 근거한 북한선교 시사점

첫째, 1단계의 직면한 모순의 탈출에 대한 시사점을 이야기하고자 한다. 탈북민들은 주체사상의 허구와 사회주의 경제의 몰락을 경험했고, 정치적 구호로 평등과 만민의 복지를 내세우고 있지만 소수에 집중된 북한의 정책이 모순에 직면했다. 탈북민과 북한 주민들의 복음수용성을 높이고 그들의 주체적인 삶을 지원하기 위해서는 다양한 경로로 북한 체제의 허구성을 알리는 데 노력할 필요가 있다. 하지만 논란이 되는, 풍선을 이용한 대북 전단지 살포와 같은 방법은 지양되어야 할 것이다. 원심적 선교와 그들의 가족 친지들에 대한 복음과 함께 어떤 물질적 지원, 인터넷이나 서신 교환 등을 활발하게 지원할 필요가 있을 것이다.

둘째, 2단계의 시사점으로 기독교·주체사상연구소 설립을 제언한다. 한국교회와 기독교계에서는 복음을 받아들인 각계각층의 탈북민과 탈북민 출신 목회자들과 한국 실천신학자들이 기독교·주체사상연구소를 설립해야 한다. 주체사상은 철학이나 사상이 아닌 종교로 봐야 하며 주체종교에서 김일성 수령교를 분리하는 연구를 해야 할 것이다(김병로, 2000: 12-13). 우리가 선교를 해야 할 대상은 북한의 2,600만 명이다. 북한에 엘리트 계층이나 북한에서 불만이 없는 계층의 사람들에게 주체사상은 매우 견고할 것이므로 북한선교는 매우 어려울 것이라고 예측된다. 사회정치적 생명체를 형성하여 수령을 통해 영생한다는 종교적 틀을 해체할 필요가 있다. 주체종교에 대응하는 신학적 이론 개발이 시급하고 북한 주민들의 의식을 바꿀 수 있는 통일신학을 구체화해야 한다(이찬석, 2016: 591-592).

셋째, 3단계의 복음과의 조우에 대해 제언한다면, 북한 복음화를 위하여 북한선교를 할 사람을 준비해야 한다. 참여자들의 복음수용이 어떻게 형성되었는지 분석해 보니 준비된 인적 자원과 만남이었다. 통일시대를 맞이하여 사람을 준비하는 것이 가장 중요한 것은 이 때문이다. 참여자들이 복음을 수용하고 회심한 후 소명을 발견한 것은 하나님과의 만남으로 이루어진다. 북한을 잘 알고 북한 주민들의 특성을 잘 아는 선교사, 신앙과 가치관이 북한 동포들을 사랑하고 탈북민들을 품을 수 있는 선교사를 중국에 파견해야 한다. 그리고 탈북민들이 중국이나 한국에 왔을 때 준비된 이런 선교사들을 제일 먼저 만나게 해야 한다. 사람은 단기간에 준비되는 것이 아니다. 통일 시대를 맞이하여 한국 기독교계에서는 사람의 준비를 제일 먼저 해야만 한다.

넷째, 복음의 4단계의 집중에 대해서 시사점을 말한다면, 한국 교단에서 탈북민 성경학교의 설립을 제언한다. 탈북민을 기독교 전파자로 훈련시키기 위하여 한국교계 차원에서 대대적으로 지원을 하여 신학생 후보생을 만드는 과정이 필요하다. 신학대학 전 단계인 성경학교를 설립하여 탈북민들이 신학대학에 더 많이 지원하도록 유도하는 것이다. 중국에서 성경통독학교의 성경공부 집중을 통해 참여자들의 복음수용성은 증가하였다. 현재 탈북민 목회자와 신학생들은 200여 명이다. 복음통일을 위해서 이 숫자보다 훨씬 더 많아야 할 것이다.

다섯째, 5단계의 '교회공동체에서 긍정적인 상호작용'에 대한 제언이다. 중국에 거주하고 있는 탈북민들을 상대로 한 후생선교 사업을 제언한다. 중국에는 많은 탈북여성들이 한족과 결혼하여 자녀를 낳고 중국 여성으로 살아간다. 초기에는 자녀를 낳고 살아도 모두 북송을 시켰다. 그러나 중국도 골칫거리라서 언제부턴가 자녀를 낳고 살면 북송을 시키지 않는다. 이들에게 후생선교를 하며 복음을 전해야 한다. 기독교 복음 전파는 영과 육을 동시에 구제하고자 하는 통합적 관점이라고 할 수 있다. 현재 한국에 기독교인들이 보유한 물적 자원을 토대로 중국 지역에 사회적 기업을 설립하고 여기에 재중 탈북여성들을 채용할 필요가 있다

여섯째, 6단계의 신앙의 위기와 퇴행에 대한 시사점은, 람보가 언급한 바와 같이 신앙은 단선적이고 연속적인 결과가 아니고 점진적인 결과라는 것이다. 우리는 신앙의 위기와 퇴행에서 그 사람들의 퇴행보다는 위기를 어떻게 극복했는지 더 살펴보아야 한다. 삼지연

목사는 제과업을 창업하기 직전에 중국 성경통독학교를 다니며 설교를 해준 목사가 "네가 빵으로는 1만 명 먹일 수 있으나 네 입으로는 10만 명 먹일 수 있다"라고 했던 말이 머릿속에서 감돌았다. 김남포 목사도 대기업 취업이 된 상태에서 계속 눈물이 흐르자 존경하는 목사를 찾아갔고 기도해 보자고 하고 하나님이 부른다고 조언을 해주었다. 사리원 목사 역시 2년쯤 시골에서 푹 쉬고 싶다고 했을 때, 탈북민이 2년 사회에 나가 있으면 불신자가 된다고 조언하였다. 누구나 신앙의 위기로 퇴행이 오는데 탈북민에게는 맨 처음 복음을 전한 전도자의 역할이 중요하다고 할 수 있다. 전도자는 탈북민들에 대한 지지와 돌봄의 멘토 역할을 계속해 주어야 할 것이다.

일곱째, 7단계의 하나님 중심 삶의 전환에 대한 제언이다. 탈북민 목회자들은 세상과 하나님의 기로에서 많이 흔들렸다. 남한 입국 후 공통적으로 흔들렸는 남한이 주는 물질적 풍요로움과 인간의 본능적 욕망 때문이었지만, 이를 극복한 후에는 자신의 전부를 걸어서 목회에 투신했다. 람보는 회심을 과정이자 결과라고 했는데 회심의 최종 결과는 소명으로 나타났다. 소명이란 하나님의 부르심에 응답하는 것이며 무조건적 응답이다. 소명은 일신의 영달보다는 하나님 나라의 건설 또는 교회공동체의 발전과 기여에 있다. 그 소명은 북한선교에 대한 열정과 통일 후에 북한 교회를 개척하겠다는 구체적이면서도 미래 지향적인 비전으로 나타났다.

여덟째, 8단계 귀환의 소명에 대해 제언한다면 한국 기독교계에서는 참여자들의 목회비전에 나타난 이들의 귀환의 꿈을 실현할 수 있도록 기도와 물질로 도와야 할 것이다. 참여자들은 전형적인 디아스포라 기독교인이다. 디아스포라(Diaspora)는 바벨론 유수기 동안 흩어진 유대인이란 뜻이다. 디아스포라 1세대의 경우 강렬한 귀환의 꿈을 지니고 있다. 베르디(Verdi)의 오페라 나부코(Nabucco)의 삽입곡인 '히브리 노예들의 합창'(Va pensiero)은 바벨론 유수 시절 히크리인들의 애환과 고향 귀환의 염원을 잘 표현하고 있다. 바벨론에 끌려간 이스라엘 민족이 티그리스 강변에서 귀환의 노래를 불렀듯이 참여자들 역시 북한으로 귀환하여 복음을 전파하겠다는 준비를 하고 있다. 기독교 복음의 특징은 역수출이다. 과거 북한에는 한국 전체 기독교 인구의 3/4이 거주하고 있었다. 한국전쟁 후 많은 이들이 남한으로 이주하여 복음을 전파했는데 그들이 전한 복음을 이제는 남한교회가 전파해야 할 것이다. 미국과 영국도 유사하다. 미국은 종교 박해를 피해 이주한 청교도들이 세운 나라로서 그 청교도 후예들이 성장하고 발전한 후에는 영국에 복음을 전하고 있다. 이제 남한교회는 북한에 진 신앙의 채무를 상환할 때가 왔다. 구체적으로는 탈북민을 전도자로 양육하고 그들을 통한 선교에 노력할 필요가 있다.

참고문헌

Denzin, N. K. (1978). *The Research Act: Theoretical Introduction to Sociological Methods*. New York. McGraw-Hills.

Liebow, Elliot (1993). *Tell Them Who I Am: The Life of Homeless Woman*. New York. Penguin, 142-143.

Lincoln, Y, S. and Guba, E. G. (1985). *Naturalistic Inquiry*. CA. Sage Publications.

Mandelbaum, G. (1973). "*The study of history: Gandhi*". Current Anthropology. 14(3). 177-206.

Miles,. M.B., & Huberman, A.M. (1994). *Qualitive Data Analysis: A source book of new methods*. Thousand Oaks. Sage

Rambo, L. R. (1993). *Understanding Religious Conversion*. Yale University Press.

Rambo, L. R. and Bauman, S. C. (2012). *Psychology of Conversion and Spiritual Transformation*. Pastoral Psychology. 61. 879-894.

Peace, Richard. (1999). *Conversion in the New Testamentt: Paul and the Twelve*. Grand Rapids: Eerdmans.

Gorden T. Smith. 임종원 역.『온전한 회심 그 7가지 얼굴』서울: 도서출판 CUP, 2012

Giorgio Agamben. 박진우 역.『호모 사케르』서울: 새물결출판사, 2008.

Miroslaw Volf. 박세혁 역.『배제와 포용』. 서울: 한국기독학생회출판부, 2012.

Jim Wallis. 정모세 역.『회심』. 서울: 도서출판 IVP, 2008.

Timothy J. Keller. 오종향 역.『도시를 품는 센터처치』. 서울: 두란노, 2018.
권수영. (2005). "특집 2: 한국 목회상담학회 가을 학술대회, 교회 성장과 목회상담; 목회상담자를 위한 회심 이해: 변화를 위한 목회신학." 목회와 상담. 6. 191.
권혁남. (2015). "교회 내 사역자의 소명의식이 직무 열의에 미치는 영향에 관한 연구." 신학과 실천. 47. 551-570.
김병로. (2000). "북한 사회의 종교성: 주체사상과 기독교의 종교 양식 비교." 통일연구원 연구총서. 1-242.
_____. (2004). "북한의 신종교정책과 종교 자유 실태." 북한연구학회보. 8(2)
김선일. (2016). "전도 관점에서 회심 이해." 신학과 실천. 52. 653-679.
박노권. (2007). "기독교 회심에 대한 심리-영적 이해." 한국기독교 상담학회지. 13. 126-148.
박병애. (2019). "로젠탈(Rosenthal)의 생애사 연구방법을 활용한 탈북민 사역자의 복음수용 과정 분석." 선교신학. 55. 157-195.
박예영. (2016). 탈북민 그리스도인들의 신앙체험에 관한 연구. 석사학위 논문. 감리교신학대학교대학원.
이상복. (2005). "기독교 회심과 삶의 변화: 목회상담에 있어서 적용점과 종교 심리학적 의미." 목회와 상담. 6. 131-161.
이수미·유희주·배시은·김용태. (2015) "자기 부인(Self-Denial)과 자기 수용(Self-Acceptance)에 대한 기독교 상담적 조명." 한국기독교상담학회지 26(3). 229-253.
이용원. (2002). "선교적 관점에서 본 회심과 개종." 선교와 신학. 9. 11-35.
이찬석. (2016). "북한선교를 위한 '주체사상' 과 '유물론적 신학'의 대화." 신학과 실천. 51. 585-608.

이혜진. (2016) "한국교회의 공공성과 목회적 돌봄을 위한 목회신학 방법론 연구." 연세상담코칭연구. 263-283.

전명희·정숙희·김경숙·김재환·송경. (2019). "탈북 기독교인들의 신앙여정에 관한 연구: 근거이론 접근 방법을 중심으로." 한국기독교상담학회지. 30(4). 173-207.

정교진. (2017). "북한 주체사상의 기독교적 신앙체계에 관한 연구: 율법 - 복음의 관계와 주체사상 체계 변화의 등가성 및 선교 공략점 제시." 복음과 선교. 38(2).

조은식. (2018). "종교개혁과 한국교회의 통일 준비." 선교와 신학 45. 441-470.

최재락. (2012). "회심과 자기정체성 확립." 신학과 실천. 31. 283-307.

한정우. (2016). "탈북민의 기독교와의 만남에 관한 질적연구." 다문화와 평화. 10(2). 134-154.

www.unkorea.go.kr(2024년 7월 9일 접속)

에필로그

필자는 예수님을 믿는 데 어떤 장애도 없는 이 좋은 환경, 대한민국에서 복음을 받아들이고 인격적인 하나님을 만나기까지 참으로 오랜 세월이 걸렸다. 그런 개인적 배경하에서 주체사상화 되어 있고 복음을 접할 수 없는 탈북민들이 어떻게 회심하고 목회자가 되었는지 그들의 신앙여정을 연구하고 싶었다.

학과장님께서 탈북민 목사들 간증으로 논문 쓰려 하느냐, 분석틀은 멘델바움 생애사 연구방법이지만 이론적 틀을 찾아야 논문이 된다고 하셨다. 1년 동안 탈북민 목회자를 만나 인터뷰를 하고 멘켈바움 생애사로 분석해 놓은 자료들은 공부한 셈 치고 새로운 주제로 다시 쓰라는 것이다. "이론적 틀을 찾겠습니다" 하고 나왔지만, 신학을 하지 않은 저로서는 거의 불가능했다.

탈북민 선교, 북한이탈주민 선교, 탈북자 선교 등 검색어를 쳐서 목록을 작성하니 논문이 150편, 학술지가 40편이 되었다. 선행연구를 했지만 이론적 틀을 찾기 위해 한 줄 한 줄 꼼꼼히 읽었다. 혹시 참고문헌에라도 있을지 몰라 참고문헌까지 일일이 타고 들어가 눈에 불을 밝히고 찾았다. 3개월 동안 오로지 이론적 틀을 찾기 위해 회심에 관한 신학 논문과 탈북민 선교 190편의 참고문헌까지 거의 다 읽었을 때 루이스 람보의 회심의 이론적 틀을 발견했다. 그때의 환희와 기쁨은 이루 말할 수 없었다. "찾았다"라고 소리 지르면서 온 집안을 껑충껑충 뛰어다녔다. 남편은 논문 쓴다고 잠을 못 자서 실성했나 걱정했다고 한다. 논문 계획서(proposal) 제출 3일 전에 발견한 것이다. 그래서 "탈북민 목회자의 생애사 분석을 통한 복음수용성 연구"로 학위논문을 썼고 통과가 되었다.

제3편

근거이론 렌즈를 통해서 본 탈북민의 주체사상 극복 이야기[1]

한글 초록

본 연구는 주체사상 극복에 대한 근거이론 연구이다. 연구에는 15명의 탈북민 기독교인들이 참여했으며 주체사상 극복의 내용과 맥락, 결과 등을 분석했다. 연구자는 스트라우스와 코빈(Strauss & Corbin)의 2판과 4판을 혼용했으며 자료는 심층 인터뷰를 수행하여 구성했다. 개방 코딩에서는 116개의 개념, 36개 하위 범주 14개 범주가 출현했다.

축 코딩에서는 범주를 패러다임 모형에 재배열했다. 인과적 조건은 「주체의 감옥에 갇힘」, 「인간의 소외」, 「절대적 의존」으로 나타났다. 맥락적 조

---

[1] 본 논문은 2022년, "탈북 기독교인의 주체사상 극복에 대한 연구: 근거이론(Grounded Theory) 연구 접근「선교신학」65집 pp. 113-156의 내용을 수정한 것이다.

건으로는 「한계 상황 속의 나」, 「사상의 미로에서 탈출」, 「겉 사람의 잔재」로 나타났다. 현상은 「주체와 복음의 기로」, 「신앙적 경계인」으로 나타났고 중재적 조건은 「진정한 자유의 길, 사랑」, 「예비하시는 하나님 체험」, 「복음으로 주체사상 해체」로 나타났다. 작용/상호작용은 「나의 십자가 지기」, 「성경적 정체성 재구성」으로 나타났고, 결과는 「북한선교 비전의 실천」으로 나타났다.

핵심 범주는 성경을 통하여 진화론을 버리고 창조론을 믿으며 구속사의 강력한 무기로 주체사상을 해체하고 복음으로 다시 재무장하였다. 그리고 북한선교를 꿈꾸는 삶으로 나타났다. 연구결과에 근거하여 논의와 제언을 하였다.

주제어: 주체사상, 스트라우스 앤 코빈, 구속사, 근거이론, 축 코딩, 핵심 범주

I. 서론

한반도에는 21세기 판 출애굽(exodus)이라고 할 정도로 탈북민들의 남한 입국이 러시를 이루고 있다. 통일부 통계에 의하면 2021년 말 기준, 한국에 입국한 북한이탈주민의 수는 33,815명이다.[2] 현재는 코로나19 팬데믹으로 인하여 국경을 폐쇄하여 소강 상태를 보이고 있지만, 탈북민들의 대거 탈북과 남한 입국에 대해 사회과학, 인문학 연구자들은 기아와 생명의 위협이 계기가 된 개인들의 자유를 향한 탈출과 더 나은 환경으로의 이주 등으로 평가한다. 하지만 하나님의 구속사적 관점에서 보면 탈북민들의 탈북은 애굽 땅에서 이스라엘 민족을 구원하신 하나님의 섭리와 역사가 21세기에 부활한

---

[2] 현재는 통일부 홈페이지에서 2024년 3월 말 기준, 34,121명이다.

것으로 볼 수 있다.

 탈북민들은 남한 주민들과는 서로 다른 체제에서 생활해 왔고 사상과 가치관의 차이, 문화 충격 등으로 인해 남한 사회 적응에 어려움을 겪을 수밖에 없다(조인수 외, 2020: 355; 지상선·현은자, 2018: 85-88). 탈북민들의 남한 사회 적응에는 다양한 장애 요인이 존재하지만 그 중 가장 대표적인 것이 주체사상이라고 할 수 있다. 박병애(2020)에 의하면 탈북민의 남한 사회 적응과 기독교 복음수용에 있어 가장 큰 장애물로 작용하는 것이 주체사상이다. 북한 정권이 자신들의 독재체제 수호를 위해 기획한 주체사상은 이데올로기 수준을 넘어 종교적 수준으로 발전했다. 탈북민들은 국경을 넘는 순간 수령론을 버렸다고 생각하나, 주체사상은 종교화되어 있어 탈북민들의 의식 깊숙이 각인되어 있기에 가치관과 신념, 생활방식 등을 규율하고 있다. 그래서 복음수용에 있어 가장 큰 적이라고 하였다.

 국내 신학자들은 북한의 주체사상을 사상이 아닌 유사종교로 규정하고 있다(김병로, 2000: 2-13). 세계적인 종교 사이트 어드히어런츠닷컴(adherents.com)에서는 2007년 5월 7일 주체사상을 세계 10대 종교로 선정했다. 어드히어런츠는 종교가 성립하려면 교주, 교리, 교인이 필요한데 주체사상의 교주는 김일성, 교리는 주체사상, 교인은 약 2,600만 명(2024년 북한 인구 수 25,865,000명)[3]으로 북한 전 주민이라고 했다(김승호, 2015: 251-252). 김종수(2008: 86-112)는 북한 전역에 설치된 혁명사상 연구실은 북한 주민들에게 주체사상과 선군사상을 강제적으로 학습시키는 교육의 장으로써 교회와 유사한 성격을 지니고 있다고 보고하기도 했다.

---

3) http://kosis.kr 2024년 7월 13일 접속. 북한 통계 주요 지표

탈북민들은 오랫동안 김일성교라는 사이비 종교에 매혹된 개인들이므로 주체사상을 혁파하는 것이 복음수용과 남한 사회 성공적 적응의 지름길이라고 할 수 있다. 북한은 외형적으로 우리와 같은 언어를 쓰고 민족이라는 동질성과 전통을 지녔지만, 내적으로는 주체사상과 공산주의 사상에 경도된 또 다른 집단임을 인식해야만 한다(박영환, 2007: 92). 하지만 분단으로 인한 이질성은 근본적인 문제가 아니다. 북한 주민들이 생명처럼 여기고 있는 주체사상이 남·북한 통합과 복음수용의 걸림돌이다. 주체사상의 핵심은 유물론적 사고와 인본주의 사고이다. 하나님의 섭리와 사랑 안에서 진정한 자유를 누린다는 기독교의 복음과는 대치될 수밖에 없다.

본 연구에서는 이와 같은 문제의식에서 탈북민들 중 모범적으로 기독교 복음을 수용하고 목회자로 활동하고 있는 12명과 신학생 3명을 대상으로 연구하였다. 주체사상의 해체와 과정 분석, 톤음수용 그리고 그들의 소망과 비전을 근거이론 방법으로 살펴보고자 한다.

II. 주체사상이란

1. 주체의 태동과 전개

김일성이 1930년 중국 지린성 장춘 카륜회의에서 발표한 "조선혁명의 진로"라는 연설문에서 주체적 입장이 천명되었다. '주체'라는 단어가 실제로 쓰이기 시작한 것은 1955년 12월 28일 "사상 사업에서 교조주의와 형식주의를 퇴치하고 주체를 확립할 데 대하여"가

발표된 다음부터이다. 김일성이 주체를 강조한 것은 소련 모방을 탈피하기 위한 성격이 강했다. 주체사상 연구가들에 따르면 김일성은 본래 마르크스 레닌주의자였으나 북한을 통치하면서 북한의 현실에 맞게 그들의 사상을 수정하여 토착화 한 것이다. 주체사상은 김일성에 의해 제기되었으나 그의 후계자인 김정일에 의해 이론적으로 통합된 것으로 보인다.

1970년대 김일성 정권이 안정됨에 따라 지배 구조에 대한 논리적 이념 체계를 발전시켜 김일성주의화와 혁명적 수령관을 강조했다. 마르크스-레닌의 사상에서 스탈린 사상으로 이어질 때 수령론이 대두되면서 수령 독재가 시작되었다. 북한의 김일성은 스탈린의 독재를 북한에 도입하였다. 1974년 김정일은 '온 사회 주체사상화'와 김일성 우상화의 핵심인 '유일사상 체계 확립의 10대 원칙'을 선포하였다. 곳곳에 김일성 동상을 세우고 대대적으로 사적지 건설을 추진하고 '구호나무' 발견 운동을 전국적으로 전개하였으며, 주체사상은 수령론으로 발전했다. 또한 김정일에 의해 수령절대주의 독재로 전환되었다. 스탈린 독재와 김일성 독재가 다른 점은, 김일성 독재는 영원해야 한다고 세습의 길을 열어 놓았다는 것이다(송원근, 2015: 59).

주체사상의 핵심은 김일성 우상화 정책이다. 기존 마르크스-레닌주의에서는 당의 역할을 중시하지만, 주체사상에서는 수령의 역할을 중시한다(West, 2011). 주체사상은 수령절대주의를 내세우고 있기 때문에 수령은 어버이로서 절대적 권위를 갖는다. 이러한 수령중심주의는 김일성 1인 독재 체제를 강화하고 김정일에 이어 김정은까지 세습을 가능하게 한 사상적 기초라고 할 수 있다.

1980년대에는 주체사상의 철학적인 측면의 체계화가 일단락된 후, 인간 중심 철학이 더욱 강조되었다. 전국 주체사상 토론회에 김정일(1982)이 보낸 「주체사상에 대하여」라는 논문에서 주체사상을 주체철학으로 발전시켰다. 주체사상은 혁명이론, 사상이론, 영도 방법으로 구성되어 있다. 사상이론은 철학 원리, 역사 원리, 지도 원리 세 부분으로 구성된다. 주체사상의 철학적 세계관은 "자기 운명의 주인은 자기 자신이며 자기운명을 개척할 힘도 자기 자신에게 있다"라는 명제로 시작한다. 즉 사람이 모든 것의 주인이며 모든 것을 결정한다는 것이다. 사람 위주의 철학관이 주체사상의 출발점이다. 혁명이론은 반제 반봉건 민주주의 혁명론, 사회주의 생산 이론, 식민지 민족 해방론, 혁명적 수령관 4가지로 구성되어 있다.

1986년 주체사상은 사회정치적 생명체론으로 발전됐다. 사회정치적 생명체론이란, 주체사상은 사람이 모든 것의 주인이기는 하지만 반드시 수령의 올바른 영도를 받아야 한다는 것이다. 수령이 머리이고 당이 몸통이고 인민 대중은 팔다리인 생명체와 같다는 것이다. 사람이 부모로부터는 육체적 생명을 얻게 되지만 수령으로부터는 정치적 생명을 갖게 되는데 이 정치적 생명은 영원하다는 것이다. 여기서 영생의 개념까지 이끌어 나간다. 인간이 머리가 있고 가슴이 있고 팔다리가 있어 인간을 이루고 한 인간으로서 생명을 가지듯이, 이 사회라는 것도 수령이 뇌가 되고, 당이 혈관이 되고, 그리고 대중이 손과 발이 되는 하나의 정치적 생명이 있으며, 그중 수령은 생명체의 뇌수로서 집단을 대표하므로 인민이 비록 주인이고 주도자라 할지라도 뇌수에 해당하는 수령 없이는 아무런 의미가 없다는 것이다. 사회정치적 생명체론은 종교적 차원으로 진화를 했다. 탈냉전 이후 우리식 사회주의 체제의 우월성을 이론화하고 1998년 이후에는 선군사상을 주체사상의 중요한 부분으로 강조하고 있다.

이와 같은 주체사상은 기독교 정신과는 정면으로 배치된다. 주체사상에서는 인간의 역할과 역량을 지나치게 강조하고 인간의 자유의지론을 중시한다. 또한 인간을 물질적 존재로 환원시키기에 영혼과 사후세계 같은 것들은 존재할 수 없다(Kwon, 2019). 기독교에서 중시하는 인간의 영성 사후 심판과 같은 관점들은 철저하게 거부된다. 기독교에서는 인간을 단순한 도구가 아니라 하나님의 영광을 실현하는 능동적이고 창조적인 존재로 보고 있지만, 주체사상에서는 단순한 도구적 존재로만 간주한다.

북한 주민들이 주체사상을 맹신하는 것은 사상적 기초나 철학보다는 김일성 신화에 대한 맹목적 충성이라고 할 수 있다. 김일성은 주체사상 확립과 자신의 신격화를 위해 수많은 신화를 날조했다. 그리고 그 신화는 일종의 서사가 되어 북한 주민들의 뇌리에 각인되어 있다. 마치 유대인들이 구약에 등장하는 사사와 선지자들의 서사를 전승하고 이를 기억함으로써 자신들만의 정체성을 구성하듯 북한 주민들은 김일성의 서사를 기억하고 그들의 집단 정체성을 구성했다.

2. 주체사상의 기독교화된 형식

김일성은 독실한 기독교 신앙을 가진 모태신앙으로 성장했다. 아버지 김형직과 어머니 강반석은 모두 신실한 기독교인이었다. 중학교 때에는 손정도 목사의 보살핌 아래 성가대 지휘를 맡아 활발하게 활동했고, 외가 쪽 강양욱과 강돈욱의 신앙에 영향을 받으며 성장하여 기독교에 대해 해박한 지식을 갖고 있었다(김병로, 2016: 120). 김일성과 김정일의 기독교와의 접촉은 어떠한 방법으로든 북한 사회를 통치하고 조직화하는 데 영향을 주었을 것이다. 기독교 경험으로부터 생활양식과 조직 원리, 중요한 교리 및 교훈을 배울 수 있었고 이것을 활용했을 것이라 추론할 수 있다. 이처럼 북한은 종교적 색채가 짙은 사회로 변화됐으며 죽어도 영생한다는 종교적 신앙으로 발전했다. 북한은 지속적이고 반복적으로 주체사상을 종교로 발전시키고 있다. 주체사상의 종교적 특성을 고려한다면, 주체교라고 불러야 할 것이다.

[표 1] 기독교와 주체사상의 종교 양식 비교

기독교	주체사상	기독교	주체사상
하나님	김일성	최후 심판	사회주의 혁명 주체혁명 위업의 완성
예수	김정일	성경 및 찬송가	김일성 김정일 교시, 문헌 및 찬양 노래
10계명	10대 원칙	십자가	김일성 김정일 동상 초상화, 배지 등
영생	정치적 생명	사제단	당 조직 지도부 선전 선동부
세례	입당	십일조	당비(2%)
이단	종파주의	교회	혁명사적관, 김일성 김정일주의 연구실
선교	오지 지원 근무	성지순례	백두산 등 혁명전적지 답사
하늘나라	지상낙원, 강성국가	주일, 수요, 금요, 새벽예배, QT	주간 생활 총화, 수요 강연회, 토요 생활 총화, 아침 독보회, 새벽 참배
출애굽	일제로부터 해방	신학대학	중앙당 학교
바울의 지체론	사회정치적 생명체론	사죄, 회개	총화, 자아 비판

출처: 김병로의 저술 등의 내용을 참고로 재구성

3. 주체사상의 모순과 한계

그들은 인간을 위한, 인간에 의한 철학을 주장하지만, 그 핵심은 인간을 내세워 김일성 유일사상을 확립하고 사회주의라는 미망에 의해 인간이 소외되는 과정을 기획한 것이다. 인간이 사상에 의해 통제되고 사상에 의해 만들어진다는 모순을 지니고 있다. 이러한 주체사상은 많은 모순을 안고 있음에도 불구하고 북한 주민들 사이에서는 종교와 다름없는 기능을 하고 있다(변진흥, 2018: 27; 김병로, 2016: 97).

주체사상은 1990년대 북한 전역에 발생한 식량 부족으로 인한 아사 상태가 발생하면서 그 한계를 드러내기 시작했다. 북한 주민이 대거 중국으로 월경 후 한국행을 택하면서 각종 정보와 소식을 접하고 주체사상에 속아서 살아왔다는 것을 인지하고 있다. 더 나아가 북한 주민들은 이 시기를 겪으면서 수령 중심으로부터 개인 중심으로 바뀌기 시작했고 국가 배급이 무너지면서 장마당 세대가 생기기 시작했다. 식량난을 겪으면서 이념중심 사회가 이익중심 사회로 바뀐 것이다. 김정은 정권이 들어선 이후, 북한은 체제 위협을 겪고 있지만, 주체사상이라는 기본 노선은 포기하지 않았다(Jong, 2019). 인간이 사상에 의해 통제되고 사상에 의해 만들어진다는 모순을 지니고 있다.

III. 연구방법

1. 참여자 선정

참여자는 근거이론의 전형적인 선정 방법인 세평적 사례선택 방법으로 선정했다. 연구자들은 탈북민 신학생, 목회자들을 지속해서 지원하는 서울 N교회, Y교회 관계자들에게 연구의 목적과 취지를 설명한 후 참여자들 소개를 의뢰했고, 그들의 소개를 받아 15명을 선정했다. 참여자들의 인구사회학적 정보 및 복음 관련 사항은 다음과 같다.

[표 2] 참여자들의 인구 사회학적 정보 및 복음 관련 사항

	성별	나이	남한 체류기간	복음을 접한 연도	처음 복음을 접한 장소	직업
참여자 1	남	50대	27년	1992년	중국	목사
참여자 2	남	40대	16년	1996년	중국	전도사/신대원
참여자 3	남	40대	22년	1998년	중국	목사
참여자 4	여	40대	22년	1999년	중국	전도사/신대원
참여자 5	남	40대	12년	1998년	중국	목사
참여자 6	남	50대	20년	1998년	중국	목사
참여자 7	남	40대	20년	2004년	한국 기도원	목사
참여자 8	여	40대	19년	1998년	중국	목사
참여자 9	여	40대	18년	2006년	한국교회	전도사/신대원
참여자 10	여	30대	17년	2017년	한국교회	전도사/신대원
참여자 11	여	40대	19년	2003년	중국	신학생
참여자 12	여	30대	17년	2012년	한국교회	신대원
참여자 13	남	50대	16년	2007년	중국	전도사/신대원
참여자 14	여	40대	9년	2015년	중국	신학생
참여자 15	여	30대	14년	2011년	한국교회	신대원

*참여자의 비밀 보장을 위하여 나이는 연령대로 표시하였고, 탈북 연도 순으로 정리하였다.

2. 자료 수집

원자료(Raw data) 구성을 위해 연구자들은 참여자들과 일대일 심층면담을 수행했다. 심층면담은 포화의 원칙(The principle of saturation)을 염두에 두었다. 5명은 코로나 전에 심층 인터뷰를 했다. 인터뷰는 참여자는 1인당 3회, 1회당 평균 90분이 소요되었다. 코로나19가 만연했던 시절이라 주관식 설문지로 했으나 응답자의 문장이 단답형이라 다시 Zoom으로 추가 인터뷰를 하였다. 모든 인터뷰는 사전에 동의를 받고 녹음했으며 이를 모두 전사했다. 설문지와 참여자들의 인터뷰 기간은 2019년에 5명, 2021년 3월 1일부터 2021년 11월 31일까지 15명, 모두 20명이었는데 이 중에 15명만 선택하여 분석하였다.

3. 자료 분석

원자료는 스트라우스와 코빈(Strauss&Corbin)이 제시한 근거이론 연구방법의 절차에 따라 분석했다. 스트라우스와 코빈의 저작은 4판까지 이어졌는데, 국내 연구 대부분은 스트라우스와 코빈의 2판(1998)을 중심으로 분석을 수행한다. 스트라우스 사후 코빈의 주도로 출간한 4판(2015)에서는 2판에서 제시한 축 코딩을 삭제했고, 선택 코딩에서도 역시 이야기 윤곽 등을 삭제했다. 하지만 연구자는 동료지지집단 그리고 근거이론 연구 전문가들의 자문을 받아 2판과 4판을 혼용했다. 즉 2판(1998)에서는 개방 코딩과 축 코딩을 수행했고, 4판에서는 과정 분석과 핵심 범주를 구성했다. 핵심 범주는 코빈과 스트라우스가 제시한 2015년 핵심 범주 구성방법 중 기술적 이야기를 요약했고 이에 근거하여 핵심 범주를 구성했다.

4. 연구의 윤리적 문제와 엄격성 재고

앞의 학위논문에도 쓰여 있기에 생략한다. 본 논문은 숭실대학교 기관 생명윤리위원회(IRB)의 심의를 받았다(심의번호: SSU-2C2111-HR-368-1).

IV. 연구 결과

1. 개방 코딩(Open coding)

원자료(Raw Data)를 줄 단위(Line by Line)로 분석한 결과 116개의 개념, 36개의 하위 범주, 14개의 범주로 출현했다. 이를 표로 제시하면 다음과 같다.

[표 3] 자료의 범주와 결과

패러다임	범주	하위 범주	개념
인과적 조건	주체의 감옥에 갇힘	주체 교육을 매개로 한 통제	• 요람에서 무덤까지 받는 주체 교육 • 정체성이 형성될 나이에 주체사상을 교육 받음 • 자신의 운명을 개척할 수 있다는 확신을 갖게 만듦 • 북한에서 생활 총화는 주체사상의 노예로 만드는 과정
		수령론 교육에 세뇌	• 인간은 수령의 영도하에서만 의미 있다는 교육을 받음 • 수령과 당에 의한 정치적 생명은 영생 불멸이란 허구에 빠져들어감 • 주체사상의 핵심인 수령론에 심취되어 김일성·김정일 부자를 광적으로 숭배함 • 북한의 모든 매체는 믿고 의지해야 할 영도자를 수령으로 내세움

패러다임	범주	하위 범주	개념
인과적 조건	주체의 감옥에 갇힘	통제 국가 북한	• 중국 땅에서 탈북여성이 7,000원에 팔려가게 만든 북한 당국 • 북한 주민들의 탈출 원인보다 체포에만 급급한 잔인한 정권 • 자신의 주민 하나 살리지 못하고 중국에 식량을 구걸하는 북한
	인간의 소외	정체성의 양도	• 북한에서 자기 운명의 주인은 주민이 아닌 수령 • 자신의 진로에 대해 생각할 시간적 여유도 없이 주체사상에 매몰
		도구적 인간으로 전락	• 김일성 부자를 위해 모든 주민들은 총·폭탄이 되어야 함 • 김일성 부자의 호의호식을 위해 생산하는 기계
		사람이 없는 주체사상	• 개인의 행복은 사라지고 오직 당과 김일성의 영광을 위해 헌신해야만 하는 억압적인 삶 • 인민이 주인이라는 구호는 사라지고 인민의 삶이 없는 북한 사회 • 개인의 생명은 사라지고 오로지 정치적 생명만 남음
		인륜의 실종	• 부모 자식의 인륜의 정을 끊고 부모가 자식을, 자식이 부모를 고발하게 만드는 반인륜적 사회 • 연민성이 사라진 사회
	절대적 의존	주체사상의 수령	• 나의 삶이 나의 뜻대로 되지 않는다는 것을 깨닫는데 10년 • 주체사상을 거부하면 할수록 빠져들어 감
		김일성 신격화 내면화	• 김일성을 태양으로 믿는 주체사상은 개인에 대한 우상화 • 수령은 머리, 당은 몸, 인민 대중은 지체가 되는 북한의 구조
		광신자들의 나라	• 북한은 불량 국가의 수준을 넘어 주체사상이란 사이비 종교가 지배하는 거대한 광신자들의 나라 • 주체사상은 가치를 넘어 신념과 믿음으로 고착됨 • 아사자가 연이어 발생해도 사상으로 배고픔을 해결할 수 있다고 선전하는 어리석음
맥락적 조건	한계 상황 속의 나	토대에 의한 위계적 사회	• 주체사상으로 무장하고 노동영웅이 되고자 했으나 토대가 좋지 않아 좌절된 꿈 • 주체사상은 만민 평등을 내세우지만 실제는 토대에 의해 차별화된 사회 • 북한의 토대는 자녀들에게도 세습되는 인간 옥쇄 • 반동분자 집안이었기에 주체 구조 속에서는 꿈을 이룰 수 없음

패러다임	범주	하위 범주	개념
맥락적 조건	한계 상황 속의 나	투쟁하는 인간 만들기	• 주체교육 속에서는 타협과 협조보다는 오르지 투쟁만을 배움 • 남한과 미국이 민족의 원수라는 적개심 교육만 받음 • 남한의 자본가들은 혁명의 적이고 혁명을 통해서 제거해야 한다는 교육에 세뇌됨 • 투쟁 적개심으로 평생을 살았기에 교회에 출석해도 원수를 사랑해야 한다는 메시지 받아들이기 어려움
		생존을 위한 침묵	• 주체사상에 대한 비판은 곧 죽음을 의미하는 북한 • 고난의 행군시기에 주체사상의 모순을 알았지만 살기 위해 수용할 수밖에 없었음
		비판적 안목의 토대 현실 모순	• 식량난으로 아사자가 발생하자 주체 농법에 회의를 품음 • 목숨을 건 두만강으로의 탈출에서 주체사상의 수령론을 동시에 버림
	사상의 미로에서 탈출	경계에서의 성찰	• 중국으로 탈출한 후, 주체사상을 비판적으로 검토함 • 중국에서는 개와 돼지도 배불리 먹는 것을 보고 충격을 받음
		주체사상의 모순 직시	• 주체사상은 우상숭배이고 인본주의라는 것을 깨달음 • 성경통독 학교에서 성경을 읽으며 주체사상의 허구를 깨달음
		주체사상의 유사 종교성 자각	• 주체사상은 기독교의 구조를 모방하여 체제 유지에 이용했다는 인식 • 김일성은 하나님, 김정일은 예수님, 김정은은 성령으로 구조를 바꿈 • 모든 종교를 파괴하고 그 자리에 주체라는 종교를 세움 • 김일성의 혁명 노작과 성경의 구조가 동일함을 보고 충격을 받음
	겉사람의 잔재	주체사상의 해악 인본주의	• 자신은 북한에서 태어난 것 외에는 죄가 없는데 내 죄를 대속했다는 것 믿을 수 없음 • 김일성이 차지했던 내 운명의 자리를 하나님이 차지한다는 사실을 받아들이기 힘듦 • 수령 중심의 주체사상은 폐기했지만 개인의 주체 철학은 남아 있음 • 인격적인 하나님은 체험했지만 자기 운명의 주인은 자기라는 인식이 사라지지 않음 • 남한 생활을 하면서도 주체철학에 의지해서 살아감

패러다임	범주	하위 범주	개념
맥락적 조건	겉사람의 잔재	하나님과의 인격적 만남의 실패	• 예수를 역사적 인물이 아닌 신화 속 인물로 받아들였기에 인격적인 만남이 없음 • 2000년 전의 예수와 자신과의 관계를 파악하지 못함
현상	주체와 복음의 기로	복음수용의 장벽 주체사상	• 교회 출석해도 성경의 많은 메시지들이 이해되지 않음 • 이기적인 북한 생활에 익숙했기에 인류의 죄를 대속하고 십자가에 매달린 예수님을 이해할 수 없음 • 주체사상이 골수에 파고들었기에 의식적으로는 비판을 해도 무의식적으로는 이를 따름 • 주체사상을 벗어 버리지 못한 상태에서 성경 읽기는 지루한 반복
	주체와 복음의 기로	주체사상과 성경 의미 분리	• 복음을 전달받았지만 기독교에서는 희망을 발견하지 못해 주춤거림 • 주체사상을 버리니 기독교도 미개한 종교라는 인식을 갖게 됨 • 김일성의 혁명로작과 성경의 다른 점을 발견하지 못함 • 주체사상에 속았으니 기독교에 속지 않겠다는 각오
	신앙적 경계인	유물론적 사고 잔재	• 눈에 보이는 것만 진리로 알았기에 눈에 보이지 않는 성경의 진리에 대한 거부감 • 변증법적 사고 체계의 한계
		맹목적 과학주의	• 북한의 교사들은 다윈의 진화론만을 진리로 믿고 가르침 • 인간의 지성만을 의지했기에 천지창조는 받아들일 수 없었음 • 예수를 역사적 인물이 아닌 신화 속 인물로 받아들였기에 인격적인 만남이 없었음 • 과학만이 진리라고 믿었기에 과학으로 성경을 읽자 복음이 들어오지 않음 • 이적으로 가득한 성경을 믿을 수 없었음 • 무에서 천지를 창조했다는 사실은 과학적으로 받아들이기 어려웠음
중재적 조건	진정한 자유의길 사랑	하나님의 사람을 통한 사랑 체험	• 내가 어려움에 처할 때마다 하나님은 교인들을 통해 은혜를 베풀어 줌 • 신학대학 등록금과 생활비를 지원해 주는 가난한 탈북민 목회자에게 큰 감동을 받음 • 중국에서 꽃제비 생활을 했지만 선교사의 도움으로 위기에서 벗어남 • 중국에서 도망자 신분이었으나 교회의 도움을 받아 구사일생으로 살아남 • 목숨이 경각에 달렸을 때 자신을 구해 준 조선족 목사에게서 하나님의 긍휼을 발견함

패러다임	범주	하위 범주	개념
중재적 조건	진정한 자유의길 사랑	하나님의 사람을 통한 사랑 체험	• 영성과 인격적 감화를 주는 목사의 설교를 듣고 그가 믿는 하나님을 나도 믿고자 함 • 북한과 주체사상에서 체험하지 못한 하나님의 사랑을 체험함
	진정한 자유의 길 사랑	하나님 안에서 절대적 자유	• 북한에서는 타율적 복종이었지만 하나님 앞에서는 자율적 순종 • 하나님 영접과 주체사상을 버렸을 때 소망이 생김 • 하나님의 진리가 구속이 아닌 자유로움이라는 것을 깨닫게 됨 • 하나님께 복종하면서 북한에서 누리지 못한 절대적 자유를 향유
	예비하시는 하나님 체험	범사에 형통한 기독교 힘 체험	• 미국 대통령이 성경에 손을 얹고 대통령 선서하는 방송을 보고 충격 받음 • 의사, 변호사 같은 성공한 사람들이 중국에 선교하러 온 것을 보고 기독교의 정체성에 대해 긍정적인 의문을 품음 • 남한의 기독교인들이 잘 사는 모습을 보며 그 이유가 궁금해짐
		여호와 이레의 확신	• 늘 위태로운 중국 생활 속에서도 하나님은 모든 것을 예비했다는 것을 한국 와서 깨달음 • 하나님의 인도하심으로 한국에 왔다는 것을 깨달았을 때 자신의 정체성이 새롭게 구성됨 • 순간순간 하나님의 인도로 여기까지 왔기에 앞으로의 삶도 하나님의 인도하심을 기대함
	복음으로 주체사상 해체	점진적 성화	• 믿음이 한 사건의 충격으로 확 바뀌는 것은 아님 • 주체사상이 기독교로 대체되는 과정은 빈터에 새로운 집을 세우는 방식이 아니라, 이미 세워진 낡은 집들이 새로운 부품으로 하나씩 교체되어 가는 방식으로 대체됨 • 어떤 사람은 기초가 아니라 지붕과 창문 벽체부터 하나씩 교체됨
		성경 공부를 통한 극복	• 구약의 하나님이 보이니까 2,000년 전 예수가 나의 구주이심이 고백됨 • 성경의 구속사 공부를 통해서 하나님을 만나게 되면서 주체사상이 극복됨 • 성경공부를 통해 주님을 만나고 주님께 의지하고 순종하는 삶을 살면서 주체사상을 극복하게 됨
작용/상호작용	나의 십자가 지기	하나님이 원하는 길 가기	• 주체사상의 죄악에 끌려 다니다가 하나님이 원하는 방향으로 살고자 함 • 사상의 노예에서 하나님의 종으로 바뀌어 감 • 자신의 운명을 하나님께 맡겼을 때 하루하루가 아름답고 기쁜 삶 • 하나님의 긍휼에 보답하는 길은 예수님의 순종을 닮는 것

패러다임	범주	하위 범주	개념
작용/상호작용	나의 십자가 지기	자기의 부인	• 하나님 앞에서 나를 부인하는 첫 번째 작업으로 주체사상을 내려놓음 • 하나님을 위해 죽고자 할 때 새로운 길이 열림 • 나의 욕망을 포기하자 하나님이 나의 주인으로 들어 옴
		좁은 길 선택	• 보장 된 공무원의 길을 포기하고 목회자라는 가시밭길을 선택 • 순교자들의 뒤를 따라 그 길을 가고자 자기 운명을 맡김 • 습기 찬 지하에서 찬양을 불러도 하나님과 같이 하기에 밝은 태양과 같음
	성경적 정체성 재구성	복음에의 의지	• 하루를 굶어도 성경 읽기는 포기하지 않음 • 삶의 에너지가 떨어질 때마다 북한에서의 생활 기억과 복음의 기쁨으로 다시 일어섬
		성경을 통한 자기 혁신	• 자신의 역사를 이룬 낡은 구성요소들을 교체하여 기독교인으로 정체성을 세움 • 믿음이 흔들릴 때마다 감옥에서 같이 기도한 기독교인을 떠올림 • 주체사상이 다시 발현되고 신앙의 회의가 들 때마다 성경통독학교에서의 치열한 성경 읽기를 떠올림
결과	북한 선교 비전의 실천	사랑에 빚진 자로서의 복음 전파	• 북한의 가족과 탈북민에게 복음을 전하는 것이 자신에게 주어진 사명 • 주체사상의 노예가 되어 신음하는 고향의 동포들에 대한 긍휼함과 복음을 전하겠다는 각오 • 복음에 빚진 자이기에 그 빚을 갚고자 북한에 복음을 전달하겠다는 의지 • 주체의 짐을 벗어 버리고 복음의 짐을 지고 남은 생을 살아갈 각오
		복음을 통한 북한의 수복	• 자신의 삶이 기적이었듯이 하나님의 기적은 북한 땅에서도 재현될 것이라는 확신 • 자신의 삶이 천국으로 변했기에 지옥과 같은 북한 땅을 천국으로 변화시키고자 함 • 통일을 염두에 두고 북한에서 사역할 구체적 계획을 세움 • 자신의 안위를 위해 기도했으나 새벽마다 북한 주민을 위한 기도의 삶

1) 인과적 조건에 대한 기술

(1) 주체의 감옥에 갇힘

참여자들의 구술에 의하면 북한에서는 태어나서 죽을 때까지 주체사상 교육을 받는다. 이러한 주체사상 교육은 자신의 운명을 자신이 개척할 수 있다는 그릇된 확신을 갖게 만드는 과정이다. 특히 남한의 탈북민 목회자가 사역하는 교회에서 복음을 받아들인 참여자들에 의하면, 청소년기에 정체성이 형성될 나이부터 주체사상 교육을 받았기 때문에 이를 극복하는 데 상당한 시간이 걸렸다고 한다.

참여자들은, 생명은 당과 당에 의해 주어진 정치적 생명이며 수령은 인민의 뇌수이고 북한 주민은 손과 발이라고 교육을 받았다. 참여자들은 수령의 영도하에서만 의미 있다는 생각을 하게 되었다. 북한 당국은 모든 매체를 동원하여 주체사상과 그 핵심인 수령론을 주민들에게 강요했고, 참여자들은 서서히 비판적 의식을 상실해 수령론에 물들었다. 북한은 전 국토가 수용소라고 할 수 있을 정도로 철저한 통제국가이다.

"주체사상 교육은 태어나서부터 주체사상 교육을 지향점으로 시작된다고 보아도 과언이 아니지요. 입을 떼고 말을 시작하기 시작하면서 초상화 앞에서 경배하는 훈련부터 받아요. (중략) 미국과 남한이 나쁘다는 교육을 통해 우리의 철천지 원수라는 적개심으로 세뇌시켜요. 이와 같은 세뇌 교육으로 준비시키면서 고등중학교 시기부터 주체사상 교육을 시작합니다. 이미 충성 교육과 미국과 남조선에 대한 적개심으로 교육된 아이들에게 있어 주체사상 교육은 거부감 없이 받아들여지게 됩니다. 결론적으로 '내 운명의 주인은 나 자신이다'라는 것이 자동으로 입력됩니다."(참여자, 4)

(2) 인간의 소외

주체사상에서 가장 중요시하는 부분이 모든 인간은 자기 운명의 주인이라는 것이다. 하지만 참여자들의 경험에 의하면 북한 주민의 운명의 주인은 당과 수령이었다. 참여자 4와 15의 구술에 의하면 북한 주민은 김일성 부자와 당을 위해서 총·폭탄이 되자고 한다. 주체사상에서는 개인의 생명은 사라지고 정치적 생명만 남아 있는데, 오직 당과 김일성의 영광을 위해 헌신해야 하는 삶이었다. 주체사상은 사람이 없는 사상이라고 요약할 수 있다. 북한 사회는 당과 수령에 충성하기 위해서는 부모와 자식의, 인륜의 정을 끊어 놓는다. 부모가 자식을, 자식이 부모를 고발하게 만드는 구조이다. 오롯이 자신이 생존해야만 하는 인륜성이 실종된 사회라고 할 수 있다.

"평양 개성 간 고속도로, 평양 남포 간 고속도로는 인민군들이 만든 것입니다. 강원도 금강발전소를 만들 때는 인민군 1개 여단이 죽었습니다. '최고사령관 동지 명령을 관철하기 전에는 조국의 하늘을 보지 않겠다'라고 구호하면서 굴 뚫는 데 들어가서 6개월씩, 1년씩 나오지 않습니다. 그럼 사람이 뭐가 됩니까? 폐에 병이 생겨 퇴인이 되는 것입니다. 거기서 사고가 나서 팔다리 절단된 아이들이 엄청 많아요. 이것이 독재 정권의 산물이라고 봅니다."(참여자, 13)

(3) 절대적 의존

참여자의 의미구성에 의하면 주체사상은 수령이다. 성경이라는 구원의 밧줄이 없는 시절, 수렁에 빠진 상태에서 김일성 신격화를 그대로 받아들였다. 주체사상의 수렁에 빠져 있기에 김일성을 태양으로 믿었고 김일성이 민족의 해방자라는 우상화 선전을 받아들일 수밖에 없었다. 외부에서는 북한을 비정상적인 국가, 때로는 불량 국가로 평가하지만, 참여자들에 의하면 북한은 불량 국가의 수준을 넘는 광신도의 국가이다. 주체사상이란 사이비 종교가 지배하는 광신자들의 나라이고 주체사상은 가치를 넘어 신념과 믿음으로 고착되었다.

> "김일성을 초법적인 존재로 만들고 우상화 작업을 했지요. 주체사상은 인본주의 같지만 핵심은 수령론입니다. 주체사상을 활용해 신격화 작업을 했어요. 그러면서 우상문화, 신생종교로 발전했습니다. 영원한 정치적 생명을 얻기 위해서는 일시적인 육체적 생명은 버려야 한다고 가르칩니다."(참여자, 7)

2) 맥락적 조건에 대한 기술

(1) 한계 상황 속의 나

북한은 전형적인 계급사회라고 할 수 있다. 북한 당국은 사회주의 천국, 만민 평등이라는 구호를 내세웠지만 출신 성분에 따라 핵심계층, 동요계층, 적대 계층으로 나눈다. 이러한 토대는 대를 이어 세습되는 인간 족쇄라고 할 수 있다. 북한은 개인의 권리와 인륜성이 사라진 동시에 사람을 투쟁하는 인간, 전쟁하는 인간으로 만드는 구조라 할 수 있다.

참여자들은 남한의 자본가와 미국을 민족의 원수이자 인민의 적이라는 적개심 교육을 받아서 투쟁 일변도 사고방식을 지닐 수밖에 없었다. 이러한 사고방식은 남한에 입국한 후 교회에 출석하는 중에도 그들에게 혼란을 주었다. 주체사상 신념에 의하면 원수는 살해해야 하므로 원수를 사랑하라는 하나님의 메시지는 받아들이기 어려웠다. 투쟁적 인간이라는 자아상은 남한 사회 적응과 복음수용에도 많은 장애가 되었다. 참여자들은 두만강을 거쳐 탈출할 시기에 주체사상의 수령론을 버렸다.

"모든 대학에 붙을 수 있을 만큼 공부를 잘했는데…. 북한의 정치기구, 당기관의 최종 심사에서 적대 계층이라 떨어졌어요. (중략) 북한에서 제일 힘들다는 광산으로 자진해서 갔어요. 정말 열심히 죽고 살기로, 젊은 혈기에 온 맘과 정성을 다해 일했지요. 사로청[4] 조직에도 가입했어요. 열심히 아주 열심히 일했는데… 위원장을 뽑게 되었는데 출신 성분 때문에 또 안 되는 거예요. 당에 충성하려 했으나 가정환경이 나쁘다고 번번이 좌절되었지요."(참여자, 1)

(2) 사상의 미로에서 탈출

탈북 1세대 참여자들은 중국에서 개와 돼지가 배불리 먹는 것을 보고 큰 충격을 받았다. 북한 주민은 개, 돼지보다 못한 존재라는 것을 깨닫자 북한을 증오했다. 탈북 1세대에게 성경통독학교는 주체사상의 허구를 깨닫는 계기였다. 참여자 1, 3, 5, 6, 8은 북한의 주체사상이 성경을 그대로 베낀 것임을 깨달았고 성경의 삼위일체를 자기들 멋대로 성부는 김일성, 성자는 김정일, 성령은 김정은으로 바꿨

---

[4] 김일성 사회주의청년동맹(이하 청년동맹)은 만 14세부터 30세에 이르는 모든 청년 학생층이 의무적으로 가입되어 있는 북한 최대의 청년 근로단체이자 사회단체이다.

다는 것을 인식했다. 이들은 주체사상의 유사 종교성을 자각했다.

고난의 행군을 겪지 않고 직행한 탈북 1.5세대인 참여자 4, 9, 10, 11, 12, 14, 15는 구약성경의 구속사를 공부하여 주체사상을 극독했다. 북한에서는 인간을 앞세워 주체사상을 강요했고, 인본주의는 또다시 인간을 앞세워 인간을 노예로 만든다는 생각을 하게 되었다. 이들은 주체사상은 기독교의 구조를 모방했다는 것과 이를 체제 유지에 이용했다는 인식을 했고 기독교 자리에 주체라는 종교를 세웠다고 보았다. 특히 김일성의 혁명노작을 읽으면서 그것이 성경의 사도행전과 선지자들의 삶과 구조가 같다는 것을 보고 충격을 받았다.

"한국에 처음 와서 여명학교라는 곳에 가게 되었어요. 그곳에서 예배를 드리는데, 하나님이 인간을 만드셨다는 설교를 들으면서 여기도 김일성을 우상화하듯이 허구의 인물을 우상화하는구나! 어쩜 이 종교는 북한보다 더 한심할지도 모른다고 생각했어요. 북한은 그래도 눈에 보이는 것을 믿으라고 하는데, 여기는 눈에 보이지도 않고 누구도 만나 본 적 없는 허구의 인물을 믿을 뿐 아니라 그 허구의 인물이 세상을 만들고 사람도 만들었다니! 너무 위험하고 믿으면 안 된다고 생각했어요. (중략) 주체사상은 내 운명의 주인이 나 자신이고 나의 운명을 개척할 힘은 나에게 있다는 것이에요. 기독교와는 정반대잖아요? 기독교는 우리의 주인은 하나님이잖아요? 이걸 처음에는 내려놓을 수가 없었지요. 내 인생에 주인이 내가 되면 주님이 들어올 자리가 없었어요. 주체사상이 없어져야 하나님이 들어올 수 있지요. 나를 내려놓아야, 즉 주체사상을 내려놓아야 하나님이 나의 주인이 되는 거잖아요. 그게 제일 중요한 거예요."(참여자, 15)

(3) 겉사람의 잔재

참여자 2, 3, 7의 구술에 의하면, 주체사상은 사라지는 듯하지만 인본주의라는 후유증은 남았다. 김일성이 차지했던 운명의 자리에 하나님이 들어선다는 사실을 받아들이기 힘들었다. 참여자들은 주체사상의 수령론은 버렸지만, 개인의 주체철학은 남아 있었다.

참여자들은 남한 생활을 하며 의지할 곳이 없었다. 교회 출석하기 전, 그들은 자신들의 주체철학에 의지해서 살아갈 수밖에 없었다. 자신은 북한에서 태어난 것 외에는 죄가 없는데 자신의 죄를 대속했다는 말을 도저히 믿을 수가 없었다. 주체사상은 이렇듯 인본주의로 변형되어 참여자들의 사고를 지배했다. 참여자들은 하나님과 인격적 만남에 실패했다. 참여자 신학생들은 초기에 예수의 역사성을 부인했다. 단지 신화적 인물로만 받아들였기에 인격적 만남이 없었고, 또한 2,000년 전 온 예수와 자신의 관계를 파악하지 못했다. 따라서 예수는 부활했다고 하지만 죽은 사람이었고, 현재 자기와 삶과 별다른 관계를 맺지 못했다.

3) 현상에 대한 기술

(1) 주체와 복음의 기로

참여자에 의하면 수령론은 탈북하며 버렸지만, 주체사상으로 인하여 교회에 출석해도 성경의 많은 메시지가 이해되지 않았다. 인류의 죄를 대속했다는 메시지를 이해할 수 없었다. 참여자들은 의식적으로는 주체사상을 비판해도 무의식적으로는 이를 따를 수밖에 없었다. 이미 주체사상이 골수에 파고들었기 때문이다. 따라서 주체사상을 벗어 버리지 못한 상태에서 성경 읽기는 지루한 반복이었다.

복음은 세상과 사람을 분리한다. 세상과는 분리되었지만, 주체사상만은 분리되지 못했다. 교회에 출석한 탈북민은 주체사상을 버렸다고 했으나 동시에 기독교도 미개한 종교라는 인식을 하게 되었다. 자신의 삶이 주체사상에 속은 인생으로 의미를 구성한 참여자들은 이번에도 성경에 속을 수 있다고 생각하기도 했다. 주체사상과 성경이 분리되지 않고 뒤죽박죽된 상태로 엮여 있었다.

"주체사상이랑 너무 똑같아서 충돌했어요. '영도자 김일성 동지는 우리와 영원히 함께 계신다.' 이런 구호가 있는데 하나님이 함께하신다는 말을 듣고 어머! 뭐가 달라? 이거나 저거나 똑같네. 주체사상은 내 운명의 주인이 나 자신이고 나의 개척할 힘은 나에게 있다는 것이니 기독교와는 정반대잖아요? 기독교는 우리의 주인은 하나님이잖아요? 이걸 처음에는 내려놓을 수가 없었어요. 주체사상이 없어져야 하나님이 들어올 수 있지요."(참여자, 14)

(2) 신앙적 경계인

주체사상의 기초는 유물론이라고 할 수 있다. 관념을 인정하지 않고 오로지 물질만 인정하는 유물론적 사고에서 참여자들은 오로지 눈으로 볼 수 있는 것만 진리로 알았다. 성경을 읽어도 늘 의구심을 가질 수밖에 없었다. 성경의 진리는 눈에 보이지 않아 거부감이 들었고, 변증법적 사고에 익숙했기에 성경은 정(正)과 합(合)은 있으나 반(反)이 없었기에 과학적 사고가 아니라는 유물론적 사고에 사로잡힌 참여자들은 맹목적인 과학주의에 빠졌다. 참여자들은 북한에 있을 당시 오로지 진화론만을 교육받고 진리로 알았다. 창조론을 교육받지 못했고 인간의 지성, 과학적 사고만 의지했기에 천지창조는 받아들일 수 없었다. 중국에서 성경통독학교 경험이 있는 참여자 1, 2, 3, 5, 6, 8 탈북 1세대들은 성경의 복음을 읽었지만, 그렇지 않은 참여자 4, 7, 9, 10, 11, 12, 13, 14, 15는 복음이 들어오지 않았다. 과학적 사고의 기초는 인과관계이다. 원인이 있어야 결과가 있다는 의식이 팽배했기에 무에서 천지를 창조했다는 사실을 믿을 수 없었고, 인간의 과학적 지식으로는 설명할 수 없는 이적으로 가득 찬 성경을 믿기가 어려웠다.

"처음엔 전혀 믿겨지지 않았어요. 우리가 배운 것은 진화론이었기 때문에 천지창조에 대한 개념이 없었어요. 특히 창세기 1장에서 나오는 대부분의 말씀들은 인간의 상식과 지능으로는 절대 믿을 수 없는 구절들이었기 때문에 말도 안 되는 허구라고 생각했어요. 천지창조가 무엇인지 전혀 들어 본 적이 없었기 때문에 받아들일 수 없었어요. 그 말이 어떤 뜻인지도 알 수 없었지요. 꼭 동화 속에서 아이들을 아름다운 말로 속이는 이야기 같아 보였어요."(참여자, 11)

4) 중재적 조건에 대한 기술

(1) 진정한 자유의 길, 사랑

참여자 중 탈북 1세대 목사들은 중국 체류 중에 조선족 교회나 한국에서 파송한 선교단체의 도움을 받았다. 한국 입국 후 경제적 궁핍에 처할 때마다 신학대학 등록금을 도움 받았다. 초기에는 사람의 도움으로 의미를 구성했으나 '하나님의 사람을 통한 사랑 체험'으로 의미구성을 했다. 자신의 목숨을 내걸고 탈북민을 구해 준 조선족 목사와 같은 이는 북한에서는 존재할 수 없었고, 오직 성경적 가치관으로만 해석이 가능한 일이었다.

참여자들의 삶은 타율적 복종의 삶이라고 할 수 있다. 북한에서는 당에 복종했고, 중국에서는 살기 위하여 중국민들의 폭압에도 불구하고 복종해야만 했다. 그들은 자신들에게 자유가 있다는 것을 깨닫지 못했다. 초기에 참여자들은 기독교가 인간을 구속하고 자율성을 해하는 것으로 의미구성을 하기도 했지만, 하나님 안에서 자유가 구속이 아닌 절대적 자유라는 것을 깨닫게 되었다. 그리고 그 절대적 자유는 하나님의 사랑으로 표현되었다.

> "성경공부를 통해 내 맘의 공허함이 채워지는 것을, 내 맘에 말 못할 에너지가 채워지는 것을, 즐거움이 샘솟는 것을 느끼게 되었어요. 발표자도 아니었지만, 구약의 하나님을 나도 고백하고 싶어서 발표하겠다고 목사님께 조르고 적극적으로 행동하는 내 모습을 발견하게 되었어요. 말씀이 들리고 마음의 빈 곳이 채워지고 성령님께서 주시는 새 힘으로 먼 길을 마다하지 않고 오가면서 내가 죄인임이 깨달아졌어요."(참여자, 10)

(2) 예비하시는 하나님

참여자는 남한에 온 후, 대체로 기독교인들이 잘사는 것에 대해 그 이유를 궁금해했다. 참여자들은 북한에서 종교에 빠지는 것은 나약한 사람들로, 자신의 삶을 개척하지 못했거나 과학적 사고가 결여된 미성숙한 인간들이라고 교육받았다. 그러나 고등교육을 받고 경제적으로 성공한 사람들이 교회에 다닌다는 것은 아이러니(irony)였다. 하지만 그들은 곧 기독교의 힘은 영성과 함께 범사에 형통이라는 것을 깨달았다. 이와 함께 참여자들은 여호와 이레를 확신했다. 참여자들은 초기에는 자신의 북한 탈출과 한국행을 운으로만 알았다. 하지만 성경을 받아들인 후 모든 것을 하나님이 예비하셨다는 것을 알았다. 자신이 하나님에 의해 선택되고 하나님의 계획에 의해 남한에 왔다는 것을 알고 벅찬 감동을 느꼈다. 이 세상의 70억이 넘는 사람 중에 자신이 선택받았다는 것은 기적이었고 황홀함이었다. 참여자들은 자신의 정체성이 새롭게 구성되었고 새로운 길을 찾아갔다.

"미국 대통령이 취임식을 할 때, 성경에 손을 얹고 선서식 하는데 큰 충격을 받았어요. 아니 미국 대통령까지 하나님을 믿는다? 그때 충격이 오는 거예요. 단기 선교단이 오는데… 저 의사입니다, 저 변호사입니다, 아니, 공부할 만큼 다 한 사람이 왜 하나님을 믿지? 그런 데서 충격을 받았어요. 신앙 서적이 오는데 박사학위 받은 사람들이 하나님에 대한 글을 쓰니까 이런 박사들이 하나님을 믿네? 그러니까 이게 뭔가 있긴 있구나!"(참여자, 2)

(3) 복음으로 주체사상 해체

참여자의 경험에 의하면 주체사상은 골수에 박혔다. 한국에 입국하고 교회에 나가면서도 한동안 방황했지만, 참여자들은 하나님의 사랑과 자유를 체험하면서 주체사상을 해체하고자 했다. 탈북 1세대 목사는 주체사상 해체는 빈터에 새로운 집을 세우는 것이 아니라 이미 세워진 낡은 집을 새로운 부품으로 교체하는 것인데 지붕, 창문, 벽체부터 하나씩 교체되며 극복된다고 한다. 참여자들의 성경공부는 하나님과의 인격적 만남을 가능케 했다. 초기에는 교회에 출석하여도 2,000년 전의 예수가 자신과 상관없다고 생각했으나 구약의 하나님을 보며 2,000년 전 예수가 구주임을 고백했고, 성경의 구속사 공부는 하나님의 실체를 만날 수 있는 과정이었다. 이스라엘 역사가 고난의 역사이듯이 자신의 역사 역시 고난의 역사이고, 그 고난은 하나님의 구속 사역이라는 것을 깨달았다. 성경공부와 순종하는 삶은 주체사상을 극복하는 강력한 힘이었다고 기술할 수 있다.

"주체사상은 하나의 신앙이었지요. 한 신앙이 다른 신앙으로 대체되는 과정은 대부분 깨끗이 허물어 없애고 빈터 위에 새로운 집을 세우는 방식이 아니에요. 이미 세워진 낡은 집에 새로운 부품으로 하나씩 교체되어 가는 방식으로 대체됩니다. 어떤 이는 집의 기초가 아니라 윗부분인 지붕과 창문, 벽체부터 하나씩 바꾸어 가죠. 대부분 이런 방식일 것입니다. 이 때문에 뿌리와 현상이 다른 삶으로 인해 갈등을 많이 하게 되고 신앙으로 인한 기쁨보다는 괴로움을 더 많이 경험하게 되지요."(참여자, 3)

5) 작용/상호작용에 대한 기술

(1) 나의 십자가 지기

참여자의 경험에 의하면, 자신의 삶은 사상의 노예에서 하나님의 종으로 바뀌어 가는 것이었고 이런 하나님의 사랑과 은총에 보답하는 길은 예수님의 순종을 닮는 것이라고 했다. 복음을 접한 모든 사람이 목회자가 될 수는 없지만, 참여자는 하나님께서 자신들을 선택한 이유가 탈북민과 북한 주민에게 복음을 전하고 그들의 구원 사역에 동참하라는 하나님의 뜻으로 해석했다. 하나님의 원하는 길을 가고자 신학 공부를 선택했고 목회를 했으며 자기 부인의 한 방식으로, 첫 번째 작업이 주체사상을 내려놓는 것이었고 하나님을 위해 죽고자 하는 결단을 갖추는 것이었다. 참여자들에게 있어 하나님 일을 한다는 것은 좁은 길을 선택한 것이었다. 참여자 대부분의 교회는 습기 찬 지하에서 찬양을 불러도 하나님과 함께하기에 밝은 태양과 같다고 할 수 있다.

> "그러던 어느 날 기도하던 중 회개의 영이 임하여 회개가 터져 나의 모든 죄악을 쏟아 내어 예수님이 나의 죄를 위해서 이 세상에 오셨다는 것이 너무 감격스럽고, 감사하고 그냥 믿어지고, 고백하는 계기가 있었습니다. 그 후 내 운명의 주인은 나 자신이 아니라 나를 태초부터 계획하고 만드신 하나님이 주인임을 고백하고 지금까지 모든 것을 맡기게 되었습니다."(참여자, 12)

(2) 성경적 정체성 재구성(구술 데이터는 생략)

참여자는 북한에 있을 당시에는 주체사상에 절대적으로 의존할 수밖에 없었으나 주체사상을 해체하고 자신의 십자가를 지기로 하고는 철저하게 성경에 의존했다. 특히 성경통독학교는 성경 읽기를 목숨과 같이 여기게 한 경험이었다. 목숨이 위태로운 상황에서도 성경 읽기를 멈추지 않았고 남한에 온 후에는 하루를 굶어도 성경을 읽었다. 참여자도 남한 생활을 하며 때로는 에너지가 고갈될 때도 있었으나 북한에서의 생활을 떠올리고 복음의 기쁨을 통하여 다시 일어서는 삶을 살고 있다고 할 수 있다. 참여자는 믿음이 영원불변하지 않고 늘 흔들릴 수 있다고 한다. 그때마다 탈북 1세대 참여자는 감옥에 갇힌 기독교인들과 성경통독학교에서의 치열한 성경 읽기를 떠올렸고 1.5세대 신학생들은 자신의 역사를 이룬 낡은 구성요소들을 교체하여 기독교인으로의 정체성을 끊임없이 고취하여 갔다.

6) 결과에 대한 기술

(1) 북한선교 비전의 실천

참여자들은 자신의 존재 양식을 사랑에 빚진 자로 구성했다. 하나님의 사랑 그리고 기독교 공동체 교인들의 사랑에 빚진 존재이다. 그들은 자신의 삶을 빚을 갚는 삶으로 의미를 구성했고 구체적으로는 자신의 십자가를 지고 좁은 길을 가겠다고 선택을 했다. 특히 탈북 1세대, 탈북 1.5세대를 불문하고 주체사상의 노예가 되어 신음하는 고향의 동포에 대해 긍휼함과 복음을 전하겠다는 각오를 하고 있다. 그들은 자신의 삶이 주체사상의 짐을 벗어 버리고 복음의 짐을 지는 것으로 의미구성을 했다. 복음통일은 목회자, 신학생, 교인을 막론하고 탈북민 교회공동체에서 가장 중시하면서 염원하는 기도 제목이다.

"복음을 받은 자에서 전하는 자로, 아파 울던 자에서 치유하는 자로, ○○에서 평양으로 평양에서 열방으로 나간다는 비전을 가지고 있습니다."(참여자 5)

2. 축 코딩(Axial Coding): 패러다임 모형의 재배열

축 코딩은 개방 코딩에서 구성한 범주를 스트라우스와 코빈(1998)이 제시한 패러다임 모형 제시와 과정 분석으로 이루어진다. 중심현상이 발현한 후 중재적 조건에 영향을 받아 작용/상호작용을 수행하여 결과에 이르기까지를 단계 또는 국면을 표시하는데, 본 연구에서는 이를 단계별로 제시하고 여기에 영향을 준 조건들을 분석하고자 한다.

1) 패러다임 모형을 이용한 참여자들의 경험의 구조

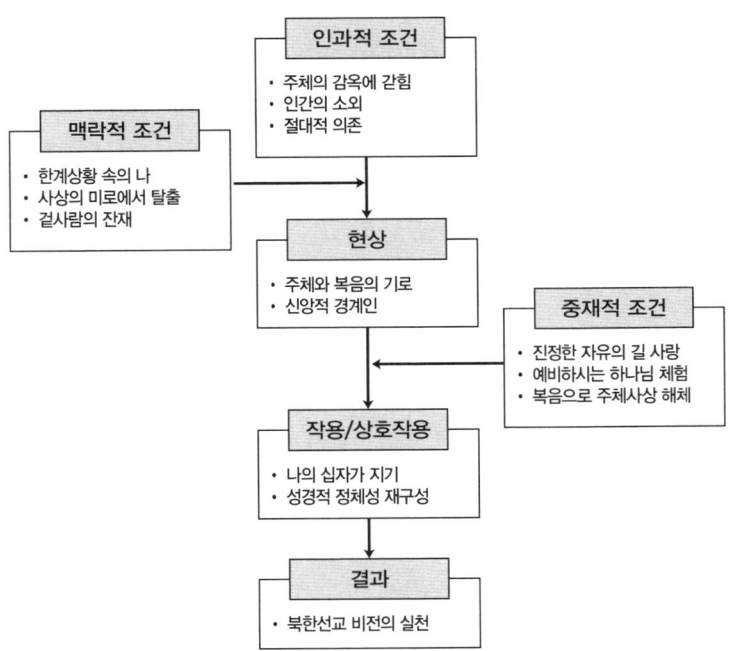

[그림1] 패러다임 모형에 의한 참여자들의 구조

(1) 인과적 조건이란 현상에 원인이 되거나 영향을 미치는 주요한 사건이거나 정서 행동 등을 가리킨다.

(2) 맥락적 조건은 현상을 강화하거나 약화하는 조건들로써 참여자들이 개인적 역사와도 관계되어 있다.

(3) 현상이란 현재 지금 여기서 무엇이 진행되고 있느냐의 문제로써 가장 중심적인 사건이나 사고 행동 정서들을 의미한다. 인과적 조건과 맥락적 조건에 나타난 바와 같이 참여자들은 기독교 복음을 수용했지만, 한동안 주체사상과 기독교 복음의 갈림길에 서 있었고 확고한 신앙을 형성하지 못했다.

(4) 중재적 조건이란 작용/상호작용에 영향을 주는 것이다.

(5) 작용/상호작용이란 현상을 다루고 조절하는 참여자의 주된 정서나 사고, 행동, 전략 등을 의미한다.

(6) 결과란 작용/상호작용의 최종 부산물로 참여자들의 현재 상황 또는 미래의 계획 등을 의미한다. 참여자들은 주체사상에서 완전히 탈출하고 성경에서 말하는 정체성을 재구성하자 '북한선교 비전의 실천'을 품게 되었다.

3. 과정 분석

본 연구에서는 「주체와 복음의 기로」, 「신앙적 경계인」이라는 현상이 발생한 후, 「북한선교 비전의 실천」이라는 결과의 이르는 과정이 「세상의 길 모색」, 「첫사랑의 회복」, 「좁은 길의 선택」이라는 3단계를 거치는 것으로 나타났다. 먼저 시간의 흐름과 작용/상호작용의 연결에 따른 참여자들의 결과에 이르기까지의 과정을 그림으로 제시하고 단계별로 기술하고자 한다.

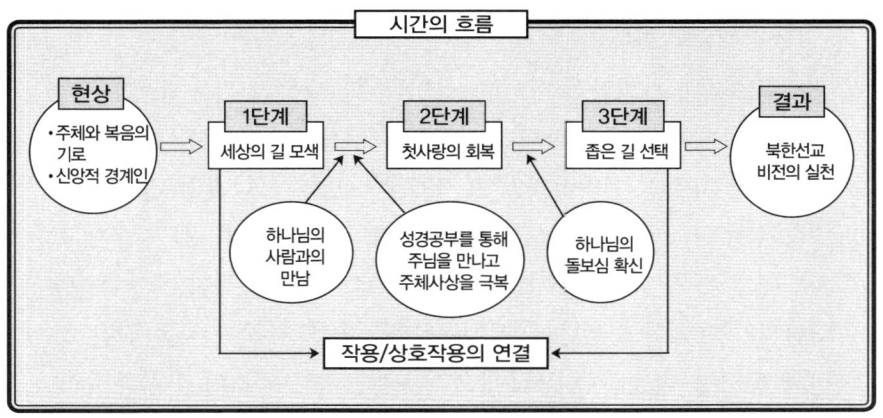

[그림2] 과정 분석

(1) 세상의 길 모색

참여자들은 중국 또는 한국에 입국한 후 복음을 받아들였지만, 그 복음이 확고하지 못했고 신앙인과 세상 사람 그리고 주체사상과 복음의 갈림길에 서 있었다. 참여자들은 이러한 상황에서 자연스럽게 세상의 길을 모색했다. 남한에 입국한 후, 자본주의의 속성을 빠르게 파악한 참여자들은 사업이 가장 확실한 수단이라는 것을 인지했고, 자격증을 취득하면서 자영업을 준비한 사람도 있었다. 참여자들은 1단계에서 잠시 하나님께 기도했던 것을 망각했다. 중국에서 북송되어 북한 감옥에서 생명의 위협을 받았을 때 하나님께 서원기도를 했다. 자신이 북한과 중국 땅을 벗어나 남한에 가면 남은 생명은 하나님을 위해 바치겠다는 기도였다. 하지만 신앙적 경계인에 있었기에 자연스럽게 세상의 길을 모색했다.

(2) 첫사랑의 회복

탈북 1세대 목회자들은 남한에 입국 후, 세상의 길을 모색했지만 다시 자신들이 스스로 했던 서원기도를 떠올렸다. 이러한 변화는 참여자들의 자발적 선택이지만, 동시에 하나님의 사람과의 만남이 큰 영향을 주었다. 중국 성경통독학교 시절의 목사가 자신을 방문했고, 자신에게 등록금과 생활비를 보조했던 교회 관계자들과 우연이지만 필연적인 만남이 있었다. 이들과 만남을 통해 자신이 지옥 같은 북한과 중국을 탈출하여 한국에 온 이유가 자기 능력이 아니라 하나님이 예비하셨다는 것을 깨달았다. 이것은 하나님과 열렬하고 순수했던 첫사랑을 회복하는 단계라고 할 수 있다.

(3) 좁은 길 선택

참여자들은 첫사랑을 회복하고 목회자의 길이라는 좁은 길을 스스로 선택했다. 대형교회 청빙을 받았던 참여자는 탈북민 자매가 신천지에 빠지고 스스로 목숨을 끊는 것을 보고 탈북민 교회를 개척했다. 참여자들이 개척한 교회는 교회 재정이 열악했고 자원이 부족했지만, 참여자들은 첫사랑을 회복한 후, 자신들이 가는 길이 험하고 좁은 길이지만 생명의 길이라는 것을 확신했다. 그들의 이런 확신에는 성경을 통해 주님을 만나고 주체사상을 극복할 수 있었다. 참여자들은 교회 개척을 하고 목회자, 예비 목회자의 길을 걸으며 하나님의 돌보심을 더욱 확신할 수 있었다.

4. 핵심 범주

코빈 앤 스트라우스 4판(2015)은 선택 코딩을 삭제하고 이야기 윤곽 역시 삭제했으며 핵심 범주만 제시했다. 핵심 범주는 모든 연구 결과를 통합하고 수렴하는 또 다른 범주를 제시함으로써 단어, 절 등으로 구성된다. 핵심 범주는 어떠한 형타를 취하든 모든 연구 결과가 수렴되어야 하고 이를 위해서는 개념적 도표, 기술적 이야기 도표, 은유에 활용 연구자의 연구 메모, 교수나 동료 연구자들의 지지와 조언 등으로 바탕으로 구성된다. 본 연구에서는 참여자들이 기독교 복음수용과 주체사상에 대한 기술적 이야기를 간략히 제시하고 이에 근거하여 핵심 범주를 제시하고자 한다.

1) 기술적 이야기

본 참여자들의 기독교 복음수용을 중국에서 받아들인 경우와 한국에 와서 받아들인 경우로 나눌 수 있다. 하지만 복음을 받아들인 후 이들은 신학 공부를 시작하고 현재 신학생 3명을 제외하고는 모두 목회자의 길을 걷고 있다. 참여자들은 북한에서의 생활을 주체사상의 감옥에 갇혔고 이로 인해 인간이 소외되었다고 했다. 그리고 주체사상의 수령론에 절대적으로 의존할 수밖에 없었다. 참여자들은 주체사상의 허구를 직시하고 복음을 받아들였지만, 한동안 주체와 복음 그리고 속사람과 겉사람의 기로에 설 수밖에 없었다. 그들은 한계상황 속에서 주체사상이란 그릇된 신념의 미로에서 탈출했지만, 아직도 겉 사람의 잔재는 남아있었다. 참여자들은 교회와 세상의 갈림길에서 성경말씀과 구약성경의 구속사를 통하여 하나님의 길로 돌아섰다.

주체사상을 극복한 후에 비로소 진정한 자유가 무엇인지 알았으며 자신의 탈출과 남한 정착 그리고 복음수용이 하나님의 예비하심 때문이라는 것을 체험했다. 기독교는 체험의 종교라는 말처럼 참여자들은 머릿속에서 받아들인 신앙을 체험 속에서 진정한 신앙으로 바꾸었다. 그리고 주체사상을 다른 사회과학적 사상이 아닌 복음으로 해체했다. 참여자들은 자신의 정체성을 기독교 복음 맥락에서 재구성했고, 자신에게 주어진 십자가를 거부하지 않고 좁은 길을 가겠다는 결단으로 이어졌다. 이러한 과정을 거친 참여자들은 복음을 통한 북한 수복이라는 원대한 전략을 세웠고, 남한에 체류하는 탈북민들에게 복음을 전하며 동시에 통일 후 북한에 복음을 전하겠다는 비전을 지속해서 강화하고 있다.

2) 핵심 범주

이와 같은 기술적 이야기를 통해 구성한 핵심 범주는 오직 성경(Sola Scriptura)이다. "하나님의 말씀은 살아 있고 활력이 있어 좌우에 날 선 어떤 검보다도 예리하여 혼과 영과 및 관절과 골수를 찔러 쪼개기까지 하며 또 마음의 생각과 뜻을 판단하나니"라는 히브리서 4장 12절 말씀처럼 성경의 구속사를 통하여 주체사상을 해체하고, 성경을 통하여 복음으로 재무장한 후, 북한선교를 꿈꾸는 삶으로 제시할 수 있다.

V. 결론 및 논의

본 연구는 북한 출신 기독교 목회자 12인, 신학생 3인 모두 15명을 대상으로 한 탈북민 근거이론 연구로써 주체사상의 극복과 해체 그리고 자기의 재구성과 어떤 관계가 있는가 밝히고자 한 연구이다. 연구의 결론은 핵심 범주로 제시할 수 있다. 연구 결과에 의하면 사회과학 이론이나 사상으로는 주체사상을 극복하기 매우 어렵다. 왜냐하면 주체사상은 이미 사상을 넘어 북한 주민들의 신념과 가치는 물론, 생활 세계를 지배하고 있으며(송원근, 2015: 109) 유사 종교라고 할 수 있을 정도로 절대적 의존관계를 구성했다. 국내 연구학자들은 북한선교를 위해서는 주체사상과 유물론적 신학과의 대화가 필요하다(이찬석, 2016: 598)고 한다. 유물론적 사고를 지닌 북한 주민과 기독교와의 접촉점을 헬라 철학에서 찾아보고자(조해준·송창호, 2019: 647) 하지만, 본 연구에서는 핵심 범주에 나타난 바와 같이 주체사상을 해체할 수 있는 가장 강력한 무기는 성경의 구속사로 나타났다. 연구결과와 논의에 근거하여 기독교 실천신학 차원에서 탈북민들이 주체사상을 해체하는 데 도움이 될 수 있는 제안을 하고자 한다.

첫째, 탈북민들이 위한 '탈북민 성경학교' 설립을 제언한다. 신학대학 전 단계로 기숙하며 집중적으로 성경만 공부할 수 있는 성경학교를 개설하는 것이다. 연구 결과에 의하면, 참여자들은 성경공부를 통해서 복음을 받아들였을 뿐 아니라 주체사상의 모순을 분석했고, 자신이 하나님에 의해 예비된 존재라는 것을 깨닫게 되었다. 한국교계 차원에서 지원하고 성경을 가르치는 데 특별한 달란트가 있는 탈북민 목회자들과 함께 성경학교를 개설하여 집중적인 성경교육을 실시할 필요가 있다. 이들을 위한 숙소가 있어야 하고 직업을 갖지 않고 성경공부에만 전념하기 때문에 금전적 지원도 필요하다. 아울러 탈북민을 위한 성경공부 교재 개발도 시급하다(현재는 교재가 준비되었음). 탈북민을 위한 성경 교육은 남한 사회의 적응 기간을 늦추는 것이 아니라 단축하는 것이고, 복음으로 세상을 이길 힘을 배양하는 것이고, 장차 북한선교의 초석을 마련하는 것이라고 할 수 있다.

둘째, 탈북민 신학생들과 탈북민 교회에 대한 지원이다. 신학 공부를 마친 목사와 전도사가 200명이고, 신학생까지 하면 270여 명이 된다(북한기독교총연합회, 2024년 8월 집계). 탈북민들은 선교에 좋은 자원일 뿐 아니라 통일 후 북한에 복음을 전달할 수 있는 훌륭한 자원이다. 하나님의 구속사적 관점에서 보면 북한을 탈출하여 남한에 체류하며 신학 공부를 하고 있거나 목회를 하는 탈북민들은 하나님이 북한의 회복을 위해 예비하신 존재들이라고 할 수 있다. 본 참여자 15명 모두 북한선교의 비전을 품고 있다. 통일되면 가장 먼저 자신의 고향으로 달려가 복음을 전하겠다는 의지를 갖고 있다. 이들의 귀환의 꿈을 실현할 수 있도록 기도와 물질을 다해 도와야 할 것이다(박병애, 2020: 709).

셋째, 탈북민의 주체사상 극복과 사회 적응에 있어 환대의 선교를 해야 한다. 김의혁(2017: 146)은 탈북민을 성급하게 변화시키려 하기보다 그들의 독특한 문화를 그대로 받아들이면서 환대의 선교를 통해 믿음의 공동체를 세워 나가야 한다고 했다. 복음수용뿐만 아니라 남한 사회 적응에 있어 환대의 선교에 기반한 접근이 필요하다고 하였다. 교회의 절대적 지지는 그들이 지니고 있는 트라우마에 대한 공포를 해소하는 동시에 특히 교회 내에서 형제라는 인식을 공유하게 만든다. 남·북한의 문화적 이질감을 해소할 수 있는 계기가 될 뿐 아니라 주체의식을 극복하는 데 도움을 줄 것이다.

넷째, 주체사상을 극복한 북한 출신 목회자와 한국 실천신학자들이 기독교·주체사상연구소 설립을 제언한다. 주체 종교에서 김일성 수령교를 분리하는 연구를 하여 수령을 통해 영생한다는 종교적 틀을 해체할 필요가 있다. 우리가 북한선교를 해야 할 모집단(母集團)은 북한에 있는 2,600만 명이다. 탈북민은 모집단의 표본 집단이 아니다. 탈북민은 체제에 대한 불만과 기아로 인하여 탈북했기에 복음 수용이 더 용이했을 것이고, 북한에 엘리트 계층이나 불만이 없는 계층의 사람들에게 주체사상은 매우 견고하고 강력한 힘을 발휘할 것이다. 이러한 관점에서 주체사상 연구에 상당히 심혈을 기울여야 할 것이다. 주체 종교에 대응하는 신학적 이론 개발이 시급하고 북한 주민의 의식을 바꿀 수 있는 통일신학을 구체화해야 한다.

참고문헌

Cobin, J. M., & Strauss, A. L. (2015). *Basic of qualitative research : Techniques and Procedures for Developing Grounded Theory*(4th ed), (Losangels, CA: Sage)

Jong, Roza de. (2019). *Regime Survival in the International Community: North Korea's Institutional Legacies in Kim Jong-Un's New year Speeches.* Leiden University

Kwon, Son Dae. (2019). *Bringing North Korea to the Negotiating Table: Unstable Foundations of Kim Jong-un's North Korean Regime.* International Relations of the Asia-pacific.

Strauss, A., & Cobin, J. (1998). *Basic of qualitative research techniques.* (Thousand Oaks, CA: Sage publications).

West, Alzo David. (2011). *Between Confucianism and Marxism-Leninism: Juche and the Case of Chŏng Tasan.* Korean Studies. 93-121.

김병로.『북한, 조선으로 다시 읽다』. 서울대학교 출판문화원, 2016.
송원근.『주체사상 펼쳐 보기』서울: 청미디어, 2015.

김병로. (2000) "북한사회의 종교성: 주체사상과 기독교의 종교양식 비교." 서울: 통일연구원.
김승호. (2015). "통일 후 효과적인 북한선교를 위한 전략 연구." 개혁논총 36. 251-252.

김의혁. (2017). "북한이주주민을 향한 환대의 선교." 선교신학. 제47집. 146-173.

김정일. (1982). "주체사상에 대하여." 로동신문. 1982년 3월 31일.

김종수. (2008). "북한 주민 생활과 사상 교양 공간." 정책연구. 4권(2). 86-112.

박병애. (2020). "탈북민 목회자 생애사 분석을 통한 복음수용성 연구." (숭실대학교 대학원 박사학위 논문)

박병애·김성배. (2020). "탈북민 목회자의 생애사 분석을 통한 복음수용성 연구-멘델바움 생애사와 루이스 람보의 회심이론으로 분석." 신학과 실천. 72. 677-714.

박영환(2007). "통일 과정에서 북한선교의 기능적 역할로 본 북한교회 재건." 선교신학. 제15집(2007). 88-109.

변진흥. (2018). "주체사상과 종교의 공존은 가능한가." 기독교 사상. 718. 22-32.

조인수·손민정·최정은. (2020). "북한이탈주민의 직업문화충돌과 직업적응에 관한 연구." 한국산학 기술학회 논문지. 21(1). 354-372.

이찬석. (2016). "북한선교를 위한 '주체사상과 유물론적 신학'의 대화." 신학과 실천. 제51. 585-609.

조해준·송창호. (2019). "유물론적 사고의 북한 주민을 향한 기독교적 접근: 바울의 아테네인 접촉을 중심으로." 한국콘텐츠학회논문지. 19(10). 641-6.

지상선·현은자. (2021). "북한이탈주민의 한국에서의 자녀 교육에 대한 질적 연구." 신앙과 학문. 26(3) 85-88.

http://kosis.kr 2024년 7월 13일 접속. 북한 통계 주요 지표

에필로그

학위논문 통과 후, 논문지도 교수께서 주체사상에 대한 연구는 많으나 주체사상과 기독교를 결합해서 한 연구는 전무하니 연구해 볼 것을 권유하셔서 본 논문을 쓰게 되었다. 방법론은 근거이론으로 하며 15명의 참여자로 연구를 하여 학위논문과 합쳐 책으로 출간할 것도 권유하였다.

근거이론은 이론을 만들어 내는 연구방법으로 질적연구방법의 꽃이라고 한다. 그 당시 근거이론에 대해 몰랐기에 근거이론을 배우기 시작하며 참여자들을 선정하고 인터뷰가 시작되었다. 코로나19가 만연한 시절이라 직접 인터뷰를 못하고 우선 설문지로 대신했다. 설문지 문항은 성경을 가르치는 데 탁월하다고 소문이 난 탈북민 목사의 도움을 받아 함께 작성하였다.

기독교인 일반 탈북청년들에게도 설문지를 주었으나 사례비를 지급함에도 질문지가 어렵다고 모두들 사양을 했다. 왜 그런가? 북한 연구가에게 자문을 구하니, 탈북민들이 비록 북에서 주체사상화 되어 살다가 왔지만 주체사상에 대해 물어 보면 막상 모른다는 것이다. 한국에 정착하고 신학대학을 다니며 비로소 주체사상이 무엇인지에 대해 배우기 때문에 탈북민 신학생이 아닌 기독교인들도 주체사상에 대해 잘 모른다는 것이다. 그래서 설문지 문항을 함께 작성해 주신 목사의 도움으로 탈북민 신대원생들에게 설문지를 돌렸고 15명에게 설문지 답변을 받았다.

심층 인터뷰를 해서 쓰는 질적연구방법은 인터뷰를 어떻게 하느냐에 따라 논문의 성과와 질이 달라질 수 있기에 심층 인터뷰 과정에 심혈을 가장 많이 기울였다. 탈북민들은 생활총화를 해서 그런지 말은 굉장히 잘하는데 글로 쓰는 것은 상당히 힘들어했다. 문항에 작성을 잘 해준 응답자는 2명 정도로 소수였고, 다들 단답형 답변이어서 다시 Zoom으로 일일이 인터뷰를 하였다. 15명 인터뷰 중에서 10명만 취하고 학위논문을 쓸 때 참여자 5명의 목사들의 인터뷰와 합쳐 15명의 인터뷰 내용을 근거이론으로 분석을 했다. 15명을 인터뷰해서 전사하는 데 꼬박 1년이 소요되었다. 근거이론으로 분석하여 기술하는 데는 2달이 걸렸다. 2021년은 다시 학위 논문을 쓰는 듯하였다.

이 논문은 탈북 기독교인의 주체사상 극복과 재구성을 주제로 한 최초의 연구로 시의적 의의가 있다고 할 것이다.

제4편

콜라지 현상학 렌즈를 통해서 본
탈북민 목회자 12명의 회심 이야기[1]

한글 초록

본 연구는 탈북민 목회자들의 복음수용과 성장 그리고 교회 개척에 대한 연구이다. 연구에서는 탈북민 목회자들의 체험 속에 나타난 기독교 복음의 의미와 본질을 규명하고자 했다. 본 연구에는 탈북민 목사 6명과 전도사 6명, 총 12명의 목회자들이 참여했다. 자료는 일대일 심층면담을 수행하여 구성했다. 연구자는 콜라지(1978)가 제안한 체험적 현상학적 연구방법에 따라 자료를 분석했다. 자료 분석 결과 95개의 주제, 24개의 주제 결집을 도출했고 이

---

1) 이 논문은 "탈북민 목회자들의 회심에 대한 Colaizzi 현상학적 연구," 「신앙과 학문」, 27(2), pp.27-55을 수정한 것이다

를 5개의 범주로 결집했다. 이를 다시 「사상과 진리의 전쟁」, 「좁은 길과 넓은 길」, 「하나님과의 만남」, 「교회공동체 회복」, 「전도자로서 천로역정」 범주에 재배열하여 참여자들의 체험의 의미와 구조를 기술했다. 마지막으로 연구 결과에 근거하여 북한선교와 탈북민 목회자들을 지원하기 위한 실천신학 차원에서 구체적 제안을 했다.

주제어: 콜라지 현상학적 연구, 복음수용, 탈북민 목회자, 회심, 북한선교, 북한이탈주민 선교

I. 서론

"하나님의 기적의 역사가 사라졌다고 믿는 사람들은 지금 남북한에서 일어나고 있는 탈북민들의 회심과 기독교 복음수용을 보라"고 어떤 탈북민 목회자가 증언하듯이, 지금 한반도에는 하나님의 기적이 일어나고 있다. 이 기적은 탈북민의 탈출과 기독교 복음의 수용이라고 할 수 있다. 북한 사회는 종교의 자유가 없는 사회일 뿐만 아니라, 기독교를 포함한 모든 종교를 인정하지 않고 있다. 그들이 대외적으로 내세우는 종교는 국가종교로서 신앙과는 무관한 것이다(북한인권정보센터, 2019). 특히 북한은 공산주의 사상의 철학적 기반인 유물론과 이에 근거한 주체사상으로 북한 주민들의 정치, 경제적 삶을 통제해 왔기에 주체사상은 가장 강력한 헤게모니(hegemony)로서 북한 주민들의 정신과 몸을 통제해 왔다(이선호, 2020:57). 특히 북한의 주체사상은 거대한 유사 사이비 종교로서 김일성에게 신적 권위를 부여하고 주체사상을 종교 경전처럼 인식하고 있다. 이러한 환경

속에서 성장하고 의식화된 탈북민들이 중국 체류 또는 남한에 입국한 후, 기독교 복음을 받아들이는 것은 기적 아니고는 설명할 수 없을 것이다. 탈북민들의 기독교 복음수용은 하나님의 살아 있는 역사의 증거라고 할 수 있다. 현재 한국의 기독교인의 비율은 점차 감소하고 있다. 하지만 탈북민들의 34.8%가 기독교 신앙을 가지고 있으며 불교(3.1%) 천주교(2.2%) 등에 비해서는 비교할 수 없을 정도로 높은 비율을 나타내고 있다(남북하나재단, 2014).

정치적·사회적 관점에서 탈북민을 기아 탈출과 정치적 자유를 찾아 입국한 사람들로 보지만, 기독교 구속사적 관점에서 보면 탈북민 기독교인들은 우리 민족의 복음화를 위하여 하나님이 예비하신 존재들이다. 동시에 그들의 성장은 우리 기독교 공동체의 전체 믿음의 성장과도 연결되어 있다고 할 수 있다. 하지만 지금까지 수행된 탈북민들의 기독교 회심과 복음수용에 대한 연구들은 대부분 부정적이거나 복음수용의 동기 등 표면적인 분석에 머무르고 있다.

선행연구에 의하면 탈북민들이 신앙을 갖게 된 동기는 첫 번째, 삶의 어려움을 극복하기 위한 도구, 기독교의 도덕적인 측면에 대한 감동과 함께 절대자에 의존하고 싶은 감정 등으로 보고되고 있다(유영권, 2005: 197-198; 전우택·조영아, 2003: 114-115).

두 번째는 탈북민들이 남한 사회에서 기독교 복음을 접하고 하나님을 구주로 영접하는 과정에서 북한 사회에서의 경험은 어떠한 영향을 주는가에 대한 연구이다. 지금까지 국내에서 수행된 대부분의 연구들은 탈북민들의 기독교 복음수용과 성장에 대하여 보고하고 있는데 이러한 연구 동향에서 상대적으로 탈북민 목회자들의 기독교 회심 과정은 관심이 부족했다. 현재 탈북민들은 탈북민 1세대와 1.5세대들을 합하여 신학 공부를 마친 목사와 전도사가 200명, 현재 신학생들이 70명, 모두 270명에 이른다(북한기독교총연합회, 2024년 8월 기준). 약 34,121명을 상회하는 탈북민 중 목회자와 신학생이 270명이라는 것은 매우 놀라운 수치이다. 탈북민 독회자들은 매우 특별한 비전을 품고 있다. 선행연구에 의하면 탈북민 목회자들은 남한에서 목회를 하고 있지만, 다양한 방법으로 북한선교를 하고 있으며 통일 후에는 북한에 복음을 전파하겠다는 열의를 가지고 있다. 그들에게 통일 또는 북한의 문이 열리는 날은 자신의 고향으로 귀환하여 하나님 나라를 건설하는 날이다(박병애, 2020).

탈북민 목회자들의 기독교 복음수용과 회심 그리고 그들의 신앙 성장과 비전에 대한 연구가 필요하다. 이러한 연구는 탈북민 목회자들에 대한 이해뿐 아니라 그들의 목회 전략을 북한선교의 비전으로 다시 세우고, 북한 복음화 전략의 기초를 세움에 있어 통찰력 있는 지식과 이해력의 기반을 제공할 수 있을 것이다. 하지만 지금까지 국내에서는 탈북민 목회자에 대한 연구가 소수였을 뿐 아니라 그들의 신앙체험과 관련된 연구는 조성봉 외(2018)의 "탈북민 목회자의 신앙 성장 요인 분석"과 박병애(2019)의 "탈북민 목회자의 복음수용 과정 분석"이라는 논문이 존재할 뿐, 탈북민 목회자들의 복음수용의 의미 그리고 구조에 대한 연구는 매우 부족했다.

본 연구에서는 탈북민 목회자들의 회심과 성장에 관한 현상학적 연구를 수행하고 그들의 체험 속에 나타난 복음의 의미와 구조를 분석하여 탈북민 목회자들의 신앙과 목회에 대한 심층적 이해와 함께 이에 근거하여 국내 탈북민에 대한 선교전략과 중국 등을 통한 우회적 북한선교전략을 위한 실천신학 차원의 제언을 하고자 한다. 마지막으로 연구 문제는 다음과 같다. 탈북민 목회자들의 회심과 신앙의 성장에 의미와 본질 구조는 어떠한가? 이에 관해 콜라지

(Colaizzi)의 현상학적 방법으로 연구하고자 한다.

II. 연구방법

1. 현상학적 연구 접근의 의의

본 연구는 북한 출신 목회자들의 회심 경험을 구체적 내용과 맥락은 물론 특히 의미를 고찰하고자 한다. 현상학은 사실학이 아니라 본질학이며 가장 주된 탐구의 목적은 의미의 발굴이다(이남인, 2007). 탈북 목회자들에게 있어서 기독교 복음의 수용과 회심 과정은 전 생애에 걸친 역동적 과정인 동시에 하나님과의 관계 그리고 사람, 교회공동체 관계가 새롭게 구성되는 체험이라고 할 수 있다. 따라서 현상학적 연구 접근이 적절하다고 판단된다. 특히 현상학적 연구는 연구자나 주류 관점이 아닌 참여자들이 경험한 현상 자체로 돌아가 엄밀하면서도 보편적인 의미를 발굴해 내는 것이다. 탈북민 목회자들의 신앙체험은 그들의 생애 속으로 들어갈 필요가 있고 그들의 경험에 기반하여 구성한 의미와 본질만이 현상을 제대로 드러낼 수 있다고 본다.

본 연구에서는 후설(Husserl)의 선험적 현상학에서 영향을 받은 기술적 현상학적 연구방법으로 접근하고자 한다. 후설은 20세기 초반 심리학계를 주름 잡았던 경험심리학, 즉 인간의 심리적 경험을 조작하고 실험과 관찰을 통해서 드러내려는 심리학적 주류 태도에 반대하여 기술적 심리학 연구를 제시했다. 그는 인간들이 의식을 통한 경험을 있는 그대로 기술하는 데 목적을 두고 있다. 이와 같은 후설의 현상학 도그마를 방법론으로 발전시킨 다양한 연구자들 중, 본 연구에서는 기술적 현상학적 연구의 개척자라고 알려진 지오르기(Giorgi)의 제자이자 경험의 기술과 함축적인 구조를 제시한 콜라지(Colaizzi, 1978)의 체험적 현상학적 연구로 접근하고자 한다. 콜라지는 후설이 제시한 현상학적 환원의 방법을 통해 개인의 경험을 있는 그대로 드러내는 것을 핵심으로 하고 있다.

2. 참여자 선정

참여자는 마일스와 휴버만(Miles & Huberman) 그리고 살다나(Saldana, 2018)가 제시한 질적연구의 표집 유형 중 강도표집으로 선정했다. 강도표집이란 연구자가 연구하고자 하는 현상에 대해 충분한 동시에 강렬한 경험을 한 사람을 의도적으로 선정하는 것이다. 강도표집을 통해 현상의 다양한 측면과 함께 그 의미를 발굴할 수 있다. 콜라지는 그의 대표적 연구(Colaizzi, 1973)에서 배움의 의미와 본질을 규명하고자 했다. 본 연구는 콜라지의 전례를 따라 12명의 참여자를 선정했다. 참여자는 구체적으로 세평적 사례선택 방법을 통해 선정했다. 연구자는 탈북민 교회를 돕고 있는 서울 시내 5개 교회의 관계자들에게 연구의 목적과 취지 등을 설명했고 참여자 소개를 의뢰했다. 그들의 소개를 받아 모두 12명의 참여자를 선정했다. 참여자들의 인구 사회학적 정보 및 신학 공부 목회 관련 사항은 다음과 같다.

[표 1] 참여자의 인구학적 특성

참여자	성별	나이	남한 체류 기간	복음을 접한 연도	복음을 접한 장소	직업
참여자 1	남	50대	24년	1992년	중국	목사
참여자 2	남	40대	13년	1996년	중국	전도사/신대원
참여자 3	남	40대	19년	1998년	중국	목사
참여자 4	여	40대	19년	1999년	중국	전도사/신대원
참여자 5	남	40대	9년	1998년	중국	목사
참여자 6	남	50대	17년	1998년	중국	목사
참여자 7	남	40대	17년	2004년	한국 기도원	목사
참여자 8	여	40대	16년	1998년	중국	목사
참여자 9	여	40대	15년	2006년	한국교회	전도사/신대원
참여자 10	여	30대	14년	2017년	한국교회	전도사/신대원
참여자 11	남	50대	13년	2007년	중국	전도사/신대원
참여자 12	여	30대	11년	2011년	한국교회	전도사/신대원

*참여자의 비밀 보장을 위하여 나이는 연령대로 표시하였고, 탈북 연도 순으로 정리하였다.

3. 자료 수집

자료는 참여자들과 일대일 심층면담을 수행하여 구성하였다. 콜라지는 심층면담 수행 전, 형식적 진술문을 구성할 것을 제안했다. 연구자는 탈북민들의 기독교 복음수용과 북한의 종교 문제 등을 걷토한 후, 다음과 같은 형식적 진술문을 구성했고 이를 중심으로 반구조화 된 인터뷰를 진행했다. 형식적 진술문은 다음의 표와 같다.

[표 2] 설문지 질문 내용

번호	질문 내용
1	참여자들의 인구사회학적 정보
2	처음 기독교 복음을 접하게 된 계기와 장소, 이와 관계된 사람들

번호	질문 내용
3	기독교 복음을 접했을 때 느낌이나 정서 특히 북한의 사회주의 주체사상과 선군사상과 관련하여
4	복음을 수용한 후 신앙이 성숙해진 과정과 내용, 그리고 여기에 영향을 준 다양한 맥락들
5	목회자가 되기로 결단하게 된 시기와 이유, 장소, 영향을 준 사람들
6	목회자의 길을 걷기로 한 후, 도움 받은 사람들과 본인의 노력들
7	신학생 시절(목회자 시절) 마음의 동요를 일으킨 사건이나 계기, 맥락, 영향을 준 사람들
8	세상적 유혹을 딛고 다시 목회에 진입하게 된 개인들의 이야기
9	탈북민 목회자로서의 목회 어려움과 극복 내용
10	남한교회공동체와의 관계, 상호작용
11	북한선교 계획과 통일 후 선교 계획과 준비에 대한 내용

참여자들과는 자료의 포화와 충분성을 확보하기 위하여 많은 수의 인터뷰를 수행했다. 참여자 1인당 5회, 1회 50분의 인터뷰 시간이 소요되었다. 모든 인터뷰는 참여자들의 사전 동의를 얻어 녹음을 했고 이를 문서본으로 변환했다. 심층면담 기간은 2019년 5월부터 2021년 10월까지 진행하였다. 심층 인터뷰는 참여자들의 안전과 편의를 고려하여 그들이 원하는 장소에서 수행했다. 참여자들의 목회지, 신대원 회의실 등에서 수행했다.

4. 자료 분석과 기술

자료 분석은 콜라지가 제안한 7단계 자료 분석 절차에 따라 수행했다. 연구자는 자료의 분석과 기술이 끝난 후 참여자들과 다시 만남을 가졌고 그들로부터 연구자가 구성한 주제, 의미, 기술에 대한 타당성을 검증 받았다. 참여자들은 연구자의 분석과 기술에 별다른 의의를 제시하지 않았다.

5. 연구의 윤리적 문제와 타당성 재고

윤리적 문제와 타당성 문제는 박사 논문과 동일하다. 본 연구는 생명윤리 및 안전에 관한 법률을 고려하여 윤리지침을 구성했고 이를 숭실대학교 기관생명윤리위원회(IRB)에 제출한 후 승인을 받았다 (심의번호: SSU-202202-HR-387-1).

III. 연구 결과

참여자들의 구술 자료를 분석한 결과 95개의 주제가 출현했다. 이와 같은 주제들을 경험의 유사성 차원에서 결집하여 보다 추상화[2] 되고 참여자들의 경험을 수렴할 수 있는 24개의 주제 결집을 했다. 그리고 이를 다시 「사상과 진리의 전쟁」, 「좁은 길과 넓은 길」, 「하나님과의 만남」, 「교회공동체의 회복」, 「전도자로서의 천로역정」이라는 5가지 범주에 배열했다. 자료 분석 결과는 다음의 표와 같다.

[표 3] 주제, 주제 결집, 범주

범주(category)	주제 결집 (collection of topics)	주제 (List of topics)
사상과 진리의 전쟁	인본주의 사고의 잔재	• 곤경에 처해도 주체사상의 잔재로 인해 자기 힘으로 극복하고자 함 • 성경을 생명보다는 윤리도덕적으로 좋은 책으로만 받아들임 • 부자와 고학력자도 믿는 하나님의 존재에 대한 궁금증

---

2) 추상(抽象): 여러 사물 또는 개념 따위의 개별자들로부터 공통점을 파악하고 추려 내는 것

범주(category)	주제 결집 (collection of topics)	주제 (List of topics)
사상과 진리의 전쟁	유사 종교와 기독교 분별 지혜의 부재	• 기독교가 김일성 숭배와 비슷하다고 판단한 후 발 길을 돌림 • 김일성 우상화 작업과 기독교의 하나님 경배가 구 조적으로 다름이 없다는 회의 • 교회 생활은 북한에서의 생활총화와 다름이 없다는 불만 • 사도행전은 김일성의 혁명노작을 모방했다는 오해
	골수까지 퍼진 주체사상의 독	• 복음을 전달 받았지만 주체사상에 물든 영혼이었기 에 회피함 • 북한에서 배운 반기독교 교육으로 인해 기독교와 성경에 대해 근본적인 불신을 갖고 있었음 • 회심에 가장 큰 장애는 김일성 사상 • 주체사상이 영혼에까지 중독되었기에 복음이 들어 오지 않음
	유물론적 세계관의 장애	• 창세기 천지창조는 유물론적 사고에 물든 지성으로 는 받아들일 수 없음 • 성경통독학교에서 무수히 성경을 읽었지만 과학적 사고에 물들었기에 받아들일 수 없음 • 유물론 교육을 받았기에 눈에 보이지 않는 것을 믿 는다는 것은 머리로는 받아들였지만 마음으로는 받 아들이지 못함 • 머리로는 받아들였지만 보이지 않기에 마음으로 받 아들이기 어려움 • 비과학적인 성경공부를 해야만 하는 것에 대한 반감
좁은 길과 넓은 길	성장이 지체된 믿음의 씨앗	• 복음은 받아들였지만 믿음이 성장하지 않기에 하 나님과 나의 자아가 곤고함 • 남한에서 성공하겠다는 생각만으로 꽉 차 있을 때 에는 애써 싹튼 복음의 씨앗도 개화하지 못함
	세상의 길과 하나님의 길의 기로	• 자신의 운명은 자신의 힘으로 개척하여 남한의 재 벌과 같이 돈을 벌고 싶은 욕망 • 하나님께 모든 것을 맡기면 순교자가 될 수 있다는 불안으로 주저함 • 온전히 순종하는 삶은 가난과 고통이라는 생각에 결단하지 못함 • 교회에서는 하나님, 나의 삶은 주체사상이라는 양 다리 걸침 • 한국의 세속주의에 물들어 신앙이 귀찮은 것으로 전락 • 돈과 주님의 길 사이에 방황함
	스스로 짊어진 십자가	• 억지 순종에서 자발적 순종으로 바뀌자 하나님 영 광을 위한 삶을 살겠다는 새로운 각오 • 개척교회는 어렵다는 말을 듣고 주저했으나 이미 무수한 기적을 체험했기에 자신감으로 도전

범주(category)	주제 결집 (collection of topics)	주제 (List of topics)
좁은 길과 넓은 길	스스로 짊어진 십자가	• 북한에서는 반동분자의 자손이라 충성을 하고자 해도 불가능했으나 교회에서는 하나님에게 충성할 수 있는 기회가 생김
	받은 사랑의 보답 전도	• 북한 동포와 남한에 있는 탈북민들에게 복음을 전하는 것이 하나님이 나에게 준 지상명령 • 소망이 생기자 북한 복음 전파와 통일의 겨자씨로 헌신하겠다는 각오 • 하나님과 남한 교인들에게 사랑을 받았으니 북한 주민들에게 되갚아야 한다는 생각 • 복음으로 독재치하에서 신음하고 있는 북한 동포를 구하겠다는 헌신성
하나님과의 만남	여호와 이레의 체험	• 성경을 온전히 받아들인 후, 자신의 탈출과 남한 입국이 모두 하나님의 인도하셨음을 깨달음 • 북한과 중국에서 고생한 삶으로 생각했으나 하나님이 택해서 불러주었다는 체험 • 탈북민 목회라는 험한 길을 선택하자 하나님의 예비하신 사람들이 찾아 옴 • 경제적으로 신학 공부를 포기해야 할 때마다 도움을 주는 사람들이 나타남 • 교회와 후원자의 지지로 신대원을 무난히 졸업함 • 탈북민 신학생들에게 주는 신학교의 장학금 혜택
	체험으로 거듭남	• 골수에 박힌 주체사상을 청산할 수 있는 유일한 길은 성령 체험 • 하나님으로부터 받은 기쁨과 평안을 경험하자 평생을 지켜온 신념이 흔들림 • 기독교를 종교로만 알았으나 생명으로 받아들임
	자기의 부인	• 나의 삶이 나의 욕망과 의지대로 되지 않는다는 것을 깨달음 • 모든 것을 내려놓는 결단을 했을 때 하나님은 새로운 삶을 선물로 주심 • 택함을 받은 동시에 죄인이라는 것을 깨닫자 아집으로 뭉쳐진 삶이 산산이 부서짐 • 실패를 한 후, 남한 사회에 대한 무서움보다는 하나님의 도움이 필요함을 자각 • 김일성의 노예에서 벗어나 나의 주인이 되었지만 하나님의 종으로 바뀜 • 신앙이 성숙되어 감에 따라 제일 먼저 버린 것은 나의 이기심
	모순을 일깨운 하나님의 사랑	• 하나님과 인격적 만남이 있은 후 주체사상의 모순을 직시함 • 주체사상은 성경을 복사했지만 사랑만큼은 복사하지 못했다는 각성 • 성령 체험은 지성을 믿어 온 나를 완전히 바꿈

범주(category)	주제 결집 (collection of topics)	주제 (List of topics)
하나님과의 만남	모순을 일깨운 하나님의 사랑	• 남한 교인들의 호의를 편견 없이 받아들일 수 있는 마음의 밑바탕에는 사랑의 체험
	위대한 체념 후 축복	• 모든 것을 내려놓는 결단을 했을 때 하나님은 새로운 삶을 선물로 주심 • 운명의 주인 자리를 포기했을 때 생명수가 솟아오르고 지혜가 생김 • 하나님께 모든 것을 의탁했을 때 현실에서 기적이 일어남 • 하나님께 모든 것을 맡겼을 때 나의 삶이 천국으로 변함
	순종을 통한 무한 자유	• 하나님의 구속 안에서 자유를 느낌 • 예수님의 순종을 닮고자 간절하게 기도하고 눈물을 흘림 • 교만함을 내려놓고 약함을 인정하자 능력이 생성됨 • 기도가 거듭될수록 자만심이 사라지고 겸손해짐 • 하나님의 사랑 속에서 무한한 자유를 느낌
	생존을 위해 선택한 교회	• 의식주 문제를 도움 받고자 도구적 목적으로 교회에 출석함 • 중국에서는 생존을 위한 도피처로 교회를 선택 • 중국에서 노숙을 하다가 교회에서 도움을 받기 위해 출석함 • 몸은 교회에 의탁했으나 마음은 세상으로 향해 있음 • 신앙도 배우고자 하는 열망도 없이 교회가 주는 편리함만 믿고 따라감
	높은 기대로 인한 실망	• 교회는 지지도 있지만 탈북민이라는 편견으로 인해 신앙이 후퇴함 • 교회 내에도 빈부격차가 있다는 것을 인식하고 교회 밖으로 나가고자 함 • 교회에서의 믿음은 돈으로 측정한다는 오해 • 교회의 지원이 줄어들자 베푼 고마움보다는 배신감을 느낌
교회공동체 회복	피해의식	• 주체사상에 속았기에 기독교와 성경에 다시 속지 않겠다는 저항 • 탈북민들을 도와주려고 하는 남한 교인들에 대한 피해 의식 • 거의 한평생 적개심을 품고 살았기에 교회에서도 쉽게 분노함 • 충분한 헌금을 하지 못하자 아무도 말하지 않음에도 불구하고 자격지심을 느낌 • 남한 교인들 틈에 긴 개밥의 도토리 같다는 인식 • 원수를 사랑하라는 예수님의 말씀을 듣고 북한 정권이 떠올라 갈팡질팡함

범주(category)	주제 결집 (collection of topics)	주제 (List of topics)
교회공동체 회복	사랑으로 회복한 공동체	• 사람에게는 실망했으나 하나님을 만난 후에는 교회생활이 즐거워짐 • 나의 고통을 진심으로 긍휼히 여기는 교우들의 사랑 • 교회에서 사랑과 지지를 받은 후에 다른 사람의 슬픔과 고통을 아파할 수 있는 능력이 생성됨
	하나님의 사랑에서 발견한 신비함	• 고학력 전문직 종사자들이 위험을 무릅쓰고 중도에서 선교를 하는 것을 보고 이타적 삶이 무엇인지를 깨달음 • 자신의 안위를 걱정하지 않고 탈북민을 보호해 준 목사의 실천에서 하나님의 모습을 발견 • 하나님의 모습을 닮은 탈북민 목사를 보고 자신도 감화를 받음
전도자로서 천로역정	복음 맥락에서 정체성 재구성	• 탈북민이라는 편견보다는 나는 통일을 위해 하나님이 예비하신 사람이라는 정체성 • 신대원 입학은 하나님의 사람으로 거듭나기 우한 통과 의례 • 나의 삶은 북한 정권의 피해자가 아니라 주체사상이라는 죄악에 끌려 다닌 삶 • 성경을 과학으로 해석하다 하나님의 사랑으로 해석하는 관점의 전환
	살아 있는 기적의 증거	• 성경에 기록된 기적이 모습만 바꾸어 나에게도 일어남 • 나의 회심은 기적이 사라진 줄 아는 사람들에게 기적의 증거
전도자로서 천로역정	예루살렘의 회복 북한 복음화	• 나의 삶에서 일어난 기적을 북한 주민들에게도 체험하게 하고 싶음 • 외국 유학의 길도 있었으나 탈북민들을 위해 가척을 시작함 • 개척교회는 어렵다는 말을 듣고 주저했으나 이미 무수한 기적을 체험했기에 자신감으로 도전 • 나의 남은 삶은 오로지 하나님과 북한 복음을 위한 삶
	일사각오의 선교 의지	• 순교자가 돼도 영광이라는 각오로 북한선교에 매진 • 내가 선 자리에서 죽고자 할 때 하나님께로 나아가 살 수 있는 길이 열림
	이 땅에서 천국 건설	• 가시밭길이라고 생각했던 목회자의 길이 영적으로는 꽃밭으로 변함 • 몸은 지하 교회에 있지만 영혼은 찬란한 하늘나라에 있음 • 누울 자리가 있고 배고프지 않음도 하나님의 커다란 선물

1. 사상과 진리의 전쟁[3]

1) 인본주의 사고의 잔재

참여자들은 복음을 받아들였고 하나님을 자신의 구주로 영접하는 신앙고백을 했지만 겨자씨 같은 믿음이 성장하는 데는 많은 장애가 있었다. 그 장애 중 하나가 인본주의라고 할 수 있다. 참여자들은 부자와 고학력자도 믿는 하나님이라는 존재에 대한 궁금증도 있었지만, 한편으로는 북한 체류 때부터 골수에 박힌 주체사상으로 인해 어려움이 닥쳐도 하나님께 도움을 청하기보다는 자기 힘으로 극복하고자 했다. 그뿐만 아니라 성경을 윤리·도덕적으로 좋은 책으로만 받아들였다. 이는 칸트의 종교 도덕관과도 유사하다고 할 수 있다.

> "주체사상은 철저한 인본주의이고 인본주의의 정점이었기에 주님을 구주로 영접하는 데 걸림돌이었어요. (중략) 내 운명의 주인은 내 자신이기 때문에 내가 뭐든 열심히 하면 된다고 생각했어요."(참여자, 2)

2) 유사 종교와 기독교 분별지혜 부재

참여자들은 북한의 통치 체제가 교회와 같고 주체사상은 성경을 모방한 것이라고 구술했다. 하지만 이러한 인식은 남한에 입국한 후 신앙생활을 하면서 발전된 것이고, 초기에는 김일성 숭배와 하나님 숭배는 동일하다고 인식했고 김일성 숭배에 희생당한 자신이 또다시 하나님을 숭배할 수 없다고 판단하고 발길을 돌리기도 했다. 사

---

[3] 지면 관계로 구술 데이터는 꼭 필요한 몇 개를 제외하고 생략한다.

도들의 행적을 기록한 사도행전은 김일성의 항일 빨치산 투쟁을 기록한 혁명노작을 모방했다는 오해를 했다. 특히 주일뿐만 아니라 새벽기도, 수요예배, 가정예배로 이어지는 교회의 예배 시스템을 북한의 생활총화와 동일하다고 인식했다. 북한에서는 각 지역에 거점을 정하고 생활총화라는 미명 아래 주민들을 결집시키고 교육한다. 참여자들은 생활총화에 싫증을 느꼈을 뿐만 아니라 극도의 스트레스를 받았는데 남한에 와서도 이를 되풀이한다고 생각했다.

3) 골수까지 퍼진 주체사상의 독

참여자들은 회심에 가장 큰 장애는 주체사상이라고 이야기했다. 참여자들은 메시지를 전달 받았고 하나님에 대한 믿음이 생겼지만 그들의 영혼은 이미 주체사상에 중독되었기에 본능적으로 복음을 거부할 수밖에 없었다. 특히 북한에서 받은 기독교에 대한 적대적 교육은 기독교는 물론 성경에 대해 불신을 갖게 했다. 이러한 불신은 복음을 수용한 후에도 상당 기간 지속되었다. 참여자들은 주체사상이 독이라는 의미를 구성했지만 그 독이 자신들의 골수에까지 퍼져 영혼까지 장악했다고 구술했다.

> "미국과 남조선은 우리의 철천지원수라는 적개심으로 세뇌시킨 후 주체사상을 주입하면 거부감 없이 그대로 주체사상을 받아들입니다. 주체사상은 사상을 넘어 신념이었고 종교였어요. 하나의 신앙이었지요."(참여자, 4)

4) 유물론적 세계관의 장애

참여자들은 대부분 중국에서 선교사들에게서 전도를 받았고 성경통독학교에서 성경을 읽었다. 성경통독학교는 참여자들에게 신변의 안전과 주거와 음식물을 제공했지만 참여자들은 성경에 대해 비과학적이라는 생각을 지니고 있었다. 참여자들은 자연과학적 사고와 사회주의 과학만이 인류를 구원할 수 있다고 교육받았기에 그들의 사고는 유물론적 사고에 젖어 있을 수밖에 없었다. 특히 창세기의 천지창조는 믿을 수가 없었다. 무에서 유가 창조된다는 것은 변증법적 사고로는 도달할 수 없는 인식의 세계였다. 참여자들은 유물론적 사고 체계에서는 눈에 보이고 이성으로 인식할 수 있는 것만 믿을 수밖에 없었다. 눈에 보이지 않는 하나님을 믿는다는 것은 인위적 노력을 다해도 마음에서는 여전히 반감이 있었다. 참여자들은 자신들의 복음은 마음과 영혼이 아닌 머리로 받아들이는 것으로 의미를 구성하였다. 이렇듯 유물론적 세계관은 복음의 씨앗을 싹트지 못하게 하고 썩게 할 수 있는 조건이기도 했다.

"주체사상의 세계관은 유물론, 신은 없다고 출발하지요. 창세기 1장 1절을 읽고 바로 책을 닫아 버렸어요. 창세기 1장에서 나오는 대부분의 말씀들은 인간의 상식과 지능으로는 절대 믿을 수 없는 말씀 구절들이었기 때문에 말도 안 되는 허구라고 생각했어요."(참여자, 9)

2. 좁은 길과 넓은 길[4]

1) 성장이 지체된 믿음의 씨앗

참여자들은 중국에서는 신변의 위협과 배고픔 등으로 고통받았지만 영혼은 밝았다고 했다. 하지만 남한에 온 후, 배부름을 경험했지만 오히려 영혼이 곤고해졌다고 구술했다. 이러한 영혼의 곤고함은 그들의 마음의 밭에 떨어진 복음의 씨앗이 싹트지 않았기 때문이며 신앙이 성장하지 못했기 때문이라고 할 수 있다. 참여자들은 북한과 중국에서의 불행한 삶을 남한에서 복구하겠다는 생각으로 꽉 차 있었고 경제적 성공을 통해 이를 달성하고자 노력했을 때 복음의 씨앗은 싹트지 못했다고 구술했다.

2) 세상의 길과 하나님의 길의 기로

남한 입국은 참여자들에게 자유 그 자체였지만 남한의 물질문명에 흔들리기도 했다. 주체사상을 완전히 버리지 못한 참여자들은 교회에서는 하나님을 찾았지만 자신들의 삶은 주체사상에 걸치며 양다리 전략을 사용했고, 이런 전략은 자신의 운명은 자신이 개척하여 많은 돈을 벌겠다는 욕망으로 이어졌다. 참여자는 돈과 주님의 길에서 방황했다. 중국에 있을 당시 위험에 처했을 때 자신이 올무에서 빠져나가면 평생을 주님께 바치겠다고 서원기도 했지만, 한국의 풍요로움과 물질문명을 접하자 신앙을 귀찮은 것으로 인식하기도 했다. 하나님께 온전히 순종하는 사람으로 살고자 했으나 순종하는 삶은 가난과 고통이라는 생각에 빠지기도 했다. 이러한 인식

---

[4] 구술 데이터 생략

은 중국에 체류한 선교사들의 일상생활을 목격했기 때문이기도 했다. 선교사들은 극도의 내핍 생활을 했고 탈북민들을 보호하기 위해 자신들의 의식 생활을 최대한 절약해야만 했다. 참여자들은 이것이 순종이라는 생각보다는 외형적 궁핍만 기억했다. 따라서 그들에게 하나님의 길이란 고통과 궁핍의 길이라는 생각이 굳어졌다. 참여자들은 세상으로 가는 넓은 길과 가시밭길과 같은 하나님의 길의 기로에 설 수밖에 없었다.

3) 스스로 짊어진 십자가

참여자들은 세상으로 향하던 길을 돌려 하나님의 길을 선택했는데 그 첫 번째는 십자가를 스스로 짊어진 것이라고 할 수 있다. 참여자들이 생명의 위협을 느꼈을 때 한 기도는 억지 순종이었다고 할 수 있다. 자신의 안전을 위해 하나님의 능력을 이용한 것이라고 의미를 구성했다. 하지만 남한에서 갈등을 극복하고 자발적인 순종을 하겠다고 결단하자 자신의 삶은 하나님의 영광을 위한 삶으로 살아야겠다는 각오로 바뀌었다. 참여자들은 교회에 대한 충성과 헌신이 자기의 희생이 아니라 축복이라고 의미를 구성하기도 했다. 북한에서 소위 반동분자의 자손으로 낙인 찍힌 참여자들은 국가에 충성을 다하고자 해도 대상이 없었다. 하지만 교회는 하나님에게 충성을 다할 수 있는 장소였다.

참여자들이 개척교회를 시작하겠다고 했을 때 주변에서는 개척교회가 처한 상황을 이야기해 주며 만류하기도 했다. 하지만 참여자들에게서 개척교회는 남한 주민들과의 갈등으로 인해 방황하는 탈북민들이 숨 쉴 수 있는 안식의 장이자, 하나님께 충성할 수 있는 절대적 장소였다. 참여자들은 자신들이 십자가를 짊어졌을 때, 하나님은 개척교회의 지하 어두운 골방에 강림했다는 표현을 했다.

4) 받은 사랑의 보답 전도

참여자들은 자신들의 삶이 하나님은 물론, 복음을 전한 선교사 그리고 남한교회의 목회자와 교인들의 도움으로 점철되었다고 구술했다. 참여자들은 하나님은 필요할 때마다 선교사, 교회의 중직들, 목회자를 보내 도움을 주었다. 엘리야에게 까마귀를 통해 음식물을 전달한 하나님의 섭리가 지금도 지속되고 있다고 믿고 있다. 참여자들은 자신들의 삶이 하나님의 사랑과 남한 교인들의 사랑에 빚진 삶이라고 의미를 구성했다. 이러한 의미를 구성하자 그들의 빚을 갚는 삶은 북한 동포와 남한에 거주하고 있는 탈북민들에게 복음을 전하는 것이며, 이는 그들에게 지상명령이자 소망이 되었다. 참여자들은 모두 북한의 복음 전파와 통일의 겨자씨가 되겠다는 각오를 갖고 있으며 독재 치하에서 신음하고 있는 북한 동포를 구하겠다는 사랑과 헌신의 결단을 하였다.

3. 하나님과의 만남[5]

1) 여호와 이레의 체험

참여자들의 믿음은 성경을 온전히 받아들인 후 성장하기 시작했다. 자신들의 탈출과 남한 입국을 운으로 생각했고 자신들의 노력으로 생각했지만 하나님을 체험한 후 하나님이 인도하셨음을 깨달았다. 참여자들은 북한과 중국에서의 삶은 고통스러운 고난의 삶으로

---

[5] 지면 관계로 구술 데이터는 꼭 필요한 몇 개를 제외하고 생략한다.

인지했으나 하나님이 택하기 위해 불러 주셨고 하나님의 나라에 들어오기 위한 중간 정류장으로 인식했다. 참여자들은 하나님은 아무런 계획 없이 자신들을 이 땅으로 불러들인 게 아니라 신학 공부를 할 수 있는 기반, 교회를 개척할 수 있는 기반을 미리 예비해 놓고 불러들였다고 믿고 있다.

2) 체험으로 거듭남

참여자들은 기독교가 체험의 종교라는 것을 자신의 체험으로 받아들였고 그 체험으로 거듭났다. 골수에 박힌 주체사상으로 인해 흔들리기도 했으나 성령 체험은 주체사상에서 벗어날 수 있는 길이며, 하나님으로부터 내려온 기쁨과 평안을 경험하자 평생을 지켜온 신념이 흔들렸다고 구술했다. 참여자들은 초기에는 기독교를 도덕, 선한 일을 가르치는 윤리적인 책임으로만 받아들였으나 나중에는 생명으로 받아들였다.

3) 자기 부인

참여자들은 체험을 한 후에는 자기를 부인했다. 북한 탈출과 중국 체류에서 자신의 삶이 욕망과 의지대로 되지 않는다는 것을 깨달았고, 모든 것을 내려놓는 결단을 했을 때 새로운 삶이 선물로 온다는 것을 경험하기도 했다. 참여자들은 자신들이 택함 받은 백성들로 인식했다. 하지만 동시에 죄인이라는 것을 깨닫자 자신의 삶이 산산이 부서지는 것을 경험했다. 참여자의 자기 부인은 남한에서의 자기 실패와 자신의 이기심을 버렸을 때 일어났고 참여자들은 자기를 부인하며 하나님을 만나는 경험을 했다.

"사역장의 팀장을 맡았을 때는 돈 때문에 했습니다. 사역비를 조금씩 횡령하기 시작했어요. 1년쯤 모으니 3,000위안이 되었어요. '너는 도둑이야' 저는 그게 양심인 줄 알았는데… 계속 찌르는 거예요. 그래서 돈을 내놓고 죄를 고백하고 회개를 했는데 어찌나 눈물이 나오는지 통곡하며 울었어요. 그때 저를 감싸는 따스한 기운을 느끼며 하나님을 만났습니다."(참여자, 3)

4) 모순을 일깨운 하나님의 사랑

참여자들의 이와 같은 극적인 변화에는 참여자들의 모순에 대한 자각이 있었고, 그 자각은 스스로 생성했다기보다는 하나님으로부터 온 것이라고 할 수 있다. 참여자들은 주체사상을 가장 과학적인 사상으로 받아들였기에 복음을 수용한 후에도 이를 버리지 못했으나 하나님과의 인격적 만남 이후에 모순을 직시했다. 이러한 인식은 성경의 하나님은 사랑이시라는 핵심을 그대로 받아들이게 했다. 참여자들은 성경이 주체사상을 베꼈다고 생각했지만, 후일 주체사상이 성경을 복사한 것으로 믿었다. 하지만 성경에서 가장 중요한 사랑만큼은 복사하지 못했다는 것을 각성했고 하나님과 인격적 만남은 성령 체험으로 이어졌다. 그들은 성령 체험을 하자 자신들이 신봉한 과학적 지식과 이성이 얼마나 무력한 것인지를 깨달았고 오만과 아집으로 뭉쳐진 자신의 삶을 바꿨다고 구술했다.

"기독교 신앙이 내 운명의 주인 자리를 내어 놓는다는 것을 알았을 때 전혀 그렇게 할 마음이 없었습니다. 제 생각, 제 계획대로 했습니다. 제 인생이 제 계획대로 되지 않는다는 것을 경험하는 데 10년이 걸렸습니다. 그것을 깨닫고 나서야 제 주인 자리를 내어 드렸고, 순간순간 의지하며 그 자유로움과 평안함을 맛보고 순간순간의 인도하심을 경험하면서 점차 의지하는 삶으로 굳건하게 되었지요."(참여자, 4)

5) 위대한 체념 후 축복

참여자들은 자신의 운명의 주인이 자기에서 하나님의 자리로 바뀌자 생명수가 솟아올랐고 지혜가 생겼다고 구술했다. 이러한 것은 세상에 대한 체념으로 이어졌다. 하지만 그 체념은 좌절이 아니라 하나님과의 새로운 관계를 모색하고 자신이 지녔던 인간적인 욕망을 내려놓는 것이었다. 참여자들은 탈북 과정과 중국에서의 삶은 물론 남한에서의 삶까지 매일 매일이 기적이라고 구술했다. 북한으로 송환될 위기에 처했을 때, 국경이 막혔고, 남한에서 등록금이 없어 등록을 포기하고자 할 때, 교회 지인으로부터 지원이 있었다. 이런 하나님의 도움은 열거할 수 없을 정도로 일어났고 지금도 일어난다고 구술했다. 이러한 기적은 자신에게 의지하지 않고 하나님에게 의지했을 때 일어났으며 삶은 천국으로 변했다고 구술했다.

6) 순종을 통한 무한 자유

참여자들의 체험에 의하면 하나님에게의 순종은 복종이나 구속이 아니라 자유였고 능력으로 이어졌다. 참여자들은 복음을 받아들이고 교회에 출석하고 있음에도 예수님의 순종을 닮지 못했다고 느끼고 간절하게 기도하고 눈물을 흘리기도 했다. 초기에 그들의 기도는 남한에서의 안정적인 생활이었지만 점차 예수님의 순종으로 바뀌어갔고, 이러한 과정에서 교만함은 사라지고 자신의 약함을 인정하게 되었다. 모든 참여자들은 순종을 하고 나서 하나님이 베푼 사랑 속에서 자유를 느꼈다고 자신들의 체험을 구술했다.

4. 교회공동체의 회복

1) 생존을 위해 선택한 교회

참여자들은 도구적 목적으로 교회를 선택했다. 중국에 있을 때는 의식주 문제를 해결하고자 했고 생존을 위해 가장 안전한 곳이 교회였다. 하지만 몸은 교회에 의탁했으나 복음을 받아들이지 않았기에 마음은 세상을 향했다. 성경을 배우고자 하는 열망도 없이 교회가 주는 안락함과 편안함으로 살아갔다.

2) 높은 기대로 인한 실망

참여자들은 생존을 위해 선택했지만 교회에 많은 기대를 했다. 참여자들이 경험한 교회는 지지도 있지만 탈북민이란 편견이 있었고, 교회 내부에도 빈부격차가 있다는 것을 의식하고 교회 밖으로 나가고자 했다. 뿐만 아니라 교회에서의 믿음은 헌금으로 책정된다는 오해를 가졌고 일부 참여자들은 교회 활동에 빠져서 한 연락을 지나친 요구와 간섭으로 받아들이기도 했다.

"교회 안 나오면 나와야 한다고 하고 꼭 주일예배는 참가해야 한다고 하는 게 불편했어요. 교회 왜 안 왔냐고 연락 오는 것도 불편했어요. 교회에 가고 싶을 때 가는 거라고 생각했는데 주일을 지켜야 한다고 하니깐 거부감이 느껴지더군요."(참여자, 12)

3) 피해의식

참여자들은 도구적 목적에서 교회를 선택했지만 다시 기독교와 성경에는 속지 않겠다는 저항감이 있었다. 참여자는 자신들의 삶이 원한과 분노에 가득하고 사랑을 배우지 못한 삶으로 의미를 구성했다. 따라서 교회에서도 쉽게 분노했다. 투쟁과 적대적 저항만 배웠기에 이해하기보다는 분노했다. 뿐만 아니라 탈북민이라는 위축된 정서도 있었다. 참여자들은 남한 교인들처럼 교회에 헌금하고 싶어 했다. 하지만 현실적으로 불가능한 경우도 많았다. 교회에서는 그들의 헌금 액수에 대해서 아무도 말하지 않았다. 그럼에도 불구하고 자격지심을 느꼈고 이런 자격지심은 소외감으로 이어졌다. 참여자들은 남한교회에서 자신들이 개밥의 도토리 같다는 인식을 했고, 목사가 원수를 사랑하는 메시지를 전하자 북한 정권이 떠올라 갈팡질팡하는 경험을 했다. 참여자들은 교회공동체 내에서도 피해의식이 있었다.

"교회에 가면 목사님이 설교할 때 헌금을 많이 강조하면 부담스러워요. 북한에 가족들에게 매달 송금하면 쓸 돈도 없어요. 그런데 어떻게 헌금을 해요. 현실적으로 불가능하기에 주눅이 듭니다."(참여자, 9)

4) 하나님의 사람에게서 발견한 신비함

참여자들이 교회공동체 내에서 갈등하고 있을 때 자신들이 만난 하나님의 사람을 떠올렸다. 참여자들은 하나님을 만나기 전에 하나님을 닮은 사람들을 만났다. 남한에서 편히 살 수 있는 직업을 가졌음에도 불구하고 신변의 위협을 무릅쓰고 중국에서 선교를 하는 사람들을 보고 이타적 삶이 무엇인지를 깨달았다. 생존을 위하여 오로지 이기적인 삶을 살 수밖에 없었던 참여자들에게 이타적 삶은 생소했다. 특히 중국 당국의 박해를 무릅쓰고 탈북자를 보호해 준 조선족 목사의 실천에서 하나님의 모습을 발견했고, 남한에 온 후에는 하나님 모습을 닮은 탈북민 목사를 보고 감화받을 수밖에 없었다. 이와 같은 체험은 교회에 대한 사랑으로 이어졌다.

"같은 탈북민인데 K목사님은 모든 것을 하나님께 맡기고 살고 계시더군요. 이분의 설교 말씀이 마음에 와닿았고, 이분이 믿는 하나님을 나도 믿고 싶다는 생각이 들었고, 정말로 하나님이 계시다면 저도 만나고 싶다는 간절한 마음이 생기더군요."(참여자, 12)

5) 사랑으로 회복한 교회공동체

참여자들은 교회 역시 사람들이 모인 곳이라 실망할 수 있음을 인정했다. 사람에게는 실망한 경험도 있으나 하나님에게는 한 번도 실망하지 않았다. 하나님을 만난 후에는 관계가 불편한 교인이 있어도 교회 생활이 좋았고, 또한 자신이 겪는 고통과 불행을 마음속으로 긍휼히 여기고 가슴 아파하는 교우들의 사랑이 눈에 들어왔다. 참여자들은 자신들의 가슴이 증오와 분노, 적개심으로 꽉 찼으나 교회에서 사랑과 지지를 받은 후에 다른 사람의 고통을 공감할 수 있는 능력이 생성되었다고 구술하였다. 참여자들은 이런 과정을 거쳐 교회공동체를 회복했다.

"목사님이 전셋집을 빼서라도 신학대학을 보내 주겠다고 말을 듣고 이틀은 운 것 같아요. 어렸을 때 부모에게 십 전을 달라고 해도 힘

들었는데… 피 한 방울 섞이지 않은 남이 등록금을 대 주고 학교를
보내 준다니! (중략) 세상에서 부모도 나의 존재를 인정해 주지 않
았는데 오늘 하나님이 나를 인정해 주시고 자녀로 받아 주셨으니
행복합니다."(참여자, 10)

5. 전도자로서의 천로역정

1) 복음 맥락에서 정체성 재구성

참여자들은 자신들은 북한 복음화와 통일을 위하여 하나님이 예비한 사람이라는 정체성을 갖고 있다. 따라서 신대원 입학과 교회 개척은 하나님의 사람으로 거듭나기 위한 통과 의례이다. 참여자들은 자신의 삶을 북한 정권의 피해자라고 생각했으나 복음을 받아들이고 복음 차원에서 자신의 정체성을 구성했을 때 자신은 주체사상이란 죄에 끌려 다닌 삶이었다고 의미를 구성했다. 이러한 정체성은 초기에 성경을 과학과 이성으로 해석하려던 인본주의 관점에서 벗어나 성경의 핵심인 하나님의 사랑으로 해석하는 관점으로 전환하게 했다.

"주체사상은 당과 수령에 충성을 다하고 죽도록 목에 매어 끌려가야
만 하는 노예 굴종 사상입니다. 북한의 인텔리들, 배운 사람들은 북
한의 허구성을 알고 있습니다. 그러나 주님을 영접하고 정체성을 재
구성하고는 성경을 읽으니 하나님은 사랑이시더군요."(참여자, 11)

2) 살아 있는 기적의 증거

참여자들은 자신들의 회심과 복음수용은 오늘날의 기적이라고 구술했다. 참여자들의 의미구성에 의하면, 주체사상과 유물론적 세

계관에 물든 사람들은 인간을 중심에 놓고 정치 투쟁만이 세상을 바꿀 수 있는 유일한 길로 믿었기에 하나님의 사랑은 약함으로 받아들여졌고 세상과의 타협으로만 받아들일 수밖에 없다고 구술했다. 참여자들의 회심은 기적이 없어졌다고 믿는 오늘날의 사람들에게 살아 있는 기적이라고 구술했다.

> "중국과 한국의 삶의 고통 속에서 생을 마감하려고 수차례 시도했었는데 마지막 한 가닥 소망을 가지고 주님을 만나 십자가의 사랑을 깨달았어요. 그건 기적이었지요. 나 같은 상처 많은 탈북여성들, 중국 땅에서 물건처럼 팔려 다니는 여성들에게 하나님을 알게 도와주고 싶어요."(참여자, 10)

3) 예루살렘의 회복, 북한 복음화

참여자들은 자신들의 삶에서 일어난 기적이 북한 주민들의 삶에서도 일어날 수 있다고 믿었다. 개척교회는 어렵다는 말도 들었지만 이미 자신들의 삶이 기적을 체험한 삶이었기에 개척에 도전할 수 있었다. 그리고 그들에게 남은 삶은 오로지 하나님과 북한 복음화를 위한 것이다. 그들은 북한 복음을 예루살렘을 회복하는 것으로 의미를 구성하고 있다.

4) 일사각오의 선교 의지

참여자들은 북한으로 들어가는 길이 막혔으나 다양한 경로를 통해 선교하고 있으며, 자신들이 선 자리에서 죽고자 할 때 하나님께로 나갈 수 있는 길이 생기고 또한 사는 길이 생김을 체험으로 알고 있었다. 이러한 기적과 순종의 체험은 일사각오의 선교 의지로 구체화됐다.

"오래 전부터 다양한 경로를 통해 북한에 복음이 들어가 지하 교인을 양육하고 있습니다. 그러나 구체적으로 이야기할 수는 없습니다."(참여자, 밝힐 수 없음)

5) 이 땅에서 천국 건설

참여자들의 개척교회는 대부분 미자립 교회이다. 참여자들은 이 길이 가시밭길이라고 예상하였지만 영적으로는 꽃밭으로 변할 수 있다고 믿었다. 그들의 몸은 지하교회에 어두컴컴하고 습기 찬 곳에 있지만 영혼은 찬란한 하늘나라에 있음을 체험하고 있으며 북한에서의 기아의 고통, 중국에서 신변 불안과 떠도는 삶을 비교할 때, 자신의 누울 자리와 굶어 죽지 않을 수 있는 것도 하나님의 커다란 선물이라고 의미를 구성했다. 혹독한 고난을 극복했기에 참여자들은 남한 주민들이 사소하게 생각하고 불편으로 생각할 것도 커다란 선물로 받아들였다. 하지만 이러한 인식은 초창기에 지녔던 세상으로의 길을 포기한 후에 생긴 것이라고 할 수 있다.

"교회 개척할 때 돈이 없다 보니 선교사의 도움을 받아 서울 변두리에 지하를 얻었습니다. 인테리어 비용이 많이 모자라 직접 공사를 하느라 오래 걸렸습니다. 비록 지하지만 천국이 따로 없었고 자식보다 교회를 더 사랑했고 행복했습니다."(참여자, 6)

IV. 결론 및 논의

본 연구는 탈북민 목회자들의 기독교 복음수용과 목회자의 길을 선택한 후, 사역에 이르기까지 체험을 콜라지의 체험적 현상학적 연구방법으로 연구했다. 연구 결과에 의하면 탈북민 목회자들의 체험은 「사상과 진리의 전쟁」, 「좁은 길과 넓은 길」, 「하나님과의 만남」, 「교회공동체의 회복」, 「전도자로서 천로역정」이라는 범주로 나눌 수 있다. 이와 같은 모든 연구 결과를 정리할 수 있는 현상학적 대주제는 주체사상과 유물론 그리고 여기서 파생한 인본주의 사고에서 벗어나 하나님의 사랑으로 자신의 정체성을 재구성하고 북한 복음화와 선교에 헌신하는 삶으로 정리할 수 있다.

참여자들은 기독교 복음을 수용했지만 골수까지 침투한 주체사상과 유물론적 사고에서 자유로울 수 없었다. 이러한 연구 결과는 선행연구 결과와도 일치한다. 선행연구에 의하면 탈북민 기독교인들은 종교를 아편으로 규정하고 무신론적 세계관을 교육시키는 북한의 교육을 받아 영적 세계에 대해 인정하지 않으며 이러한 학습은 기독교 복음수용과 회심에 가장 큰 장애로 작동한다(조해준·송차호, 2019; 이순영 외, 2015).

선행연구에서는 이와 같은 영향만을 보고했을 뿐 그 극복 과정과 결과는 상세히 설명하지 않았다. 본 연구에 의하면 참여자들은 하나님의 길과 세상의 기로에 서서 성장이 정체되었으나 스스로 개척이라는 십자가를 짊어졌다. 이러한 그들의 결단은 자신의 삶 속에서 하나님을 만났고 이러한 체험이 순종과 결단으로 나타났기 때문이다. 본 참여자들 역시 선행연구에서 나타난 바와 같이 생존을 위해 기독교를 선택하기도 했다(이순형 외 2015; 임정민, 2012). 또한 선행연구와 마찬가지로 교회공동체 내에서 갈등과 반목을 경험하기도 했다(박예영, 2016). 하지만 참여자들은 그간 자신에게 사랑을 베풀었던 교회공동체 사람들과 하나님의 사랑을 다시 체험함으로써 교회공동체 내에서 갈등을 극복하고 성장을 이루었다. 이들의 성장에는 하나님의 강권적인 사역이 있었으나 한편으로는 하나님의 인격을 닮은 남한 기독교인의 헌신적인 노력이 있었다. 탈북민들 중 목회자, 일반 교인을 막론하고 한국교회공동체에서 뿌리를 내리고 성장하기 위해서는 어쩌면 갈등과 불화가 통과 의례일 수 있다. 이로 인해 교회를 떠나는 탈북민 기독교인들도 다수 있을 것으로 보인다. 하지만 본 연구에서 나타나듯이 하나님의 인격을 닮은 기독교인의 헌신적 노력을 통해 참여자들은 공동체에 대한 신뢰를 회복했다.

탈북민들의 남한 사회 적응의 모판은 교회라고 할 수 있다. 특히 연구에 나타난 바와 같이 탈북민 목회자들의 신학 공부와 교회 개척에는 남한 교인들의 절대적 도움이 있었다. 탈북민 목회자들의 개척을 돕는다는 것은 단순히 교회를 건립한다는 것이 아니라 북한 복음화의 주춧돌을 놓는 것이라고 할 수 있다. 북한선교는 통일 후의 일이 아니다. 지금 준비해야 할 과업이며 이를 위해서는 탈북민 출신 목회자를 지원하고 그들의 선교적 역량을 강화시킬 필요가 있다.

연구에 나타난 바와 같이 탈북민들은 초기에 북한의 주체사상과 북한의 생활총화와 남한의 교회 생활을 구분하지 못했다. 복음의 불모지대에서 성장하고 교육을 받은 탈북민에게 어찌 보면 당연한 일이라고 할 수 있다. 박병애(2020)의 연구에는 탈북민 목회자 중 중국에 체류했던 한 목회자는 조선족 교회에서 하얀 성의를 입은 목사를 보고 귀신을 본 줄 알고 기절했다는 일화가 등장한다. 그 역시 북한에서 교육받은 사람이었으니 기독교에 대해서는 이토록 무지했다. 북한 정권은 주체사상과 선군사상을 내세우며 기독교 역사를 훼절시켰고 악의적 인식을 심어 주었다. 이로 인해 북한 주민들이 복음을 수용한다는 것은 거의 기적에 가깝다고 할 수 있다. 그런데 그런 기적이 일어나고 있다. 이러한 기적이 지속되기 위해서는 남한 주민과 교회에 의한 전도도 필요하지만 탈북민 목회자들을 중심으로 한 탈북민 선교전략이 필요하다.

　탈북민들은 태생적으로 남한 주민들과 이질감을 느낄 수 있다. 때로는 남한 주민들의 호의도 왜곡해서 해석할 수 있다. 탈북민들의 삶은 지속적으로 억눌리고 피해를 당한 삶이었기에 이는 어찌 보면 당연한 결과일 수도 있다. 이런 점을 감안할 때, 탈북민 출신 목회자들의 선교는 그들의 저항감과 거리감을 없애는 데 큰 기여를 할 수 있을 것이다. 이런 차원에서 탈북민 출신 목회자들에 대한 지원은 물론, 탈북 신학생에 대한 한국교계 차원에서 장학금 지원 등 세밀하면서도 집중적인 전략이 필요하다고 사료된다.

참고문헌

Colaizzi, P. F. (1973). *Reflection and Research in Psychology: A phenomenological Study of Learning*, Dubuque, LA: Kendal Hunt Publishing.

Colaizzi, P. F. (1978). *Psychological Research as the phenomenological Alternatives for Psychology*, Oxford: Oxford University Press.

Miles, M. B. and Huberman, A. M. (1994). *Qualitive Data Analysis: A source book of new methods*. Thousand Oaks, Sage.

Rambo, L. R. (1993). *Understanding religious conversion*. Yale University Press.

김승철. (2004). 역사적 슐라이어마허 연구. 서울: 한들.

이남인. 현상학과 해석학: 후설의 초월론적 현상학과 하이데거의 해석학적 현상학. (2004). 서울: 서울대학교 출판부.

이순형·최연실·진미정. 북한이탈주민의 종교 경험. (2015). 서울대학교 출판문화원.

김경숙. (2018). 탈북여성의 가정폭력 경험과 트라우마에 관한 연구. 한국기독교 상담학회지, 29(3), 53-94.

박병애·하충엽 (2019). 로젠탈(Rosenthal)의 생애사 연구방법을 활용한 탈북민 사역자의 복음수용 과정 분석. 선교신학. 55, 157-195.

박병애. (2020). 탈북민 목회자의 생애사 분석을 통한 복음수용성 연구-mandelbaum 분석방법론 적용. 박사학위논문. 숭실대학교.

박예영. (2016). 탈북민 그리스도인들의 신앙체험에 관한 연구. 석사학위논문. 감리교신학대학교 신학대학원.

유영권. (2005). 탈북자들의 적응 스트레스와 목회상담적 대처 방안. 한국기독교 상담학회지. 9, 177-220.

이남인. (2007). 현상학적 사회학. 현상학과 현대철학, 33, 5-39.

_____. (2012). 현상학적 환원과 현상학의 미래. 현상학과 현대철학, 54, 89-121.

이선호. (2020). 북한 교회 실상과 기독교 탄압. 북한, 58, 56-61.

전우택·조성아. (2003). 탈북자들의 신앙 경험과 교회의 통일 준비. 통일 연구, 7(2), 105-128.

조성봉·김경숙·정숙희·전명희. (2018). 탈북민의 신앙 발달 및 성장에 영향을 미치는 요인들에 관한 연구: 개념도 방법을 중심으로. 한국기독교상담학회 추계학술대회, 서울.

북한 인권정보센터(NKDB) (2019). 북한종교자유백서. 북한 인권정보센터.

남북하나재단, 2014.

북한기독교총연합회, 2024년 8월 기준

에필로그 (Epilogue)

위 논문은 2022년 「신앙과 학문」에 등재하였는데, 그 당시 심사위원 세 분의 심사평이다. 그리고 2024년에 이 논문으로 인하여 한국연구재단에서 현상학 논문심사위원으로 초빙되었다.

심사평 1

저자는 이 논문에서 12명의 탈북민 목회자들에 대한 인터뷰를 바탕으로 이들의 "회심과 신앙의 성장에 의미와 본질 구조가 어떠한가"를 현상학적 방법론으로 분석하고자 시도한다. 심사자가 이 논문을 읽으면서 가장 먼저 느낀 것은 이 논문에 많은 노력이 담겨 있다는 것이다. 이 논문에서는 주제와 관련하여 많은 선행연구가 인용되고 있으며, 선행연구에서 다루고 있지 않은 탈북민 목회자들을 이해하기 위한 본 연구를 위하여 신중하고 사려 깊게 접근하고 있다는 것이다. 저자 자신도 2년간의 연구 대상자들과 라포를 형성하며 연구가 수행되었다고 밝히고 있다. 이처럼 논문의 준비에 많은 시간과 노력이 담겨 있다는 점에서 심사자는 저자의 노력에 감사를 드리고 싶다.

또한 이 논문은 12명의 탈북민 목회자들을 대상으로 한 인터뷰와 분석의 결과를 현상학적 방법으로 수행하면서 사회과학적 방법론을 체계적으로 적용하며 연구를 진행하고 있으며, 연구의 윤리성에도 많은 주의와 노력을 기울인 것을 보게 된다. 이러한 노력들 또한 이 논문의 학문적 가치와 무게감을 더해 준다고 생각된다. 전체적으로 많은 연구 노력을 통해 완성도 높은 논문을 만들어 낸 저자의 노고에 감사드린다.

심사평 2

주제, 목적, 방법론, 문장력, 논리적 정합성, 연구 결과 등등이 명쾌하고 조화로운 매우 수준 높은 연구논문이다. 주체사상, 유물론적 변증법, 생활총화에 길들여진 삶을 살았던 탈북민 목회자들이 예수 그리스도의 복음을 종교가 아니라 생명으로, 그리스도의 몸 된 교회를 생활총화의 방편이 아닌 사랑과 헌신의 공동체로, 그리고 복음수용의 동기가 생존과 세상적 성공이 아니라 영적인 행복과 북한선교의 사명으로 승화되고 결단하는 성숙하고 영적인 신앙인의 흐름을 체험적 현상학적 연구방법으로 매우 잘 드러내 주었다. 탁월한 논문이다.

심사평 3

연구자의 탈북민 목회자들의 복음수용과 성장 그리고 교회 개척에 대한 연구는 대부분 탈북민에 대한 연구만 이뤄졌는데, 탈북민 목회자들을 대상으로 삼았기에 새로운 지평을 열었다고 평가할 수 있다. 탈북민 목회자들의 체험 속에 나타난 기독교 복음의 의미와 본질을 규명하기 위해 자료를 수집하고 분석한 연구수행 과정을 높이 살 만하다. 탈북민들의 일대일 심층면담을 거쳐 수행한 이 연구는 콜라지의 체험적 현상학적 연구방법론을 기반으로 했다. 그 결과 최종적으로 사상과 진리의 전쟁, 좁은 길과 넓은 길, 하나님과의 만남, 교회공동체 회복, 전도자로서 천로역정 범주로 재구성함으로써 북한선교와 탈북민 목회자들을 지원하기 위한 실천신학 차원에서 구체적 제안을 탁월하게 이끌어 냈다. 심사자로서 그렇다면 탈북민 목회자들 사이의 남한에서의 여러 고충과 같은 내용들을 남성 목회자와 여성 목회자로 구분하여 새로운 연구를 진행하면 어떨까 제안해 본다. 어려운 과정을 거쳤지만, 여전히 의식을 지배하고 있는 삶의 배경을 힘겹게 싸우면서 목회하시는 탈북민 목회자님들의 어려움을 알게 도와주시고, 그들을 분석함으로써 돕기 위한 실천적 담론을 마련해 주신 연구자님께 감사드린다.

제5편

밴 매넌의 현상학 렌즈를 통해서 본 탈북여성들의 외상 후 성장 이야기[1)

한글 초록

본 연구는 탈북여성들의 외상 후 성장에 대한 연구이다. 연구자는 밴 매넌(Van Manen)이 제시한 해석학적 현상학 연구로 접근했다. 연구에서는 탈북여성들의 외상뿐만 아니라 교회공동체 내에서 회복과 성장에 대한 분석을 했다. 연구에는 5명의 탈북여성들이 참여했다. 자료는 일대일 심층면담을 수행하여 구성했다. 연구결과 142개의 의미가 도출되었고, 이를 45개의 주제로 구성했으며, 이렇게 드러난 주제를 14개의 본질적 주

---

1) 이 논문은 "기독 탈북여성의 외상 후 성장에 대한 질적연구: 밴매넌(Van-manen) 해석학적 현상학 연구방법"은 신앙과학문 27(3)에 등재한 것을 수정하였다.

제로 결집했다. 14개의 본질적 주제를 신체성, 시간성, 관계성, 공간성으로 재배열했다. 신체성은 「살아서 체험한 지옥」, 「성 노예로 전락」, 「모성의 박탈」로 나타났다. 시간성은 「세상 믿음의 붕괴」, 「넓은 길에서 좁은 길로의 전회」, 「새로운 생명」, 「하늘 가는 길에 동행」, 「하나님 사랑의 전파」로 나타났다. 관계성은 「삶의 핍진」, 「시선의 폭력에 노출」, 「하나님 형상의 회복」으로 나타났다. 마지막으로 공간성은 「중국 유수」, 「가나안의 꿈과 현실」, 「로뎀나무 아래서의 쉼」으로 나타났다. 이와 같은 연구 결과에 근거하여 교회공동체 내에서 탈북민들이 회복 시스템 구축, 젠더 친화적인 여성 전담 사역자 양성, 그리고 중국 선교에 있어서 탈북여성들의 주체화에 대한 제언을 했다.

주제어: 북한이탈여성, 외상 후 성장, 탈북여성 트라우마, 밴 매넌 해석학적 현상학 연구, 평강공주 사역

I. 서론

과거 남·북한 체제 경쟁 시기에 북한 주민들의 탈북과 남한 입국은 남한 체제가 우월하다는 증거로 받아들여졌으나 근래에는 시대적 상황과 정치경제적 담론의 영향을 받아 탈북민에 대한 평가가 엇갈리고 있다. 이러한 평가에도 불구하고 한 가지 분명한 것은, 탈북민들은 우리의 헤어진 형제이며 통일을 위해 하나님께서 예비한 존재들이라는 것이다. 연구자는 탈북여성이 겪는 도덕적 손상, 외상 후 스트레스 장애와 함께 교회공동체에서의 회복에 대해 관심을 갖게 되었다.

통일부 통계에 의하면 2024년 3월 말 현재, 34,121명의 탈북민이

거주하고 있으며 72% 이상이 여성들이다. 특히 여성들은 북한과 중국 체류, 남한 적응에 있어 다양한 어려움을 겪을 수밖에 없다. 남한에 입국하는 탈북여성들은 중국을 거치지 않고 직행으로 한국에 입국하느냐, 일정 기간 중국에 체류하고 한국에 입국하느냐에 따라 남한 사회 적응에 차이가 있다(강동완, 2019: 2-4). 선행연구에 의하면 중국은 탈북여성들에게 있어 지옥이라고 표현할 정도로 혹독한 땅이다. 탈북여성들은 대부분 가족과 이별한 후, 중국에 도착한다(이영진·김혜원, 2019: 54). 하지만 중국에서 인신매매와 체포되어 송환될 공포와 성폭력 같은 위험에 노출될 수밖에 없고, 탈북여성들은 보호받지 못하는 존재로 살아갈 수밖에 없다(양민숙·이동훈, 2017: 121; 박영호 외, 2010: 375-382; 박병애, 2020: 42).

연성진(2018)의 탈북여성들의 인신매매 범죄 실태에 대한 연구에서 응답자의 90.7%는 중국에서 강제 결혼한 경험이 있다고 보고했다. 중국인들은 탈북여성들에게 호구, 즉 호적을 만들어 주지 않음으로써 불법 체류자의 지위에 묶어 놓고 그들의 의지대로 여성의 몸과 마음을 지배하는 것으로 보고되고 있다(강동완, 2017: 167). 탈북여성들은 외상 후 스트레스 장애, 불안, 우울과 같은 정신 건강상의 문제와 함께 성적 자율성의 저하로 삶의 에너지가 고갈되어 남한 입국 후 중국에서의 체류 경험 못지않은 어려움을 겪는다(김윤아·김미영, 2016: 333; 김광호, 2015: 432-433; 김현아, 2016: 107-109; 김경미, 2021: 95-96).

도덕적 손상이란 전쟁이나 난민 생활과 같이 위험이 매우 큰 상황에서 부도덕한 일을 당했을 때 피해를 입은 사람들에게 발생하는 부적응 상태로 분노, 우울, 자기에 대한 수치심, 죄책감 같은 현상을 유발하여 삶의 방향성을 상실케 할 수 있다(Shay, 2014). 이와 함께 탈북여성들이 겪는 인신매매, 가족과의 이별, 보호받지 못하는 존재로서 느끼게 되는 고독감과 절망 등은 외상 후 스트레스 장애로 나타날 수 있다. 그런데 기독교 신앙이라는 근원적 차원에서 그들의 회복을 다룬 연구는 존재하지 않는다. 탈북민들이 외상 후 회복과 성장에 미치는 요인은 사회적 지지, 복지, 스트레스 대처 능력 등과 함께 신앙의 힘이 큰 역할을 하는 것으로 보고되고 있다(김효규, 2013: 186-188). 하지만 지금까지 국내에서는 신앙이 회복에 영향을 미친다는 결과만 보고되었을 뿐, 그 구체적 내용과 맥락, 교회공동체 역할은 상세히 보고되지 않았다.

본 연구에서는 중국 체류 경험이 있는 탈북여성들이 외상 경험과 함께 교회공동체라는 맥락 속에서 외상의 회복 그리고 성장에 대한 질적연구를 밴 매넌(2016)이 제시한 해석현상학적 연구로 접근하고자 한다. 탈북 과정에서 생성된 도덕적 손상과 외상 후 스트레스 장애, 외상과 같은 부정적 사건들이 교회공동체에서 어떻게 치유 받았는가를 드러내고자 한다. 연구 문제는 다음과 같다. '탈북여성들이 탈북 과정에서의 경험과 교회공동체 내에서의 치유는 어떠한가?'이다.

II. 연구방법

1. 밴 매넌의 해석현상학적 연구 접근의 의의

본 연구는 탈북여성들의 중국 체류와 복음수용, 남한 기독교 공동체에서 체험을 밴 매넌의 해석현상학적 연구로 접근하고자 한다. 현상학적 연구는 방법론을 불문하고 그 기본 오리엔테이션 정향이 개인들의 주관적 경험을 재현하는 데 있지만 지오르기(Giorgi)와 콜라지(Colaizzi) 기술적 현상학적 연구는 개인들의 경험을 있는 그대로 기술하는 것을 목적으로 하고 있다. 이에 비해 밴 매넌이 제시한 해석현상학적 연구는 하이데거(Heidegger)의 해석학적 현상학의 전통을 이어받아 연구자와 참여자의 지평을 융합하고 마치의 숲 속의 빈터와 같은 상황에서 참여자들의 경험을 해석한다.

본 연구는 탈북여성들이 남한 사회에 적응하기까지 고통과 트라우마(trauma)뿐 아니라 교회공동체에서 자신의 정체성을 새롭게 구성해 나가는 과정을 살펴보고자 했기에, 참여자들의 의미구성과 함께 이에 대한 연구자의 해석이 융합될 필요가 있다고 판단했다.

밴 매넌의 해석현상학적 연구는 인간의 실존을 이해하기 위한 통로이자 채널로써 신체성, 시간성, 공간성, 관계성 4가지 근본적 실존체를 제시하고, 그 구조 속에서 개인들의 경험을 해석하여 이를 생생한 지식으로 산출한다. 본 연구의 참여자인 탈북여성들의 경우, 북한에서 중국을 거쳐 남한에 입국하기까지 사회적 소수자로서 존재하며 여성이란 몸에 가해진 폭력을 경험할 수밖에 없다. 또한 그들의 삶은 북한, 중국 체류, 남한 입국, 교회공동체라는 시간 속에서 다양한 변화를 보이고 시간 속에서 완성된다. 탈북여성들의 탈북 과정과 남한 정착 과정에서의 고난을 고난 자체로 끝내지 않고 하나님의 예비하심과 은혜를 그들의 상황에 맞게 해석하여 소위 고난의 실천신학을 구성하기 위해서는 해석현상학적 연구가 적합하다고 판단했다.

2. 참여자 선정

참여자는 질적연구의 표집 유형 중 강도표집과 기준표집을 혼용하여 선정했다. 연구자는 참여자 선정에 앞서 선정 기준을 구성했다. 첫째, 탈북여성으로서 중국에 3년 이상 체류한 경험이 있을 것. 둘째, 중국 체류 과정에서 인신매매, 성폭력 등과 같은 피해를 경험했을 것. 셋째, 한국에 입국한 후 교회에 출석하고 복음을 진정으로 받아들였을 것. 이런 기준으로 받아들인 참여자를 선정했다. 이러한 선정 기준을 정했지만, 연구자 참여자를 찾기란 쉽지 않았다. 유튜브에서 탈북여성이 복음을 받아들임으로써 트라우마를 극복한 사연이 방송된 것을 시청한 적이 있었다. 그 탈북여성을 찾아 눈덩이 표집으로 참여자를 소개 받기도 하고 탈북민 목사에게 부탁하여 참여자를 소개 받았다. 참여자들의 인구사회학적 정보는 다음 표와 같다.

[표 1] 참여자들의 인구학적 특성

참여자	나이	탈북 연도	재탈북 연도	남한 입국 연도	직업	인신매매 유형
참여자 1	30대	1998년		2007년	신학생	중국 공안 사칭, 인신매매 넘김
참여자 2	40대	2007년		2015년	신학생	북한부터 알고 팔려감
참여자 3	40대	2007년	2013년	2013년	대학원생	탈북 브로커가 인신매매 넘김
참여자 4	40대	2006년		2008년	요식업	북한부터 알고 팔려감
참여자 5	50대	2003년	2015년	2017년	일용직	조선족이 인신매매 넘김

※ 참여자들의 비밀 보장과 사생활 보호를 위해 모든 정보는 최소화하고 익명을 했다.

3. 자료 수집

자료는 참여자들과 일대일 심층면담을 수행하여 구성했다. 연구자는 자료에 충분성과 적절성을 염두에 두고 인터뷰를 수행했다. 참여자들과는 1인당 3회 인터뷰를 수행했고, 회당 평균 60분이 소요되었다. 연구자는 참여자들의 편의를 고려하여 그들의 자택에서 인터뷰를 수행했다. 심층면담 전에 연구의 목적과 취지를 설명했고 모든 구술내용은 녹음이 될 것을 고지했으며 참여자들은 이를 모두 수용했다.

4. 자료 분석

질적연구는 통상적으로 줄 단위 분석을 선호한다(Corbin&Strauss, 2015). 하지만 줄 단위 분석은 개념이 과잉 출현하고 참여자들의 경험의 전체보다는 부분에 집중할 우려가 있다. 이런 점을 고려하여 연구자는 현상학적 연구에서 선호하는 문장 단위 분석으로 접근했다. 구체적인 자료분석 과정은 다음과 같다.

첫째, 참여자들과 인터뷰 내용을 전사한 문서본을 참여자별로 각각 5회씩 정독했다.

둘째, 참여자들의 구술 중 참여자들이 중시하는 부분, 의미가 있는 부분 등을 분절하였고 여기에 주제를 명명했다

셋째, 주제는 참여자들의 언어와 그들의 체험이 담긴 언어를 사용하여 구성했다. 이런 개별적 주제들은 참여자들의 공통의 경험을 드러내기 위하여 드러난 주제로 결집했다. 드러난 주제는 그들의 체험을 생생하게 전달할 수 있는 연구자의 언어로 구성했다.

넷째, 드러난 주제를 다시 본질적 주제로 구성했다. 본질적 주제는 모든 참여자들의 경험을 결집한 보다 고도화된 주제라고 할 수 있다. 밴 매넌은 주제 구성에 있어 메타포(metaphor)[2] 등을 적극 활용할 것을 권했는데 연구자 역시 본질적 주제 명명에 있어 은유와 직유 등을 사용하여 구성했다.

마지막으로 본질적 주제를 밴 매넌이 제시한 4개의 근본적 실존체인 신체성, 관계성, 시간성, 공간성의 실존체로 재배열했다.

5. 자료의 해석

자료의 현상학적 반성과 글쓰기에서 밴 매넌은 개인들의 체험에서 행위민감적 지식을 발견하고 이해를 확보하기 위하여 실존적 탐구 과정을 제시했다. 실존적 탐구과정은 어원 분석과 관용어 분석 그리고 문화·예술작품 분석으로 이어진다. 연구자는 어원 분석에서는 탈북과 엑소더스(exodus), 관용어 분석에서는 삼팔 따라지와 평강공주 사역에 대한 어원 분석을 했다. 문학 예술 작품 분석에서는 탈북여성의 삶과 남한 입국 과정의 어려움을 담은 영화 "뷰티풀 데이즈"와 "크로싱"을 분석하여 행위 민감적 지식과 함께 독자들과 공유의 세계를 갖고자 했다. 참여자들의 경험에 대한 해석은 신체성, 시간성, 공간성, 관계성으로 나누었고 연구자는 각 실존체에서 북한과 중국 그리고 남한교회공동체에서 경험을 해석했다.

---

[2] 은유

6. 연구의 엄격성과 윤리적 문제

연구의 엄격성 문제나 윤리적 문제는 앞 논문과 중복되므로 생략하고 본 연구는 생명윤리 및 안전에 관한 법률(법률 제15188호)을 고려하여 윤리지침을 구성하여 소속 대학 생명윤리위원회(IRB)에 연구계획서를 제출하고 승인을 받았다(승인번호: SSU-202202-HR-393-1). 참여자들이 말하기 어려운 내용이나 싫은 부분은 강요하지 않았으며 인터뷰 도중 부정적인 증상이 나타나면 인터뷰를 중단하고 정신건강 전문가에게 의뢰하고자 했다. 모든 비용은 연구자가 부담하기로 했는데 연구수행 중 이러한 일은 일어나지 않았다.

III. 실존적 탐구 과정

1. 어원 분석

북한 탈출을 나타내는 언어로 탈북(脫北)이라는 말이 가장 보편적으로 쓰이고 있다. 탈북은 한자로 '벗어날 탈'(脫) 자와 '북녘 북'(北) 자의 합쳐진 말로 단순히 북한을 벗어났다는 의미로 쓰이고 있다. 이에 비해 탈북민들의 탈북은 성경의 출애굽, 엑소더스라고 표현할 수 있다. 엑소더스는 헬라어로써 Ex+Odus의 합성어이다. 여기서 Ex는 바깥이라는 뜻을 가지고 있고 Odus는 길이라는 의미이다. 따라서 엑소더스는 '길 밖'이란 의미를 지니고 있으며 이 단어의 숨은 뜻은 과거의 삶을 정리하고 새로운 삶을 살기 위해 길 밖으로 나오는 것을 의미한다. 영어로는 역시 way out이라고 표현하기도 한다. 이스라엘 백성들이 모세의 인도에 의해 하나님 말씀에 따라 대거 탈출과 그 이후의 삶을 보여주는 성경의 기사가 바로 출애굽이다. 참여자들의 탈북은 엑소더스로 볼 수 있으며 출애굽한 이스라엘 백성들이 광야에서 고난을 경험했지만 그것은 구원의 길이며 하나님의 성막을 짓는 길이듯이 참여자들 역시 북한에서의 탈출은 구원을 향해 걷는 길이라고 할 수 있다.

2. 관용어 분석

현재 탈북민들, 특히 탈북여성들의 탈북 후 삶을 다룬 관용어나 속담들은 대중들에게 널리 알려져 있지 않다. 과거 실향민들에게는 '삼팔 따라지'라는 비하어가 존재했다. 여기서 삼팔은 남북한을 갈라놓은 분단의 선을 의미하며, 따라지는 도박판에서 쓰던 말이다. 도박판에서 따라지는 자신이 가진 모든 돈을 잃고 뒷전에 앉아 도박을 구경하는 사람을 일컫는다. 과거에 실향민들을 삼팔 따라지라고 불러졌던 이유는 38선을 넘었다는 뜻과 함께 남한 사회 중심에 진입하지 못하고 주변에서 배회하는 아웃사이더(outside)로 인식했기 때문이라고 할 수 있다.

교계에서 중국 내 인신매매 피해자 탈북여성을 평강공주라고 부르고, 이들과 그 자녀들(오네시모)을 기독교 복음으로 치유하고 양육하는 것을 평강공주 사역이라고 지칭한다. 탈북여성들은 북한과 중국에서의 생활이 호화로운 공주의 생활은 아니었지만 기존의 것을 버려야만 한다는 면에서는 동일하다고 할 수 있다. 평강공주가 온달을 장수로 만들었듯이 복음을 수용한 탈북여성들이 본인은 물론 북한에 복음을 전달하여 민족의 복음화를 이룰 수 있는 민족의 천병(千兵)이라는 비전이 담겨 있는 것이라고도 할 수 있다.

3. 문화 예술 작품 분석

탈북여성의 고단한 삶과 남한에서의 정착 과정을 그린 영화 "뷰티풀 데이즈" 내용을 중심으로 영화 속에 담긴 탈북여성들의 삶에 대한 공감적 이해의 토대를 구축하고자 한다. 영화 "뷰티풀 데이즈"는 북한과 중국에서의 아픈 과거를 지닌 체 한국에서 살아가는 한 여자(이나영 분)의 이야기를 그리고 있다. 중국에 거주하는 조선족 대학생 젠첸은(장동운 분)은 죽어 가는 아버지의 부탁으로 오래전 자신들의 곁을 떠난 엄마를 찾아 한국에 온다. 젠첸은 자상스럽고 현숙한 엄마를 기대했으나 엄마는 술집을 운영하며 한국인 남성과 동거하고 있다. 영화의 첫 시작은 화려하고 요란한 불빛 속에서 무표정한 엄마의 모습이 등장한다. 14년 만에 나타난 아들을 무심하게 대한다.

[그림1] 탈북여성의 힘든 삶을 그린 영화의 주인공

젠첸은 엄마가 일을 끝낸 후 뒤를 쫓았고 동거하고 있는 남성과의 관계로 인해 곧 한국을 떠난다. 젠첸이 한국을 떠나는 날, 엄마는 그에게 선물을 사 주며 쇼핑백에 자신의 일기장을 넣어 준다. 젠첸은 일기장을 읽으면서 그런 엄마의 슬픈 과거를 이해하게 된다. 엄마는 북한에서 태어났고 탈출해 중국에 왔다. 그리고 중국에서 황 사장이라는 사람을 만났지만 그로부터 성폭행을 당하고 임신하였다. 황 사장은 탈북한 북한 여성들을 팔아넘기는 인신매매단의 대표적 캐릭터성을 지니고 있다. 이나영의 배 속에 있는 아이는 자신의 아이였지만 임신한 그녀를 폭행하고 마약 장사를 시켰을 뿐만 아니라 다른 조선족 남자에게 팔아넘긴다.

[그림2] 재중 탈북여성을 판매하는 인신매매 단체 대표

중국으로 간 젠첸은 오랫동안 숨겨 왔던 엄마의 슬픈 과거와 진실을 알게 되었고 다시 한국으로 온다. 한국으로 온 젠첸은 엄마의 새로 생긴 아이와 함께 밥상에 둘러앉아 조용히 된장찌개에 밥을 비벼 먹으며 영화는 끝난다. 이 영화는 아들이 삶을 포기하지 않고 살아온 것에 대한 엄마의 고마움과 엄마의 삶이 행복해졌으면 좋겠다는 아들의 바람을 담고 있다. 이는 우리 사회 구성원 모두의 바람

이라고 할 수 있다.

"뷰티풀 데이즈"가 전하는 메시지는, 탈북민들은 우리 사회에 부담을 주는 이질적 존재가 아니라 새로운 통합의 상징이며 우리는 갖은 고초와 고난 속에도 죽지 않고 살아온 그들의 생명에 감사와 경애를 보내야 한다는 것이다.

IV. 연구 결과

참여자들의 체험을 문장 단위별로 분석한 결과 142개의 의미가 드러났다. 참여자들의 개별적 의미를 경험의 유사성 차원에서 드러난 주제로 결집했다. 드러난 주제는 45개로 나타났다. 드러난 주제는 다시 14개의 본질적 주제로 결집했고 이를 4개의 근본적 실존체, 즉 신체성, 시간성, 관계성, 공간성으로 재배열했다. 연구 결과에서는 이와 같은 근본적 실존체를 중심으로 기술하고 이에 대한 논의를 하고자 한다(모든 구술 데이터는 몇 개를 제외하고 다 생략한다).

1. 신체성

신체성은 참여자들이 북한, 중국 그리고 남한 입국 후에 삶의 경험을 신체의 차원에서 결집한 것이다. 현상학적 연구에서 몸은 단순히 살과 근육으로 이루어진 신체가 아니라 자신의 경험을 담는 그릇이며 시간성, 관계성, 공간성의 중심에 있다.

[표 2] 신체성에서 현상학적 주제의 통합

근본적 실존체	해석학 본질적 주제	드러난 주제
신체성	살아서 체험한 지옥	• 아사 위기 • 자기 삶 저주 • 씨받이 전락
	성노예로의 전락	• 인신매매의 덫 • 값싼 상품 취급 • 성의 상품화 • 사냥꾼의 먹잇감
	모성의 박탈	• 자녀와의 생이별 • 사라진 나의 삶 • 자녀를 향한 애끓는 모정

1) 살아서 체험한 지옥

(1) 아사의 위기

참여자들은 고난의 행군시절은 물론 그 후에도 극도의 기아에 시달렸다. 고난의 행군시절에는 죽으로 연명할 수밖에 없었고, 고난의 행군시기가 끝나면 풍요로운 시기가 올 것이라고 선전했지만 고난의 행군은 끝나지 않고 연속되었다. 참여자들은 풀, 소나무, 벼의 뿌리 가루까지 먹어가며 초근목피로 연명할 수밖에 없었고 굶어 죽지 않기 위해 탈북할 수밖에 없었다.

(2) 자기 삶 저주

참여자들은 중국으로 탈북했으나 중국에서 국적이 없는 약소국 출신에게는 안정과 편안함이 보장되지 않았다. 참여자들은 자신들이 사람이 아닌 동물 취급 받았으며 한족의 결혼 대상자 또는 성매매 대상자로 전락했다고 했다. 참여자들은 고령의 한족, 장애인, 정신질환자, 폭력성이 강한 남성들과 결혼할 수밖에 없었다. 참여자들은 자기가 태어난 날을 저주했고 낳아 준 부모를 원망했다.

"그 집에 사람들이 엄청 많은 거예요. 무슨 동물원인 것처럼, 어틴 애들도 와서 보고 사람들이 계속 오니까 너무 창피하고 갑자기 서러움이 오고… 딸로 태어나자 아빠가 뒤집어 놓으라(죽으라고) 헛는데 엄마가 눈도 새까맣고 생긴 게 너무 예뻐 뒤집어 놓지 못했다는 말을 들었는데… 그때 날 좀 죽이지 왜 살려 놓아 지금 이렇기 동물원의 동물 취급 받으며 수모를 당하는지… 살려 놓은 엄마를 원망했어요."(참여자, 1)

(3) 씨받이 전략

참여자들 중 매매혼에 희생양이 된 사람들은 가문의 뒤를 이을 자식을 낳는 용도로 전락했다. 참여자들은 자신의 결혼 생활에 남녀 간의 친밀감, 애정을 찾아볼 수 없고 오로지 씨받이 역할만 수행했다고 구술했다. 참여자 1은 난쟁이 씨받이로 아들을 출산한 후 아이를 한 번 안아 보지도 못하고 다음 날 떠나야 했으며, 참여자 5는 배우자가 있는 집안의 씨받이로 팔려갔고 임신하자 짐승 사육하듯 곡간에 가둬두고 먹을 것만 주었다고 구술했다.

"짐승 먹이 주듯 딱 먹거리만 주는데… 어드메 바람 쐬러 나갈 때는 밖에 문 걸어 놓고 딱 가둬 놓아요. 그래 가지고 막 미칠 것 같았어요."(참여자, 5)

2) 성 노예로의 전락

(1) 인신매매의 덫

　북한을 탈출한 후 중국으로 입국했으나 제일 먼저 만난 사람들은 인신매매단이었다. 브로커에 속아 인신매매단에 팔리기도 했고 일부 참여자는 인정을 베풀며 다가오는 조선족에게 속아 인신매매단에 팔렸다. 도움을 주는 것처럼 가장하기도 하고 경찰을 사칭하는 교묘한 방법으로 접근했다. 사냥꾼들이 짐승이 다니는 길목에 덫을 놓아 짐승을 잡아가듯 탈북여성들의 루트와 생활 반경을 고려하여 곳곳에 덫을 놓았다.

　"중국 친척집에 식량을 얻으려 중국 땅에 도착하니 강가에 조선족들이 몇 명이 나와 있더라구요. 탈북여성을 지네들이 데려가려고 나와 있었어요. 상다리 부러지게 차려 놓으니까 저는 같은 민족으로서의 생각하는 마음이구나 이렇게 생각하고 감사한 마음이 들었어요. 그런데 결국 인신매매단에 팔아먹으려는 속셈이 있는 걸 몰랐어요."(참여자, 5)

(2) 값싼 상품 취급

　참여자들은 자신들이 인신매매에 희생되었지만 국적 없는 설움을 느꼈다고 구술했고 북한 당국을 증오했다. 그들은 북한이라는 나라가 있고 부모가 있음에도 불구하고 마치 물건처럼 중국 돈 7,000원에 팔려갔다. 중국 돈 7,000원은 한화로 140만 원에 불과하다. 참여자는 자신들이 중국 공안과 북한 보위부에 쫓기는 신세이기에 값싼 상품 취급을 당했고 매매혼의 당사자인 한족은 자신을 돈을 주고 산 물건 취급을 했다고 이야기했다. 참여자 3은 시장에 갔다가 공안에 걸려 북송되어 교화소에서 1년을 살았는데 오로지 아들 생각에 죽을 고생을 하며 살아 나왔다. 죽음을 무릅쓰고 국경을 넘어 집을 찾아갔는데 한족 남편은 그날 밤, 밤새도록 혁대로 때려 몸에 구렁이가 감은 듯 자국을 남기며 폭행을 했다. 한국에 입국한 후 아들을 찾기 위해 할 수 없이 한족 남편도 함께 불러들였는데 과거의 습성에서 벗어나지 못하고 폭행을 하여 이웃 주민의 신고로 경찰이 출동했다. 그는 자신의 아내는 중국에서 돈을 주고 산 내 물건이라 권한이 자기한테 있다고 했다.

> "폭행을 심하게 하니 112에 신고했는데, 출동 경찰들에게 하는 말이 '내가 북한 여자를 중국에서 돈을 주고 샀다. 그 여자 따라 한국 와서 결혼 등기도 했고 (중략) 나는 돈 주고 내 와이프를 샀기 때문에 때리는 것도 내 권한이다.' 지금 내 물건이라는 거지요."(참여자, 3)

(3) 성의 상품화

참여자들의 성은 철저하게 상품으로 전락했다. 참여자들과 결혼한 중국 남성들은 참여자들을 단순히 잠자리용으로만 대했다. 참여자 4는 말 더듬고 모자란 사람한테 팔려갔는데 그 유전자를 받은 자식이 훗날 얼마나 원망할까 싶어 배란일에 잠자리를 거부했다가 목이 졸려 죽을 뻔했다고 한다. 참여자 1은 식당에 취업했지만 술 시중 드는 일을 강요당했다. 참여자들은 노동력의 상품화를 넘어 가장 고유한 성마저 상품화되는 경험을 했다.

> "말도 더듬고 모자라는 머저리 같은 사람한테 팔려 갔어요. 보통

사람을 만났으면 자식 낳고 살 수도 있었겠지요. 그 유전자를 받은 자식이 훗날 저를 얼마나 원망하겠나 하는 생각에 배란일에 잠자리를 거부하다가 목 졸려 죽을 뻔했어요."(참여자, 4)

(4) 사냥꾼의 먹잇감

참여자들은 중국으로 월경했으나 그들에게 보장된 것은 굶어 죽지 않을 정도의 식량뿐이었다. 참여자 1, 3 ,5의 구술에 의하면 인신매매단은 중국 공안과 결탁하여 탈북여성들을 잡아들였고, 일부는 사악한 조선족과 연계를 맺고 있다고 했다. 참여자들은 동포마저 믿을 수가 없었다. 동포의 호의 뒤에는 인신매매라는 검은 마수가 있었기 때문이다. 탈북여성들을 노리는 것은 인신매매단뿐만 아니다. 중국 공안도 탈북여성들을 먹잇감으로 알고 달려들었다. 참여자 3은 한국에 오기 직전 중국 공안에게 체포되었으나 중국 돈 10만 원(한화 2,000만 원)을 뇌물로 주고 풀려나왔다. 그 돈은 사람을 살리려는 한국의 구출사역 선교단체에서 지불했다. 이렇듯 중국은 사냥꾼 천지였고 참여자들은 먹잇감으로 전락할 수밖에 없었다.

"그다음 날에 중국 공안이 돈 10만 원 요구했대요. 중국 돈 10만 원은 한국 돈 2천만 원이에요. 북송 안 시키려고 부르는 대로 준다고 했는데 10만 원을 부를 줄은 생각 못했지요. 일단 사람부터 살리자 해가지고 이 사람이 3일 만에 만들어서 주고 나왔어요."(참여자, 3)

3) 모성의 박탈

(1) 자녀와의 생이별

참여자들은 중국 남성과 애정 없는 결혼 생활을 했지만 자녀에게만큼은 어머니로서의 본능적인 정을 느꼈다. 참여자 1은 난쟁이에게 씨받이로 팔려가 아들을 출산했으나 다음 날 떠나라고 했다. 한 번만 안아 보자고 해도 어차피 떠날 사람이니 정 주지 말라고 하면서 안아 보지도 못하게 했다. 씨받이 대가로 3,000원을 받아 북한으로 돌아가려고 어머니한테 전화하자 너는 죽은사람으로 되어 있으니 돌아오지 말라고 했다. 참여자 3과 5는 아들과 딸이 생후 18개월일 때 북송되었다. 자녀와의 생이별에 애간장이 녹고 피 눈물이 나는, 자신의 삶에서 가장 고통스러운 순간이었다고 회고했다.

"그때 낳자마자 시어머니가 애를 안아 가시더라고요. 그래서 '내 안데 내가 안아 봐야 되지 않겠냐?' 했더니 '어차피 너는 이제는 가야 될 사람이기 때문에 정을 주지 말라' 이러는 거예요. (중략) 그때 너무 많이 마음이 아팠어요. 그러면서 3천 원 돈을 주고 이걸 가지고 내일 떠나라는 거예요."(참여자, 1)

(2) 사라진 나의 삶

모성과 함께 여성의 성도 사라졌다. 참여자들은 북한 주민으로 태어난 것을 저주했지만 남성으로 태어나지 못한 것 또한 저주했다. 탈북 남성들은 여성들과 동일하게 체포의 두려움, 인권 유린을 경험하지만 적어도 성에 대한 착취는 당하지 않는다. 참여자들은 자신들의 속은 슬픔과 분노로 가득 찬, 자기가 사라진 삶으로 의미를 구성했고, 중국 남성들의 성적 욕망을 충족시켜 주는 대상 내지는 후손을 낳아 주는, 아이 낳는 기계로 전락했다고 하였다. 그들의 삶은 존재하지 않았다.

"너무 억장이 막혀 가지고 이 환경을 어떻게 내가 타파할 것인가 오직 그 생각밖에…. 저 사람하고 같이 억지로 자라면 내가 어떻게 잘 것인가? 북한에서 남자를 모르고 살았는데, 그것도 민족이 다른 한족하고 사랑하는 게 말이 돼요? 억장이 무너지는 것 같더라고요."(참여자, 5)

(3) 자녀를 향한 애끓는 모정

참여자 3은 자녀와 생이별을 했으나 생이별의 아픔과 함께 그리움으로 고통을 받았다. 지옥보다 더 고통스럽다는 교화소에 끌려가서도 오로지 아들 생각뿐이었고 아들이 보고 싶어 병이 나기도 했다. 후일 중국을 탈출하여 남한에 입국하고 제일 먼저 한 일은 아들의 출생신고였다. 하지만 이러한 모성도 세월의 거리 앞에는 서먹해지기도 했다. 참여자 5는 남한에 입국하고 16년 만에 딸을 찾아 영상통화를 했으나, 16년이라는 기간은 어머니와 딸을 바다만큼 갈라놓기도 했다. 딸은 어색해했고 참여자는 또다시 통곡할 수밖에 없었다.

"작년에 모 교회에서 성경공부 하는데 여자 목사님이 찾아 주었어요. (중략) 딸과 영상통화 했는데… 18개월에 북송되고 16년 만에 통화하니… 엄마라고 부르지도 못하고… 키는 큰데… 어색해하더군요. 억장이 무너지더라고요."(참여자, 5)

2. 시간성

현상학적 연구에서 시간성이란 단순한 물리적 시간의 흐름이 아니라 개인들이 자신의 동일성을 유지하면서 질적인 변화를 경험한 시간을 의미한다. 참여자들의 시간은 세상에 대한 시간과 하나님의 시간으로 나눌 수 있다.

[표 3] 시간성에서 현상학적 주제의 통합

근본적 실존체	해석학 본질적 주제	드러난 주제
시간성	세상 믿음의 붕괴	• 돈의 배신 • 가족의 배신 • 폭군 같은 인색한 남편
	넓은 길에서 좁은 길로의 전회	• 인본주의 사고의 잔재 • 세상 욕망 버리기 • 니느웨 길에서 하나님의 길로
	새로운 생명	• 고난의 의미 체험 • 기적의 체험 • 나를 살리신 하나님
	하늘 가는 길에 동행	• 하나님에의 의지 • 하나님의 마음 읽기 • 자기 안에서의 행복
	하나님 사랑의 전파	• 선교 제일주의 • 소명의 체험 • 탈북여성들을 돕는 사역의 꿈 • 가족 구원 열심 • 병든 북한을 위한 기도

1) 세상 믿음의 붕괴

(1) 돈의 배신

참여자들이 세상에서 보낸 시간은 배신의 시간이라고 할 수 있다. 참여자들은 사회주의 국가에서 태어나고 성장했지만 중국으로 탈출한 후 돈의 위력을 절감했다. 처음에 참여자들은 돈이 진리인줄 믿었다. 고난의 행군시절에 가족이 가족을 배신하고 심지어 팔아넘기는 것까지 하는 것을 목도한 참여자들은 세상은 냉정한 것으로 의미를 지었고 돈 외에는 믿을 것이 없다고 생각했다. 하지만 돈이 삶의 의미를 가져다주지는 않았다. 참여자들은 남한 노동자의 한 달 급여도 안 되는 돈에 팔려갔지만, 그 돈은 모두 브로커의 몫이었다.

> "압록강을 건너는 것을 도와준 브로커가 으리를 속이고 중국 인신매매단에 팔은 거예요. 강을 건너니 차가 한 대 있고 저희를 태우고는 밤새도록 그냥 가는 거예요. 세워 달라고 소리치고."(참여자, 2)

(2) 가족의 배신

믿었던 돈으로부터 배신을 당한 후에 가족으로부터도 배신을 당했다. 북한의 가족들은 그들을 보호해 주지 못했다. 참여자 2의 경우 북한에서 결혼했으나 남편이 교통사고로 5일 만에 사망했다. 북한의 시가는 미망이 된 참여자를 보호하기보다는 시동생이 군대에서 제대하면 참여자와 결혼을 시키려고 했다. 형이 죽으면 동생이 여자를 취한다는 소위 형사취수제(兄死娶嫂制)는 이미 사라진 고대의 문화적 풍습이지만 북한에서는 아직도 이러한 풍습이 존재한다고 구술했다. 형사취수제는 결국 여성을 물건으로 취급하는 반인륜적 문화적 잔재라고 할 수 있다. 아버지가 뇌혈병으로 쓰러지자 생활고로 주택을 매각했으나 그 돈을 삼촌이 편취해 가기도 했다. 참여자들은 가족으로부터도 위로나 위안을 얻지 못했다.

"저는 끔찍하게 23살에 결혼 5일 만에 남편의 죽음을 제 눈으로 봤고 (중략) 남편이 죽었는데 시댁에서는 저를 안 내놓겠다는 거죠. 시동생이 또 저하고 동갑인데 군사 복무 돌아오면 저랑 결혼시키겠다는 거예요."(참여자, 2)

(3) 폭군과 같은 인색한 남편

참여자 5의 남편은 북한의 가족들과 연락을 하자 전화비가 많이 나온다고 전화를 끊었고, 참여자 3은 남편의 무자비한 폭력으로 매일 밤을 통곡으로 지냈다. 참여자 4는 스트레스와 함께 극도의 신체적 고통을 경험했다. 참여자들은 돈에 팔려가면서 남편에게 한 가닥 애정을 기대했지만 참여자들의 모든 남편들은 폭군이었고 성에 굶주린 짐승에 불과했다.

"사람이 싫은 남자하고 사는 게 진짜 힘들죠. 잠자리 거부했다고 목을 조르고 죽이려 했어요. 그것도 처녀로 와 가지고 너무 힘들다 보니까 제 눈에서 막 불이 뿜어져 나갔던 것 같아요. 눈에 독기가 서리니 시부모님이 의사를 불러 주사를 놔 주기도 했지요."(참여자, 4)

2) 넓은 길에서 좁은 길로의 전회

(1) 인본주의 사고의 잔재

참여자들은 세상의 길에서 하나님의 길로 돌아섰다. 참여자들은 중국 체류 당시 구출사역을 한 선교사를 통해 쉼터에서 복음을 받아들이기도 했고, 남한에 입국 후 교회에 출석하기도 했다. 하지만 그들은 세상에 실망했고 세상에 대한 믿음을 버렸음에도 불구하고 세상으로 끊임없이 향하고자 했다. 참여자들은 복음을 받아들였지만 하나님 앞에 죄인이라는 말을 받아들일 수 없었다. 자신들은 늘 피해만 보고 살았는데 죄인이라는 말은 가당치 않다고 생각했다. 자신도 모르게 뇌리에 박힌 북한에서의 세속적인 교육으로 복음이 받아들여지지 않았다. 성경에 대한 불신은 여전히 있었고 단지 교회에서 제공하는 식사와 물품을 받으려 출석하기도 했다.

"언니가 죄인이기 때문에 언니가 지은 죄가 무엇인지를 회개해야지만 갈 수 있다고 하더라고요. 그래서 '이건 또 무슨 소리냐? 내가 왜 죄를 지었느냐? 나는 당하기만 했는데 뭘 내가 죄인이야? 하나님이 나를 한 번에 받아 주는 게 옳은 거 아니냐?' 했어요." (참여자, 1)

(2) 세상 욕망 버리기

하지만 참여자들은 하나님의 시간 속에서 서서히 세상의 욕망을 버리기 시작했다. 초기에는 중국에서의 신변 보호와 남한에서의 물질적 후원 등 수단적 목적으로 교회에 출석했으나 세상으로 향한 욕망이 덧없음을 알았고 교회에 열심을 냈다. 참여자들 중에서 신학교에 입학한 참여자는 임대아파트를 거절하고 좁고 옹색한 교회에서 거주하며 신학 공부를 시작했다. 또한 물질적 풍요보다는 영혼의 풍요를 원했고, 돈을 많이 주는 직업보다는 교회에 출석하고 성경공부를 할 수 있으며 하나님의 복음을 전하는 데 용이한 직업을 선택했다. 참여자는 서서히 세상의 욕망을 버렸다.

(3) 니느웨 길에서 하나님의 길로

참여자는 공통적으로 니느웨로 향했던 요나와 같은 경험을 했다.

몸은 교회에 있었지만 정신은 세상으로 향했고 세상에서 출세하고 성공할 수 있는 길을 모색했다. 그것만이 자신의 억울한 삶을 보상할 수 있는 길이라고 믿었다. 참여자들은 후일 자신들에 대한 보상을 마련해 놓고 있다는 것을 알았지만 당시만 해도 자기 스스로 노력하여 자신의 길을 찾고자 했다. 하지만 요나가 니느웨로 향하다 하나님께 징계를 받았듯이 참여자들 역시 세상으로 향하다가 징계를 받았다. 도산을 하기도 했고 몸에 병이 들기도 했다. 참여자들은 도산과 질병을 하나님의 징계로 믿었고 하나님의 길로 향했다.

3) 새로운 생명

(1) 고난의 의미 체험

참여자들은 자신들의 삶이 북한에서부터 중국, 남한에 이르기까지 고난으로 점철된 삶이라고 의미를 구성했다. 하지만 그 고난은 하나님이 허락하신 것이며 고난에 뜻이 있다는 자기 해석을 했다. 참여자들은 하나님이 자신들을 더 강하게 하려고 시련을 주신 것이며 언젠가는 자신들은 높이 들어 쓰시려고 고난을 겪게 하셨다고 해석했다. 참여자들은 고난에 숨겨진 하나님의 섭리와 뜻을 해석했다.

> "여기까지 오느라고 이렇게 고생은 시켰지만, 하나님이 언젠가는 들어 사용하시려고 이 고난을 겪게 하셨다는 이 말이 제게 큰 감동이었어요. 나도 이제는 누군가의 쓸모 있는 사람이 되겠구나! 이 말을 듣고 마음이 너무 뜨거웠어요."(참여자, 1)

(2) 기적의 체험

참여자들의 삶은 기적의 연속이라고 할 수 있다. 고난으로 점철되었지만 고난과 고난 사이에는 항상 기적이 있었다. 참여자 1은 씨받이로 출산한 다음 날 헤어진 12년 된 아들을 단 한 번만이라도 보고 싶다고 기도하자 응답이 일어났고, 참여자 4는 한국에서 탈북한 언니와 아버지와 재회하기도 했다. 신학교에 진학한 참여자 1은 경제적 사정에 주저했으나 등록금 걱정하지 말라며 도와준 목사가 있었다. 특히 참여자들은 중국에서 체포된 경우도 있었는데 그때마다 사도 바울을 구하려 옥문을 열어 주신 하나님의 기적이 일어났다. 비록 뇌물을 받았지만 탈출을 도와준 공안도 있었다.

> "참 신기한 거는, 우리 언니가 아버지를 모시고 2007년도에 온 거예요. 한국에 와서 만났는데 아버지는 북한에서부터 치매를 앓아서 여기가 한국인지를 몰라요. 근데 저는 막내딸이니 알아봤지요."
> (참여자, 4)

(3) 나를 살리신 하나님

참여자들은 고난과 기적을 하나님이 자신을 살리시기 위한 원대한 계획으로 해석했다. 참여자들은 중국에서 비인간적인 대우와 혹독한 고통을 당했고 자살을 시도했다. 자살을 시도하지 않은 자들은 늘 죽음의 그림자와 동행했다. 참여자들의 탈북은 출애굽 한 이스라엘 민족이 가나안 땅을 향해 가는 것만큼 험난한 길이었다. 하지만 출애굽 후 가나안에 정착하기까지 이스라엘 민족에게 하나님이 늘 함께하셨듯이 탈북이라는 긴 여정 속에 자신들에게도 함께하셨다고 믿었다. 참여자들은 위기에 처할 때만다 살려 달라고 기도

했다. 하나님은 그들의 기도에 응답하셨고 탈북과 체포, 북송과 재탈북의 연속은 하나님의 은혜와 자신을 살리는 하나님의 섭리를 체험하는 것으로 보았다.

> "잡혀 북송되니 하나님의 존재에 의지하게 되었어요. 북한 교화소는 생지옥이었고, 4년 동안 뼈만 남고 허약 3도 판정을 받고 죽을 날을 기다렸어요. 1년 형기 단축으로 살아 나왔어요."(참여자, 5)

4) 하늘 가는 길에 동행

(1) 하나님에의 의지

참여자들은 하나님이 자신들의 모든 짐을 다 가져간 것으로 의미를 구성했다. 모든 참여자들은 아직은 경제적으로 어렵고 불안한 상태지만 미래에 대한 불안보다는 하나님에 대한 의지가 강하기에 세상 염려를 내려놓았다고 구술했다. 참여자들은 초기에는 자신을 믿고자 했다. 하지만 탈북 후 중국에서부터 참여자들은 철저하게 자신의 무력감을 체험했다. 남한에 입국한 후, 자신의 무력감을 또 한 번 체험하고 하나님에 맡기자 자신은 유능한 인간으로 바뀌었다고 구술하기도 했다.

(2) 하나님의 마음 읽기

참여자들은 자신들이 비록 남한의 교인보다는 기독교 복음을 늦게 받아들였고 성경적 지식은 부족하지만 하나님의 마음을 읽는 데에는 뒤떨어지지 않는다고 구술했다. 하나님은 고통받는 사람들의 곁에 계시고 특히 자신들을 북한에서 구출하신 이유가 주체사상과 김일성주의라는 우상에 빠진 타락한 백성들을 살리기 위해 선택한 것으로 보았다. 하나님은 이스라엘 민족을 버리시지 않았듯이 우상숭배에 빠진 북한 주민을 버리지 않았다고 믿고 있다. 타락한 이스라엘 백성에게는 모세와 아론이 있었듯이 진리를 모르고 우상에 빠진 북한 주민들에게 자신들이 그 역할을 할 것이라고 의미를 구성했다.

"노아 홍수 사건 뒤에 타락한 백성들에 대해서 쫙 발표하면서 여호수아부터 가나안 땅부터 그럴 수밖에 없었던 하나님의 심정을 들여다봤어요."(참여자, 1)

(3) 자기 안에서의 행복

참여자들은 하나님의 품에 속해 있기 때문에 자신 안에서 행복을 찾았다고 구술했다. 그들은 늘 자신 속에 갇혀 있었지만 하나님의 능력으로 초월했다. 초월한 순간 이미 자신들의 마음속에 천국과 평안과 행복이 있음을 자각했다. 참여자들은 범사에 만족했고 언제나 감사의 조건을 찾으려고 노력하고 있다. 그들이 감사의 조건을 찾으려고 하는 것은, 행복은 하나님이 주신 것이며 하나님이 주신 행복은 자기 안에 있다고 믿기 때문이다. 그들의 북한 탈출은 외부에서 행복을 찾으려는 시도였으나 남한에 입국하고 하나님의 복음을 받아들인 후에 자신 안에서 행복을 찾으려는 능력이 생성되었다.

"하나님이 왜 나를 선택하셨고 왜 이 길을 보내셨는지 알겠더라고요. (중략) 내 길이 이거구나! 하나님이 나를 이렇게 들어 쓰시려고 오늘날 이렇게 광야에서 훈련을 시켰구나! 이제는 내 목숨이 소중

해서 못 죽겠는 거예요. (중략) 하나님 안에 들어오니까 행복해졌어요."(참여자, 1)

5) 하나님 사랑의 전파

(1) 선교 제일주의

참여자들은 자신의 삶의 중심에 복음 전파를 두고 있다. 참여자 2는 중국에 있는 남편으로부터 귀국을 종용 받았으나 선교의 사명 때문에 거절했다. 그는 남편과 가족을 사랑하지 않아서가 아니라 남편과 가족 못지않게 선교가 중요하며 선교의 궁극적인 목표는 남편과 가족에 대한 사랑이라고 믿었다. 참여자들은 평강공주 사욕이라는 말을 즐겨 쓴다. 평강공주 사역이란 중국에 있는 탈북여성들을 돕는 사역이다. 참여자들은 바보 온달을 고구려의 맹장으로 만든 평강공주를 떠올렸다. 평강공주 역시 온달을 선택했다는 이유로 궁에서 쫓겨났지만 남편을 장군으로 만들었다. 탈북여성들은 북한에서 쫓겨난 평강공주이지만 북한을 복음화하고 북한 주민들의 삶을 증진시킬 수 있는 선도자라고 믿기 때문이다.

"남편이 호구 만들어 줄 테니 신학 때려치우고 들어오라는 거예요. 그런데 이 사람이 여기 한국에 와야 돼요. 왜 와야 하냐면, 내가 저 중국 땅에서 탈북여성을 위한 사역을 하려면 남편이 하나님을 알아야 하기 때문이에요."(참여자, 2)

(2) 소명의 체험

하나님으로부터 받은 소명은 자신의 삶 전체를 바꾸게 한다. 참여자들은 늘 핍박받고 대우 받지 못한 존재였다. 자존감이 저하되었고 자신은 무능하고 쓸모없는 인간이라고 부정적 자기 평가에 빠졌다. 하지만 교회에서 그들은 쓸모 있는 사람이란 말을 들었고 가슴이 뜨거워짐을 느꼈다. 북한에서 교육받았던 모든 사상의 중심은 인간이라는 허무맹랑한 말보다 그들의 심금을 울렸다. 중국에서 복음을 받아들이고 하나님의 사랑을 체험한 참여자들은 남한 입국이 풍요로운 삶에 대한 입국이 아니라 신학을 공부하고 선교사가 되어 복음을 전파하고자 하는 목적이었다. 참여자 1과 2는 신학을 공부하고 있다. 그들의 신학 공부는 하나님을 더 깊이 알고자 함이며 자신들이 받은 은혜를 공유하고자 함이다. 신학을 공부하고 교역자가 되어 자신이 받은 고난과 그 고난 속에 숨겨진 하나님의 체험을 마음껏 설교하고 간증하고 싶어 했다.

> "그러면서 내 주변에 있는 사람들 울고 힘들게 사는 거 안타까운 거예요. 그래 나도 저랬어. 그런데 나는 지금 이 하나님 안에 들어오니까 행복해졌어. '너 좀 들어오면 안 되겠니?' 나도 모르게 그 사람한테 가서 전도하고 있더라고요."(참여자, 1)

(3) 탈북여성을 돕는 사역의 꿈

평강공주 사역이 의미하듯 자신들은 이미 마수에서 벗어났지만 아직도 중국 전역을 유리방황하는 탈북여성들을 위해 기도하고 있다. 신학을 공부하는 참여자나 그렇지 않은 참여자도 탈북여성들을 돕는 사역에 쓰임 받고자 한다. 참여자들은 중국 내 탈북여성들은 광야에서 40년을 보낸 이스라엘 민족처럼 고통스럽다고 구술했다. 그들이 40년 광야 생활을 끝낼 수 있었던 것은 교회가 있었고 하나님의 은혜가 있었기 때문이라고 믿었고 탈북여성들을 위한 교회 건립을 웅대한 비전으로 삼고 있다.

"난 못 해요 막 이랬는데, 하나님이 너 같은 영혼들이 여기 유리방황하는 이곳에, 너 같은 영혼들이 있는 이곳에, 너 같은 아이들을 위해서 여기에 교회를 세워라 하는 거예요."(참여자, 2)

(4) 가족 구원 열심

참여자들은 가족 구원과 병든 북한을 위한 기도에 모든 힘을 쏟아붓고 있다. 신앙 없는 남편을 위해 기도하는 한편, 믿는 자가 자기 가족을 전도하지 못했음에 회개하고 구원받게 하고자 한다.

(5) 병든 북한을 위한 기도

참여자들은 요한복음 5장 4절에 등장하는 38년 된 병자는 북한에 있는 영혼들이라고 구술했다. 북한의 주체사상의 선전 구호는 북한 주민들에게는 종교와도 같았다. 참여자들은 북한 주민들은 무지하고 자신들이 거부하였음에도 불구하고 뇌리에 깊숙이 빠져 있는 주체사상의 피해자로 보았다. 그리고 주체사상에 빠진 그들의 영혼을 위하여 기도하는 것이 북한을 구원하는 길의 급선무라고 보았다. 참여자들 모두는 자신의 기도의 중심에는 선교가 있고 그 선교의 방향은 병든 북한 주민들을 위한 기도라고 의미를 구성하기도 했다.

3. 관계성

관계성은 참여자들이 가족과의 관계, 중국에서 압제자들과의 관계, 교회공동체에서 교인들과의 관계로 나눌 수 있다.

[표 4] 관계성에서 현상학적 주제의 통합

근본적 실존체	해석학 본질적 주제	드러난 주제
관계성	삶의 핍진(乏盡)	• 생계 수단의 끊어짐 • 떠돌이 날품팔이 • 가족이라는 이름의 짐 • 가족 구출을 위한 피나는 노력
	시선의 폭력에 노출	• 거미줄 감시망 • 사람에 대한 두려움 • 피해의식
	하나님 형상의 회복	• 용서하는 하나님 마음 갖기 • 겸손한 삶 • 성경적 세계관

1) 삶의 핍진(乏盡)[3]

(1) 생계 수단이 끊어짐

참여자들은 고난의 행군시기에 식량 배급의 단절로 인해 극심한 기아를 경험했다. 고난의 행군시기에는 극소수 고급 당원을 제외하고는 직업의 유무 지위 등을 불문하고 극도의 궁핍을 경험했다. 참여자들의 구술에 의하면 고난의 행군시기에는 평민이 생존에는 유리했다고 한다.

"사회적 지위가 없는 사람들은 밭에서 훔쳐 먹기도 하고 장마당 장사를 해 생계를 이어 갔지만 당원이나 교사 등은 사회적 체면과 통제 등으로 인해 장사를 하지 못했어요."(참여자, 4)

---

3) 핍진(乏盡): (재물이나 정력 따위가) 죄다 없어짐.

(2) 떠돌이 날품팔이

참여자 1은 탈북하기 전 중국 국경을 넘나들며 일당을 받고 일을 했으며, 참여자 2는 병든 부모를 뒤로하고 청진으로 장사하러 떠나가도 했다. 참여자들은 떠돌이 날품팔이로서 중국과 북한 전역을 표류하였다.

> "중국 동네 집을 돌아다니면서 '오늘은 일감이 있냐?' 물어보면 있다고 하면 옥수수 심어 주고, 콩 심어 주고, 중국 돈 450원을 벌어 가지고 와요. 그때 중국 돈 450원이면 진짜 부자 중에 부자인 것 같았어요."(참여자, 1)

(3) 가족이라는 이름의 짐

참여자에게 있어 가족은 양가적이다. 참여자 2는 알콜중독자인 오빠가 모든 가산을 팔았기에 장사를 해도 밑 빠진 독에 물 붓기였으며, 참여자 5는 중국으로 탈출한 후에도 북한의 가족에게 돈을 송금해야만 했다. 북한의 가족에게 돈을 부치는 날은 가장 기쁜 날이지만 한편으론 부담으로 경험되었다.

(4) 가족 구출을 위한 피나는 노력

참여자들에게 가족은 짐이었지만 한편으로는 자기 삶의 목적이자 희망이었다. 참여자들은 중국과 한국에서 밤낮없이 기계처럼 일에 매달렸다. 참여자들은 일에 매달리며 고통을 잊고자 했고, 북한에 있는 가족을 남한에 데려오는 것을 생의 과업으로 삼았다. 참여자 1은 엄마를 남한으로 데려오는 게 유일한 희망이었는데 임종 소식을 듣고 구안와사가 와서 한동안 고통을 받기도 했다.

"2009년 5월 10일 엄마를 탈북시키려 준비가 다 됐는데 4월에 돌아가신 거예요. 엄마를 한국으로 데려오는 게 유일한 희망이었는데…. 그때 그 전화 받고 제가 그냥 쓰러졌어요. 병원에 실려 갔고, 제가 깼을 때는 풍이 와 입이 돌아갔어요."(참여자, 1)

2) 시선의 폭력에 노출

(1) 거미줄 감시망

참여자들은 중국으로 탈출했으나 중국은 안전지대가 아니었다. 탈출을 시도하다가 생명의 위협을 느낄 정도로 구타를 당했으며 그들이 중국에서 억지로 맺은 가족들은 모두 감시자였다. 참여자들은 탈출을 염두에 두고 날품팔이를 해서 돈을 벌었지만 가족들이 감시를 했고 이웃이 감시를 했다. 참여자 1은 화장실 가는 일조차 시아버지가 누워 있는 곳에서 용변 보라고 강요 받았다. 참여자들의 구술의 의하면 중국 농촌은 한 동네가 친척들로 이루어져 있어 동네 사람 모두가 감시자였다.

"화장실도 밖에 못 나가게 했어요. 도망갈까 봐. 아버지는 중풍으로 한쪽 구석에 누워 계시고…. 이런 강냉이 떼 있잖아요. 방 안에 이렇게 두루룩 가려놓고 거기 안에 들어가서 화장실을 보라는 거예요."(참여자, 1)

(2) 사람에 대한 두려움

참여자들은 이 세상에서 가장 무서운 존재가 사람이라고 구술했다. 참여자 5는 식량을 구하러 두만강을 건넜는데 기다리고 있던 조선족의 호의에 넘어가 인신매매단에 팔렸고, 참여자 1은 중국 공안을 가장한 인신매매단에 걸려 물건 취급 당하며 팔렸다. 교회공동체를 만나기 전, 그들은 사람을 가장 두려워했다.

"사람들한테 물어보고 싶었지만 못 물어봤어요. 물어보면 또 약점 잡히고… 또 당할까 봐. 늘 사람한테 당했기 때문에…."(참여자, 1)

(3) 피해의식

북한에서는 사람이 제일이라는 주체철학을 강제적으로 학습했지만 참여자들은 짐승보다 못한 대우를 받았다. 따라서 그들은 피해의식이 생성될 수밖에 없었다. 참여자들은 남한에 입국한 후에도 초기에는 사람들과의 관계가 유연하지 못했다. 남한 주민들이 호의를 베풀면 있는 그대로 받아들이는 것이 아니라 저의를 의심했다. 이로 인해 남한 주민들과는 불협화음을 내고 불편한 존재라는 평가를 받기도 했다. 하지만 이것은 그들의 인격적 특성이 아니라, 북한과 중국에 체류하고 있을 당시 사람들로부터 호의와 지지를 받은 것보다 지독한 피해를 받았기에 생성된 것이라고 할 수 있다.

"사람들한테 팔렸고 늘 사람들한테 지배를 당했잖아요. 늘 무시받는 삶을 살았기 때문에 내 안에는 슬픔이 있고 내가 없는 거예요. 내가 사람들한테 또 업신당하고 여기 와서도 언제든지 또 팔리겠다는 생각을 했어요."(참여자, 4)

3) 하나님 형상의 회복

(1) 용서하는 하나님 마음 갖기

참여자들은 증오의 대상이 많을 수밖에 없었다. 돈을 주고 사왔으니 내 마음대로 할 수 있다는 중국 남편부터 자신을 팔아넘긴 인신매매단, 인권을 유린했던 권력자들 모두 증오의 대상이라고 할 수 있다. 하지만 성경을 받아들이고 신앙이 성숙해짐에 따라 자신의 원수를 용서하고자 했다. 참여자들은 정죄는 하나님의 몫이고 사람의 몫은 용서라는 사실을 체험했고 가족 관계를 회복하고자 했다.

> "창세기의 요셉 이야기를 읽으면서 하나님이 많은 사람을 살리시려고 북한 주민들 속에서 저를 먼저 탈북하게 하셨다는 것을 깨닫게 되니 나를 중국에 팔아넘긴 브로커를 원망할 것이 아니라 용서하게 되었어요."(참여자, 3)

(2) 겸손한 삶

참여자들은 나의 무능을 인정하고 하나님께 모든 것을 의탁했을 때 내 안에 평안이 있고 행복이 있고 풍요로움이 생겼다고 했다. 이와 함께 자신은 하나님의 형상대로 창조되었다는 진실을 깨달았다. 자신의 내면에 그리스도가 있으니 매사에 조심하고 그리스도의 겸손한 마음을 본받고자 했다.

> "시편의 말씀에 고난이 내게 유익이라 그로 말미암아 주의 율례들을 배우게 되었다고 하였듯이, 두 번의 탈북을 하여 온갖 고난을 당한 것이 저에게는 하나님을 만나는 과정이었고, 이런 과정에서

마음속 아픔이 치유되고 삶이 기쁨으로 바뀌었어요."(참여자, 5)

(3) 성경적 세계관

참여자들은 교회 안에서 하나님과의 관계를 회복했을 뿐만 아니라 성경적인 세계관을 갖게 되었다. 참여자들은 북한에 있을 당시에는 주체사상에 입각한 세계관을 가졌으며 중국으로 탈출한 후에는 가치관의 혼란을 경험했다. 그들은 오로지 생존하는 것이 유일한 목표였고 생존을 위해서는 돈이 필요했다. 돈 이외에는 믿을 것이 없었다. 하지만 복음을 수용한 후 그들은 성경적인 세계관을 갖게 되었다. 참여자들은 자신들의 고난은 더 큰 영광을 주기 위해 예비한 것이니 자신들은 북한이 수복되고 복음이 전파될 때 예비된 존재라는 정체성을 구성하기도 했다.

"오늘 하나님이 나를 인정해 주시고 자녀로 받아 주셨다. 아들까지 죽이면서 (중략) 내 죽음을 하나님을 위해서 죽는다면 얼마나 가치 있을까? 이런 환난과 고통도 하나님이 들어 쓰시려 했다는 것이 느껴진 후, 북에 갈 수 있는 길이 열리면 복음을 전해야겠다는 소명을 갖고 있어요."(참여자, 1)

4. 공간성

[표 5] 공간성에서 현상학적 주제의 통합

근본적 실존체	해석학 본질적 주제	드러난 주제
공간성	중국 유수(幽囚)	• 사악한 공권력 • 불안한 체류
	가나안의 꿈과 현실	• 목숨을 담보로 한 탈출 • 소망의 땅 한국 • 국적의 위력
	로뎀나무 아래서의 쉼	• 내 삶의 쉼터 성경 • 자기의 개방과 치유 그리고 용서 • 눈물의 치유 공동체

1) 중국 유수(幽囚)[4]

(1) 사악한 공권력

참여자들은 북한, 중국, 한국 그리고 교회공동체라는 공간의 체험을 했다. 참여자들은 중국 체류 시 공권력의 도움을 받지 못했다. 참여자들은 불법체류자였지만 인간으로서 권리가 있다. 그럼에도 불구하고 북한의 권력자와 중국 공안은 참여자들을 보호하기보다는 탄압했고, 중국인들로부터 받은 인권 유린에 대해서는 철저하게 침묵했다. 참여자들의 구술에 의하면 만일 악마가 있다면 그것은 중국의 공안들이라고 했다. 이와 같은 사악한 공권력 아래에서 그들의 중국 체류는 하루하루가 불안과 생명의 위협이었다. 북한의 공권력은 무력했고 중국의 공권력은 잔인했다.

---

[4] 유수(幽囚): 사람을 잡아 가두는 것

"중국 공안이 북한에 갈 거냐, 다시 팔려 갈 거냐 하는데, 북한에 가는 건 무서운 거예요. 저를 팔아 달라 했더니 이번에는 진짜 좋은 집에 팔아 줄 거라고 해서 갔는데, 결혼해서 같이 데리고 살 사람이 아니라 123cm 난쟁이의 씨받이로 팔려 간 거예요."(참여자, 1)

(2) 불안한 체류

참여자들은 호구, 한국식으로 말하면 호적을 만들고자 했으나 중국인들은 호구를 만드는 데 협조를 하지 않을 뿐만 아니라 방해했다. 중국인들은 참여자들을 무국적자로 만들어 중국에 묶어 두려고 했다. 호구가 없는 상태에서 탈출은 아무런 의미가 없었다.

2) 가나안의 꿈과 현실

(1) 목숨을 담보로 한 탈출

참여자들에게 있어 한국은 가나안이었다. 참여자들은 중국에 유수되어 있었지만 목숨을 걸고 탈출했다. 참여자들은 다양한 경로로 남한에 입국했지만 모두 악어의 강(메콩강)을 건너야만 했다. 악어가 살기 때문에 위험하다고 하며 상처가 난 사람이나 생리를 하는 여자가 있으면 피 냄새를 맡기 때문에 추가 요금을 받았다. 참여자 4는 추가요금을 냈고 강을 건널 때까지 일행들에게 피해가 갈까 봐 굉장히 마음을 졸였다.

"브로커가 생리하거나 상처가 있는 사람이 타면 악어가 피 냄새를 맡고 달려들어 배를 전복시키기 때문에 위험하다고 하며 위험 수당으로 2배를 요구했다. 돈이 전혀 없기 때문에 한국에 오면 정착금을 받아 주기로 하고 마음을 졸이며 배를 탔어요. 한국에 도착하여 다른 사람들은 400만 원을 주는데 저는 800만 원 주었어요."
(참여자, 4)

(2) 소망의 땅 한국

참여자들은 라오스에서는 칠흑 같은 밤을 이용해 산을 가로지르며 탈출했지만 그것은 빛의 여정이었다. 참여자들에게 한국은 소망의 땅이었다. 참여자들은 한국에 도착하면 정착금을 준다는 말을 믿었고, 중국 위성 TV로 본 한국은 중국과는 비교할 수 없는 천국이었다.

(3) 국적의 위력

참여자들은 한국에 온 후 국적을 취득했다. 그리고 비로소 보호받을 수 있는 존재로 격상되었다. 무국적자로서 늘 체포와 송환의 불안 속에서 지낸 참여자들에게 국적은 늘 한 사람과 다른 의미를 지닌다. 참여자 2는 한국에 입국한 후 한국 여권을 만들고 한국인 자격으로 중국을 다시 방문했다. 그를 탈북자로 오해한 중국 공안은 참여자 2를 북송시키려고 무례하게 대하다가 대한민국 여권을 보여주자 공손해졌다. 중국인과 결혼한 참여자 3은 중국과 한국에서 폭력을 당했는데 한국에서는 112에 신고하자 경찰이 출동했고 보호를 받았다. 대한민국 사람에게는 큰 의미가 없는 국적이 탈북민에게는 이렇듯 자신을 보호할 수 있는 하나님의 방패와 같은 기능을 했다.

"북송이 아니라 나 대한민국 국민이다 그랬더니 여권 보여 달래요. 내가 왜 너희들한테 여권을 보이냐 하고 당당하게 나왔어요. '얻다 대고 소리치느냐? 우리 대한민국 경찰은 너희처럼 이렇게 큰소리 치면서 보겠다는 경찰이 없다. 먼저 깍듯이 인사하고 보자고 한다.' 탈북여성이 한국 국적 취득하고 중국 들어간 게 제가 처음이었어요."(참여자, 2)

3) 로뎀나무 아래에서의 쉼

(1) 내 삶의 쉼터 성경

참여자들에게 있어 성경은 하나님의 말씀을 기록한 책이라는 의미 외에 북한 중국을 거쳐 핍진된 육신과 영혼이 쉴 수 있는 쉼터였다. 중국에서 복음을 수용한 참여자는 탈출 내내 성경을 끼고 있었고, 남한에 입국한 후에는 삶이 피곤하고 곤고할 때마다 위로가 되었다.

"태국으로 출발할 때 1개월 전부터 금식기도 해요. 무사히 안전하게 도착하도록… 공안한테 잡히면 우리는 다 북송돼야 하는 사람들인데, 아무것도 없으면 괜찮은데 성경을 항상 지니고 있는 사람들이잖아요? 근데 그게 현실이 됐어요. 중국 공안이 우리 차에 올라와 다 내려오라 하고 짐 조사했는데 성경책 못 보고 전원 통과해 준 거예요."(참여자, 2)

(2) 자기 개방과 치유 그리고 용서

참여자들은 초기에는 교회 출석 후에도 교인들과 거리가 있었으나 점차 자신의 이야기를 꺼내기 시작했다. 참여자들은 자신들의 잘못이 아님에도 불구하고 중국에서 인신매매단에 팔려 강제 결혼했다는 사실을 부끄러워했다. 하지만 용기를 얻었고 교회 간증이나 교우들과의 관계에서 자기를 개방하자 치유가 일어났다. 참여자들에게 있어 교회공동체는 치유의 공동체이다. 참여자들은 저마다 깊은 상처를 지니고 있었다.

"교회에서 속상한 것이 있으면 이야기해 도라는 말에 나도 모르게… 중국에 있는 애가 보고 싶다고 하고 나니까, 뭐가 이렇게 숨이 팍 쉬어지는 느낌이 들었어요. 어떤 알 수 없는 힘에 의해서 팍 터뜨리고 나니까 뭔가 얹혔던 것이 툭 열리는 것 같은…."(참여자, 5)

(3) 눈물의 치유 공동체

참여자들은 가족들에게 배신 당한 경험이 많다. 극도의 궁핍과 고난 속에서는 피붙이도 제 살길을 찾아 서로를 외면할 수밖에 없었다. 그럼에도 불구하고 피 한 방울 섞이지 않은 교우들이 함께 울어주는 것에 감동했으며, 교인들의 뜨거운 눈물 속에서 사랑을 발견했다고 한다. 참여자들은 자신들의 삶이 이기적일 수밖에 없다고 구술했다. 따라서 타자의 고통이나 슬픔에는 공감하지 못했다. 참여자들은 교회에 출석한 후 가장 큰 변화가 남들의 아픔에 공감할 수 있는 능력이라고 보았으며 이는 하나님의 마음을 닮아가는 과정이라고 구술하기도 했다.

"씨받이로 중국 체류 시 낳은 자식이 보고 싶다고 얘기하는데 사람들이 막 우는 거예요. 교인들이 막 눈물… 막 뚝뚝 떨궈 주는 거예요. 그래서 놀랐어요."(참여자, 1)

V. 결론 및 논의

본 연구는 탈북여성들의 외상 경험과 성장에 대한 해석현상학적 연구이다. 연구자는 탈북여성의 도덕적 손상과 외상의 구성 요소나 맥락보다는 교회공동체 내에서 회복에 방점을 찍고 밴 매넌이 지시한 신체성, 시간성, 공간성, 관계성 4가지 근본적 실존체 틀에서 분석했다.

연구의 결론을 제시하면 다음과 같다. 탈북여성은 북한과 중국에서 생존과 가족을 위한 이중의 노동에 시달렸을 뿐 아니라 인신매매와 강제 결혼과 같은 극한의 고통을 경험했다. 그러나 그들은 교회공동체에서 복음을 받아들이고 말씀을 공부하면서 하나님 안에서 용서하는 법을 알게 되었다. 그들을 팔았던 조선족 인신매매범, 반죽음을 만들었던 보위부원, 무차별 폭력을 가했던 중국인 남편, 북한과 중국에서 힘들게 했던 모든 사람들을 용서하게 되었다. 이들은 상처의 회복뿐만 아니라 아직도 팔려 다니는 재중 탈북여성을 돕는 자로 쓰임 받겠다는 선교 의지를 구체화했다. 참여자들은 상처 입은 전도자로서 자신의 상처치유 경험을 보다 대승적이고 성경적 차원에서 확장시켰다고 할 수 있다. 연구 결과에 근거하여 다음과 같은 논의하고 중국 내 탈북여성을 도울 수 있는 기독교 선교 차원에서의 제언을 하고자 한다.

첫째, 북한 여성들의 국가 가부장제 희생과 이것의 극복에 대한 논의이다. 선행연구에 의하면 북한은 체제 위기가 있을 때마다 국가 가부장제를 부활시키며 여성은 혁명전사를 키우고 가족과 사회를 지키는 꽃으로 재현되고 있다. 북한 여성은 가족 부양과 돌봄을 위해 고된 노동을 감수하는 것으로 볼 수 있다(김미자, 2010). 참여자들은 국가 가부장제 희생양이었고 자신의 몸을 유린당하면서까지 가족을 위해 헌신했지만 북한과 가족들로부터 배신당한 경험을 했다. 이러한 상처는 쉽게 치유되지 않는다. 교회의 성경적 세계관에 기초한 치유만이 이들의 삶을 복원할 수 있을 것이다.

그간 탈북여성들의 외상 후 성장의 치유에 대한 심리·정서적 접근이 이루어져 왔지만(김윤아·김미영, 2016; 이상희 외, 2021: 김현경, 2011) 이들의 상처는 심리·정서적 문제가 아니라 존재적 문제이며 영혼의 문제이다. 따라서 교회가 그 역할을 감당해야만 할 것이다. 교회는 탈북민들에게 방주와 같은 안정감과 애착을 제공할 수 있으며 특히 탈북 과정에서 단절과 고립 그리고 소외를 받고 있는 탈북민에게는 소통의 장이자 소속감을 느끼게 하는 장소이다(이순형 외, 2015). 교회의 선교 기능 중 소외된 영혼들에 대한 치유의 역할을 적극적으로 해야만 할 것이다. 이를 위해서는 개 교회 또는 교회 연합체가 중심이 되어 탈북민들의 심리·정서적 외상을 치유할 수 있는 전문가 그룹을 확보하고 장소 제공, 예산의 지원과 같은 시스템을 통해 사회에서 조차 치유하기 힘든 그들의 상처를 치유해야 할 것이다. 연구 결과에 나타난 바와 같이 참여자들에게 있어 교회는 보호처이자 치유하는 곳이었다.

둘째, 탈북여성들에 대한 신학적 관점에서 재조명이다. 성경적으로 그들은 어떻게 상징화할 수 있을까? 이에 대해 탈북여성은 구약성서에 있는 하갈과 비유하며 그를 통해 하나님이 은총이 내려져 있음을 분석하고 교회의 목회 상담적 역할을 강조하는 관점도 있다(구본경, 2021). 하지만 연구 결과에 의하면 탈북여성들은 하갈이라기보다 룻에 가깝다. 하갈이 광야에서 기진하여 죽을 위험에 처했을 때 하나님의 은총이 나타난 것같이 탈북여성들도 순간순간 하나님의 은총을 맛보았다. 룻이 이방인의 땅에서 생존하면서 시어머니 나오미를 잘 보살폈듯이 어려운 환경 속에서도 사람을 배려하고 사랑을 베푼 개인들이라는 것이다. 룻이 다윗 왕의 증조모가 되었듯이 탈북여성들의 후손은 우리 사회에 기여하는 다양한 인재들일 수 있다. 그렇다면 룻에게 편리를 제공하고 그의 삶을 지원한 보아스는 누구인가? 보아스는 단순한 인물이 아니라고 본다. 생물학적 존재가 아닌 사회적 존재로서 보아스는 남한 기독교 공동체 모든 구성원이라고 할 수 있다. 하나님은 울부짖는 고독한 영혼들 앞에 나타나시어 축복의 약속을 내려 주신다.

그리고 하나님의 축복은 기득권 계층이 아니라 탈북민들과 같은 약자들을 대상으로 한다고 할 수 있다. 따라서 탈북여성들은 사회적 차원에서는 사회 복지와 지지의 대상이지만 교회공동체 차원에서는 하나님으로부터 축복을 받은 개인들이며 이를 교회가 지지해야만 할 것이다. 이를 위해서는 모든 교회공동체의 관심이 필요하지만 특히 탈북여성들과 같이 어려움에 처한 개인들을 도울 수 있는 전담 시스템이 필요하다. 복음은 이상이고 원리이지만, 선교는 현실이고 기술이라고 할 수 있다. 탈북여성들의 삶에 대한 이해가 깊고 그들을 좀 더 젠더 친화적 관점에서 돌볼 수 있는 여성 전담 선교사들의 양성이 필요하다고 할 수 있다.

마지막으로 참여자들이 실천하고 있는 평강공주 사역에 대한 논의와 제언이다. 참여자들은 모두 중국에서의 혹독한 기억을 공유하고 있다. 선행연구에 나타난 바와 같이 중국에서 탈북여성들의 삶은 인신매매 당하며 보호받지 못하는 존재라고 할 수 있다. 북한을 탈출한 여성들에게는 중국에서 최소한의 권리도 보장받지 못하고 일하는 기계 때로는 성적인 대상으로 전락하여 살아간다. 참여자들 역시 이런 경험을 했다. 그들이 실천하고 있는 것은 중국에 체류하고 있는 탈북여성들을 돕는 사역이다. 이러한 평강공주 사역은 중국 내 체류하는 탈북여성들에 대한 선교뿐만 아니라 이것이 발판이 되어 북한선교로 이어질 수 있을 것이다. 현재 한국의 교회는 북한선교뿐만 아니라 중국 내 체류하고 있는 탈북민들의 보호와 그들의 영적 구원을 위해 헌신하고 있다(김경진, 2015; 최병우, 2016). 매우 전향적이고 바람직한 방향이라고 할 수 있다. 하지만 대부분의 선교가 전문 선교인이나 목회자들에게 의해 이루어지고 있다. 선교는 원주민에 의한 선교가 효과적인 경우가 많다(Seltz, 2016; 김성은, 2009). 문화적 저항이 적고 핵심적인 친숙함 때문이다. 그러므로 평강공주 사역과 같이 중국 내 선교를 하고 있는 탈북민들을 지원할 필요가 있다. 이들을 선교사로 양성하는 방안과 함께 평신도 선교사로 파견할 수 있는 교육과 지원 시스템을 구축할 필요가 있을 것이다.

참고문헌

J. Shay. (2014). Moral Injury. *Psychoanalytic Psychology*. 31(2). 182-191.

Seltz, Gregory P. (2016). *Confessing the "Real Present Jesus: The Power to Overcome Cultural Barriers with the Good News of the Gospel*. Lutheran Mission Matters.

Strauss, A., & Cobin, J. (2015). *Basic of Qualitative Research: Techniques and Procedures or Developing Grounded Theory (4th)*. London: Sage.

Van Manen, M.(2016). *Researhing lived experience: Human science for an action senstive pedagogy*. Walnut Creek. CA: Left Coast Press.

강동완 (2019). 국내 입국 탈북여성의 경계짓기: '직행'과 '중국행' 사이 차이를 중심으로. 정치·정보연구. 22(1). 1-26.

_____ (2017). 중국 현지 거주 탈북여성의 생활 실태 및 지원 방안. 북한학보. 42(1). 155-197.

구본경 (2021). 북한 이탈 여성에 대한 여성주의 목회상담적 이해: 생존의 모티브 하갈을 중심으로. 목회와 상담. 36(0). 39-91.

김경미 (2021). 북한이탈여성의 외상 후 성장 경험에 따른 행위자성의 재구성. 미래사회. 12(6). 94-116.

김경진 (2015). 동북아시아 난민 네트워크와 비국가 행위자의 역할 : 선교사와 탈북 브로커를 중심으로. 석사학위논문. 서울: 서울대학교.

김경희 (2022). 청소년기에 경험한 아버지의 죽음이 성장 과정과 성인기 삶에 미치는 영향: Van Manen의 체험연구방법론을 중심으로. 박사학위논문. 한림대학교.

김미자 (2010). 북한이탈여성의 외상 경험에 관한 연구. 임상사회사업연구, 7(1). 1-18.

김광호 (2015). 불안증상을 가진 탈북여성의 경험에 대한 내러티브 탐구-명상상담 사례를 중심으로. 한국불교학. 75(3). 429-465.

김성은 (2009). 선교사 게일의 번역 문체에 관하여-천로역정 번역을 중심으로. 한국기독교와 역사. 31. 199-227.

김윤아·김미영 (2016). 북한이탈주민의 외상 후 성장에 영향을 미치는 요인. 한국산학기술학회논문지. 17(5). 332-338.

김현아 (2016). 북한이탈주민의 우울과 PTSD에 관한 메타 분석. 한국위기관리논집. 12(1). 105-124.

김현경 (2011). 탄력성(resilience) 관점에서 조명한 북한이탈여성의 생애 연구: 북한과 중국에서의 생활을 중심으로. 젠더와 문화. 4(2). 7-36.

김효규 (2013). 북한이탈여성의 외상 회복 과정에 대한 연구. 박사학위논문. 천안: 백석대학교 기독교전문대학원.

박병애 (2020). 탈북민 목회자의 생애사 분석을 통한 복음수용성 연구-mandelbaum 분석방법론 적용. 박사학위논문. 숭실대학교.

박영호·김수암·이금순·홍우택 (2010). 북한인권백서. 서울: 통일연구원

양민숙·이동훈 (2017). 북한이탈여성의 생애사 연구. 한국콘텐츠학회논문지. 17(10). 120-139.

연성진 (2018). 북한이탈주민 탈북 과정에서의 인신매매범죄 피해 실태에 관한 탐색적 연구. 한국형사정책연구원. 연구총서 18-AB-04.

이상희·임수아·허진무 (2021). 외상 후 스트레스 장애가 있는 북한이탈주민 여성 노인의 합창단 활동과 회복 탄력성 및 성공적 노화에 관한 사례 연구. 한국체육학회지. 60(4). 273-286.

이순형·최연실·진미정(2015). 북한이탈주민의 종교 경험. 서울: 서울대학교 출판문화원.

최병우 (2016). 탈북 도우미의 소설화 양상과 그 의미. 현대소설연구. 63. 327-355.

에필로그

　연구소 소장께서 탈북여성들의 외상에 대한 논문은 굉장히 많은데 외상 후 성장에 대한 논문은 없으니 그쪽으로 써 볼 것을 권유했다. 탈북여성들 중에 기독교 복음을 수용하고 트라우마를 치유받고 신앙생활을 잘하고 있으며 한국에 정착을 잘하고 있는 참여자를 찾아야 했다. 막상 심층 인터뷰를 하려 했으나 참여자를 구할 수가 없었다. 자신의 아픈 과거를 들추어 이야기하고 싶을까? 인터뷰 대상자를 찾는다는 것이 너무 막연했다. 그래서 여러 가지 방법을 생각하다가 예전에 유튜브로 비슷한 내용을 시청한 적이 있던 것을 기억하고 방송을 찾았다. 그분께 연락하여 그 내용을 연구에 사용해도 좋은지 동의를 구하고 방송 내용을 전사했다. 사례비를 드리고 다른 참여자 소개를 의뢰했다. 세평적 사례선택으로 탈북여성 목회자에게도 연구의 취지를 설명하고 부탁하여 참여자를 소개받았다.

　그렇게 어렵게 참여자 섭외를 마쳤다. 인터뷰하는 장소는 참여자들의 집이었는데 멀리 찾아가 인터뷰하고 돌아오면 하루해가 갔다. 그런 수고는 얼마든지 하겠는데, 모든 참여자들의 중국에서의 삶은 인간의 삶이 아니었다. 그런 이야기를 할 때 그녀들도 울었고 나도 울었고 모두가 눈물바다였다.

　인터뷰 참여자 중 한 명은 이야기 도중 과거의 아픈 상처에 소리 없이 눈물을 흘리기 시작했다. 마스크를 쓰고 있는데 눈과 마스크 사이가 한강을 이루었다. 마스크에 스며드는 것보다 고이는 눈물이 많아 눈물이 그득했다. 사람의 눈에서 그렇게 눈물이 많이 나오는지 처음 알았다. 집으로 돌아오는 길에 이렇게까지 하면서 인터뷰를 해야 하나 회의가 들기도 했다. 이 시대를 살아가며 중국에서 생긴 트라우마를 탈북민 교회공동체에서 치유받고, 이 땅에서 꿋꿋이 살아가는 그녀들이 감사하다는 마음이 들었다.

3부
종장

1. 요약

　이상과 같이 5가지 렌즈를 통하여 탈북민의 회심을 들여다보았다. 1편은 "로젠탈 생애사 렌즈를 통해서 본 어느 탈북민 목회자의 고백"이다. 신의주(가명)는 1986년에 북한 D시에서 태어난 참여자는 혈혈단신으로 10대에 탈북을 하여 부모님를 모두 잃고 대한민국에 입국했다. 중국 체류와 남한 정착을 하면서 하나님이 보내 주신 수많은 사람들의 사랑을 경험하기도 했다. 참여자의 회심은 적절한 시기에 믿음의 사람들을 만난 결과이다. 북한 복음화를 위해 준비된 분들과의 만남이 '북한선교의 빛'을 들려주는 사명자로 키워졌다. 첫째, 중국에서 만나 복음을 전해 준 두 분의 영적 아버지와 복음통일의 비전을 심어 준 영적 어머니 등 믿음의 조력자들이 있었다. 그들은 참여자의 삶의 방향과 비전을 세우는 데 큰 기여를 했다. 그의

믿음이 어떻게 형성되었는지 분석해 보니 준비된 인적 자원과의 만남이라고 할 수 있다. 그래서 우리는 사람을 준비해야 하는데 사람의 준비는 하루 아침에 되는 것이 아니다.

2014년 초교단적 교회 지도자로 구성하여 숭실대학교에 기독교통일지도자훈련센터가 세워졌다. 설립 목적은 '통일시대에 정신을 공유'하고, '통일시대의 사람을 준비'하는 것이다. 2016년에 숭실대학교 일반대학원에 기독교통일지도자학과가 신설되면서 통일시대 사람을 준비하는 일이 시작되었다. 처음에는 한국인들만 입학했지만, 지금은 세계 각국의 선교사들이 한반도 복음화를 위해 유창한 한국말로 함께 공부하고 있어 놀라웠다. 그러나 한반도 복음의 역사를 돌아보면 놀라운 일은 아니다. "주여! 지금은 아무것도 보이지 않습니다." 언더우드 선교사의 기도 중 한 문장이다. 한반도는 우상과 미신, 어둠과 절망으로 가득했던 땅이다. 하나님은 가난하고 어둠에 잠긴 이 땅의 복음화를 위해 미국, 영국 등에서 선교사를 보내셨다. 그들은 교회와 학교와 병원을 설립하며 하나님의 사랑을 전파했다.

1866년 27세의 토마스 선교사는 영국 런던선교회 소속으로 제너럴 셔먼 호를 타고 조선에 입국했다. 평양 만경대 작은 섬에 내려 순교하고 성경책을 전했다. 최치량은(당시 12세) 엉겁결에 성경을 받았다가 두려운 마음이 들어 박영식에게 넘겼고, 박영식은 성경을 도배지로 이용하고는 벽에 적힌 글을 읽다가 신앙을 갖게 되었고 그 집은 훗날 장대현교회의 시초가 되었다. 토마스 선교사의 순교는 헛되지 않았다. 그의 순교는 "한 알의 밀알이 땅에 떨어져 죽지 않으면 한 알 그대로 있고, 죽으면 많은 열매를 맺느니라"는 말씀처럼 많은 열매를 맺는 결실이 되었다.

2편 "멘델바움 생애사 렌즈를 통해서 본 탈북민 목회자들의 신앙여정"에서는 가장 모범적으로 신앙생활을 잘 하고 있는 탈북민 목회자들의 생애를 통하여 어떻게 복음이 수용되었는지, 어떤 장애물이 있었는지, 어떻게 이타적인 삶을 살게 되었는지 등 생애 전 과정을 멘델바움 생애사 분석방법과 루이스 람보의 이론적 틀로 분석을 하였다.

첫째, 참여자들의 삶의 영역 공통주제는 하나님과의 관계를 재구성하고 삶의 방향과 목표를 정한 것이다. 삶의 영역에서 시사하는 바는 주체사상 해체와 통일신학의 확립이 가장 큰 관건이다.

둘째, 참여자들의 삶의 전환점 공통주제는 탈북하고 중국 땅에 들어서는 순간, 기아는 해결되지만 북송에 대한 두려움으로 또 다른 위기에 접한다. 도구적 수단으로 성경통독학교에서 통독을 하지만 주체사상화가 된 이들에게 복음은 들어오지 않는다. 기독교와 경배체제가 같기 때문에 믿는 척은 잘 한다. 그러다 북송되어 감옥에서 하나님을 만나기도 하고 전도자의 헌신적인 사랑으로 회개를 하기도 한다.

셋째, 참여자들의 삶의 전환점 공통주제는 이들은 극한의 고통 속에서 극적으로 회심을 하고 남한에 입국을 하게 된다. 그러나 남한의 경제상황에 매료되어 서원기도를 잠시 잊는 퇴행도 있었지만, 바로 자신의 소명을 깨닫고 신학을 하게 된다. 자신의 영혼을 건 절대적인 헌신으로 교회를 개척하고 통일목회를 하는 헌신으로 전환된다.

이러한 연구 결과를 토대로 회심이론에 근거하여 참여자들의 복음수용성과 회심에 관해 기술했다. 이를 근거로 북한선교의 시사점을 제시하였다.

3편 "근거이론 렌즈를 통해서 본 탈북민의 주체사상 극복 이야기"에서는 15명의 탈북민 목회자들이 참여하여 어떻게 주체사상을 극복하게 되었는지 근거이론으로 연구를 하였다. 우리는 주체사상을 알아야 북한 사람들의 내면에 있는 견고한 진을 알 수 있고 그것을 허물 수 있는 방법을 알게 된다. 주체사상은 이론적으로는 아름답고 화려하기에 책으로만 주체사상을 접한 사람들은 열광적인 혁명가가 되기도 한다. 주체사상의 핵심은 자기 운명의 주인은 자기 자신이다. 자기 자신이 모든 것을 결정한다. 자기 운명을 개척할 수 있는 힘도 자기 자신에게 있다는 것이다.

> "김일성 숭배 문화는 기독교와 같은 경배 문화이다. 성경에서 하나님이라는 말 대신 김일성이라고 말만 바꾸어 놓으면 별로 다를 바 없다. 이 때문에 혹자는 북한 사람들이 하나님을 믿는 것이 쉬울 것이라고 생각하는데 이것으로 인해 절대로 하나님을 믿지 못한다. 김일성에게 참혹하게 속았기에 절대로 마음을 열지 않는다. 기독교를 모방해 만든 경배 체제이기에 기독교에 대해 치명적인 면역 체계를 만들었다. 이 때문에 기독교에 대해서 매우 강렬하게 저항한다. 그런데 경배 문화가 똑같으니까 믿음의 형식을 받아들이는 데는 정말 빠르다. 그래서 처음에는 다들 잘 믿는 줄 안다. 조금만 가르치면 막 눈물 흘리고 열광하지만 돌아서면 끝이다. 김일성을 열광하던 식으로 사람들 앞에서 보이는 행동은 잘하지만 마음은 열지 못한다"(탈북민 목사의 증언).

주체사상은 1986년 사회정치적 생명체론으로 발전되었다. 수령은 뇌, 당은 혈관, 그리고 북한 주민은 손과 발이 되는 하나의 정치적 생명체로서 뇌수에 해당하는 수령 없이는 아무런 의미가 없다는 것이다. 성경에서 말하는 교회론과 상당히 일치한다. 나치의 히틀러도 고대의 파라오도 태양의 아들이라고 했지 자신을 태양이라는 말은 사용하지 않았다. 그런데 북한은 헌법에 김일성 동지를 태양이라고 표현하고 생일도 태양절이라고 한다. 엄밀히 말하면 북한은 국가라기보다는 주체사상이 지배하는 거대한 종교집단이다. 김일성을 초법적인 존재로 만들고 우상화 작업을 했다. 주체사상은 인본주의 같지만 핵심은 수령론이다. 주체사상을 활용해 신격화 작업을 했고 그러면서 우상 문화, 신생 종교로 발전했다. 영원한 정치적 생명을 얻기 위해서는 일시적인 육체적 생명은 버려야 한다고 가르친다.

참여자들은 주체사상의 허구를 직시하고 복음을 받아들였지만, 한동안 주체와 복음 그리고 속사람과 겉사람의 기로에 설 수밖에 없었다. 그들은 한계 상황 속에서 주체사상이란 그릇된 신념의 미로에서 탈출했지만 겉 사람의 잔재는 남아 있었다. 참여자들은 교회와 세상의 갈림길에서 성경공부, 구약성경의 구속사를 통하여 주체사상을 내려놓고 하나님의 길로 돌아섰다.

주체사상을 극복한 후에 비로소 진정한 자유가 무엇인지 알았으며 자신의 탈출과 남한 정착 그리고 복음수용이 하나님의 예비하심이라는 것을 체험했다. 기독교는 체험의 종교라는 말처럼 참여자들은 머릿속에서 받아들인 신앙을 체험 속에서 진정한 신앙으로 바꾸었다. 그리고 주체사상을 다른 사회과학적 사상이 아닌 복음으로 해체했다. 참여자들은 자신의 정체성을 기독교 복음 맥락에서 재구성했고, 자신에게 주어진 십자가를 거부하지 않고 좁은 길을 가겠다는 결단으로 이어졌다. 이러한 과정을 거친 참여자들은 복음을 통한 북한 수복이라는 원대한 전략을 세웠고, 남한에 체류하는 탈북민들에게 복음을 전하며 동시에 통일 후 북한에 복음을 전하겠다는 비전을 지속해서 강화하고 있다.

이와 같은 기술적 이야기를 통해 구성한 핵심 범주는 오직 성경(Sola Scriptura)이다. "하나님의 말씀은 살아 있고 활력이 있어 좌우에 날 선 어떤 검보다도 예리하여 혼과 영과 및 관절과 골수를 찔러 쪼개기까지 하며 또 마음의 생각과 뜻을 판단하나니"라는 히브리서 4장 12절 말씀처럼 성경의 구속사를 통하여 주체사상을 해체하고 성경을 통하여 복음으로 재무장한 후, 북한선교를 꿈꾸는 삶으로 제시할 수 있다.

4편은 "콜라지 현상학 렌즈를 통해서 본 탈북민 목회자 12명의 회심 이야기"이다. 본 연구는 탈북민 목회자들의 복음수용과 성장 그리고 교회 개척에 대한 연구로, 탈북민 목회자들의 체험 속에 나타난 기독교 복음의 의미와 본질을 규명하고자 했으며, 탈북민 목사 6명과 전도사 6명, 총 12명의 목회자들이 참여했다. 연구자는 콜라지(1978)가 제안한 체험적 현상학적 연구방법에 따라 자료를 분석했다. 자료 분석 결과 95개의 주제, 24개의 주제 결집을 도출했고 이를 5개의 범주로 결집했다. 이를 다시 「사상과 진리의 전쟁」, 「좁은 길과 넓은 길」, 「하나님과의 만남」, 「교회공동체 회복」, 「전도자로서 천로역정」 범주에 재배열하여 참여자들의 체험의 의미와 구조를 기술했다. 마지막으로 연구 결과에 근거하여 북한선교와 탈북민 목회자들을 지원하기 위한 실천신학 차원에서 구체적 제안을 했다.

참여자들은 기독교 복음을 수용했지만 골수까지 침투한 주체사상과 유물론적 사고에서 자유로울 수 없었다. 탈북 기독교인들은 종교를 아편으로 규정하고 무신론적 세계관을 교육시키는 북한의 교육을 받아 영적 세계에 대해 인정하지 않으며, 이러한 학습은 기독교 복음수용과 회심에 가장 큰 장애로 작동했다. 선행연구에서는 이와 같은 영향만을 보고했을 뿐 그 극복 과정과 결과는 상세히 설명하지 않았다. 본 연구에 의하면 참여자들은 하나님의 길과 세상의 기로에 서서 성장이 정체되었으나 스스로 개척이라는 십자가를 짊어졌다

탈북민들의 남한 사회 적응의 모판은 교회라고 할 수 있다. 특히 연구에 나타난 바와 같이 탈북민 목회자들의 신학 공부와 교회 개척에는 남한 교인들의 절대적 도움이 있었다. 탈북민 목회자들의 개척을 돕는다는 것은 북한 복음화의 주춧돌을 놓는 것이라고 할 수 있다. 북한선교는 통일 후의 일이 아니다. 지금 준비해야 할 과업이며 이를 위해서는 탈북민 출신 목회자를 지원하고 그들의 선교적 역량을 강화시킬 필요가 있다.

탈북민 전도를 위해서는 한국교회와 기독인들의 전도도 필요하지만 탈북민 목회자들을 중심으로 한 탈북민 선교전략이 보다 효율적이다. 탈북민들은 태생적으로 남한 주민들과 이질감을 느껴 호의도 왜곡해서 해석할 수 있다. 이런 점을 감안할 때, 탈북민 출신 목회자들의 선교는 그들의 저항감과 거리감을 없애는 데 큰 기여를 할 수 있을 것이다.

"탈북민들은 탈북민 사역자가 가르쳐야 하더라구요. 제가 가르치면서 계속 경험합니다. 남한 목사님들도 정말 훌륭하고 정말 잘 가르치기는 하는데 문화가 다르니까, 우리는 틱틱거리며 말을 해도 너무 잘 받아먹고 확 사람이 뒤집히는 걸 보면서 '이건 우리가 해야 할 일이구나! 하나님이 우리에게 주신 일이구나!' 느낍니다."(탈북민 목사의 증언)

이런 차원에서 탈북민 출신 목회자들에 대한 지원은 물론, 한국 교계 차원에서 탈북 신학생 장학금 지원 등 세밀하면서도 집중적인 전략이 필요하다고 사료된다.

5편은 "밴 매넌의 현상학 렌즈를 통해서 본 탈북여성들의 외상 후 성장 이야기"로 탈북여성들의 외상경험과 성장에 대한 연구이다. 연구자는 탈북여성의 도덕적 손상, 외상의 구성요소, 맥락보다는 교회공동체 내에서 회복에 방점을 찍고 밴 매넌이 제시한 신체성, 시간성, 공간성, 관계성 4가지 근본적 실존체 틀에서 분석했다. 연구문제는 다음과 같다. 탈북여성들이 탈북 과정에서 한 경험과 교회공동체 내에서의 치유는 어떠한가이다.

연구의 결론을 제시하면 다음과 같다. 탈북여성은 북한과 중국에서 생존과 가족을 위한 이중의 노동에 시달렸을 뿐 아니라 인신매매와 강제 결혼 같은 극한의 고통을 경험했다. 그러나 그들은 교회공동체에서 복음을 받아들이고 말씀을 공부하면서 하나님 안에서 용서하는 법을 알게 되었다. 그들을 팔았던 조선족 인신매매범, 반죽음을 만들었던 보위부원, 무차별 폭력을 가했던 중국인 남편, 북한과 중국에서 힘들게 했던 모든 사람들을 용서하게 되었다. 이들은 상처의 회복뿐만 아니라 아직도 팔려 다니는 재중 탈북여성을 돕는 자로 쓰임 받으며 그들을 향한 선교 의지로 구체화되었다. 참여자들은 상처 입은 전도자로서 자신의 상처치유 경험을 보다 대승적이고 성경적 차원에서 확장시켰다고 할 수 있다.

탈북여성에 관한 신학적 관점의 재조명으로 탈북여성들은 하갈이라기보다는 룻에 가깝다. 룻이 이방 땅에서 생존하며 시어머니 나오미를 보살폈듯이 탈북여성은 어려운 환경 속에서 사랑을 베푼 개인들이다. 그럼 보아스는 누구인가. 생물학적 존재가 아닌 사회적 존재로서 남한기독교 공동체 모든 구성원이라 할 수 있다. 교회공동체 내에서 탈북민들의 회복시스템 구축, 젠더 친화적인 여성 전담 사역자 양성, 그리고 중국 선교에 있어서 탈북여성들의 주체화에 대한 제언을 했다.

2. 책을 마치며

　북한은 1948년 김일성 정권이 수립된 이후 종교에 대해 극도로 적대적인 태도를 취해왔다. 1950년대와 1960년대에 걸쳐 북한은 조직적인 종교 말살 정책을 시행했다. 북한 정부는 종교가 사회주의 국가 건설에 장애물이 된다고 판단하여 종교 단체와 그 지도자들을 공공연히 탄압했고 많은 종교인들이 투옥되거나 순교를 당했다. 그리고 수령론 중심의 주체사상을 강화하고 북한 도시조차 대대적으로 수령 중심의 도시로 재개발했다. 수령은 신이 되었고 그의 무오와 전능을 만들기 위해 탄생설화가 혁명사적관에서 가장 중요하게 되었다. 그러나 북한은 고난의 행군(1995~1998년)이라는 비극이 발생했고 그 고난으로 북한에 틈이 만들어졌다. 2010년 11월 22일 대한민국 통계청이 유엔의 인구센서스를 바탕으로 발표한 추계에 따르

면 1996~2000년간 발생한 아사자 수는 33만여 명으로 추산한다. 그 당시 식량을 구하러 월경하다 익사하거나 국경수비대에 사살되어 압록강과 두만강에는 참담한 시체들이 떠내려오는 모습을 아직도 기억하는 사람들이 있을 것이다.

북한 주민이 압록강과 두만강을 건너는 순간, 이들에게는 '탈북자'라는 새로운 이름이 만들어졌다. 그러나 이들이 복음을 받아들이는 순간, '그리스도인'이라는 새로운 존재로 창조된다. 그 강을 건너던 당시에는 자신의 정체성을 인식하지 못했지만, 하나님께서 그 강을 건넌 사람들 중에 세상을 밝힐 빛의 사람들을 준비하셨다. 그들 중 일부는 이곳에 실린 5편 논문의 참여자들이고, 어두운 북한 땅에 복음의 빛을 밝힐 빛의 용사들이다. 이들은 모두 북한 땅을 향하여 사역의 초점을 맞추고 있다. 탈북민 출신 목회자들이 북한의 실상을 알리고 복음을 전하는 활동을 하면서, 통일 이후 북한에서의 선교를 계획하고 있다. 이들은 하나님이 자신들을 남한으로 보냈다는 믿음을 바탕으로, 북한과 남한의 교회 및 사회의 화해와 통합을 위해 노력하고 있다. 이러한 활동은 개인적인 신앙의 경험과 사회적 책임감이 결합된 것으로 어두운 북한 땅에 복음의 빛을 발할 것이다.

북한선교의 목적은 북한 땅에 북한 사람을 통해 북한 교회가 세워지는 것이다. 바로 그 전 단계로 북한 밖으로 보냄 받은 사람들을 통해서 세워진 교회가 탈북민 교회이다. 전국 탈북민 교회 현황을 살펴보면 70여 개 교회가 세워졌고 탈북민 목사와 전도사가 200명, 신학생이 70명으로 합해서 270명이다(북한독기교총연합회, 2024. 8 집계). 현재 한국에 입국한 탈북민의 숫자는 34,121명(2024. 3 집계)이고, 1만 명이 넘는 탈북민들이 신앙생활을 하고 있다.

우리 시대에 가장 효율적인 북한선교는 바로 탈북민 교회를 만나는 것이다. 하나님이 세우신 탈북민 교회가 한반도의 복음통일을 이루어가는 핵심적인 역할을 할 것이다. 탈북민 교회가 건강하게 성장하여 하나님의 사명을 마음껏 감당할 수 있도록 탈북민 교회와 목회자들을 체계적으로 지원해야 한다.

아울러 우리는 탈북민 출신 목회자들과 함께 한반도선교 사역을 해야 한다. 한반도선교를 위한 10개 영역을 소개하면 다음과 같다. 첫째 영역은 구출사역이고 둘째 영역은 국내 탈북민 사역이다. 셋째 영역은 평강공주 사역과 오네시모 사역이다. 넷째 영역은 내지 사역이고 다섯째 영역은 국내에 있는 재중 동포를 북한 사역자로 양성하는 사역이다. 여섯째 영역은 기도 사역이고 일곱째 영역은 접경지역 사역이다. 여덟째 영역은 NGO단체 지원 사업이다. 아홉째 영역은 교육 사역이다. 열째 영역은 북한 교회 세우기 사역이다.

한국교회와 한인교회와 기독교인들이 다함께 복음통일을 위해서 한반도 선교사역에 참여합시다. 우리 모두 함께 일어나 어두운 북한 땅을 위하여 신성한 빛을 발합시다.

다섯 가지 렌즈를 통해서 본
탈북민의 회심 이야기

1판 1쇄 인쇄 _ 2024년 12월 2일
1판 1쇄 발행 _ 2024년 12월 10일

지은이 _ 박병애
펴낸이 _ 이형규
펴낸곳 _ 쿰란출판사

주소 _ 서울특별시 종로구 이화장길 6
편집부 _ 745-1007, 745-1301~2, 743-1300
영업부 _ 747-1004, FAX 745-8490
본사평생전화번호 _ 0502-756-1004
홈페이지 _ http://www.qumran.co.kr
E-mail _ qrbooks@daum.net / qrbooks@gmail.com
한글인터넷주소 _ 쿰란, 쿰란출판사
페이스북 _ www.facebook.com/qumranpeople
인스타그램 _ www.instagram.com/qrbooks
등록 _ 제1-670호(1988.2.27)
책임교열 _ 이화정·오완

ⓒ 박병애 2024 ISBN 979-11-94464-11-2 93230

책값은 뒤표지에 있습니다.
이 출판물은 저작권법에 의해 보호를 받는 저작물이므로 무단 복제할 수 없습니다.
파본(破本)은 구입처에서 교환해 드립니다.